KB233382

한국의
토지소유제도의

The Transformation Process of Land Ownership
System and the Unification Matter in Korea

변천과정과
통일문제

한국의
토지소유제도의

The Transformation Process of Land Ownership
System and the Unification Matter in Korea

변천과정과
통일문제

▌김성욱 지음

한국학술정보㈜

   이 책의 제목은 "한국의 토지소유제도의 변천과정과 통일문제" 입니다. 이 책의 기술방식이 토지소유제도의 변천과정을 법 이론 적으로 분석하고, 이러한 분석을 통하여 통일한국이 토지소유제도 를 통합하는 과정에서 발생될 수 있는 문제점들을 예견하여 그 입 법론을 제시하는 내용으로 되어 있기 때문입니다.

   토지소유제도는 다른 사회제도보다 그 역사성과 이론적 체계가 다양하게 변화되었다는 점에서 다양한 시각이 출현하는 것은 자 연스러운 현상입니다. 이러한 연유로 토지소유제도의 변천과정을 동일한 기초자료에 근거하여 검토하여도 학자의 시각에 따라서는 상이한 해석을 할 수 있는 것입니다. 이렇게 토지소유제도의 변천 과정 속에서 발생한 다양한 정치 및 사회현상을 법 이론적으로 분 석한다는 것은 쉬운 일이 아닙니다. 더욱이 분석한 자료에 근거한 이해를 바탕으로 하여 자신의 견해를 법률문헌 등을 통하여 밝히 는 것은 매우 조심스러운 일이라고 생각합니다.

전술(前述)한 것처럼 토지소유제도는 새롭게 창출되는 제도가 아니고, 인류의 역사와 함께 발전되어 온 제도라는 점에서 종래에 발생한 문제점들을 면밀하게 파악한다면, 장래에 정립될 법제도는 보다 합리적이고 실질적 정의에 합치될 수 있습니다. 특히 토지소유제도의 근대화과정은 통일 이후의 남북한 토지소유제도의 재편과 밀접한 관련이 있다는 점을 유념할 필요가 있습니다. 근대법이 강제적으로 이식된 일제강점기 토지소유제도의 특징은 토지소유의 집중현상과 고율의 소작료부담 등 불합리한 사회적 현실은 그대로 방치한 상태에서 근대적 소유권을 중심으로 물권관계가 재편되었다는 점에서 문제가 있었습니다. 그 결과 지주의 소유권은 더욱 강한 보호를 받게 됨에 따라서 토지소유의 집중현상은 고착화될 수밖에 없었습니다. 이 문제는 결국 해방 이후에 남북한이 토지개혁을 할 수밖에 없었던 직접적인 원인으로 작용하였습니다. 즉 해방 이후에 남북한은 일제강점기의 불합리한 토지소유제도를 해소하기 위하여, 그리고 과거를 청산하기 위하여 반민족행위자들의 토지를 공통적으로 몰수하였던 것입니다. 그런데 통일과정에서 북한의 토지몰수행위를 독일과 같이 불법행위로 평가하여 원상회복을 인정하게 된다면 불합리한 결과가 발생할 수 있습니다. 왜냐하면 남북한은 모두 경자유전의 원칙과 소수 지주에 의한 토지집중현상이라는 불합리한 토지소유관계를 해소하기 위해서 토지를 몰수하였고, 그 대상범위를 살펴보면 단지 자신이 직접 경작하지 않는 농지 또는 농가가 아닌 자가 경작하는 농지, 일정규모 이상의 농지가 공통적으로 포함되어 있었기 때문입니다. 그리고 반민족행위자의 소유토지도 몰수하였다는 공통점이 존재합니다. 이러한 점들을 고려한다면 북한의 토지몰수행위를 남한법에 위반되는 불법행위라고 평가 내릴 수는 없다는 것이 필자의 견해입니다. 종래의 토지소유제도의 역사적 전개과정을 살펴보아야 하는 또 다른 이유는 북한지역의 토지소유제도를 재편함에 있어서 남한의 토지제도를 적용할 수는 없는지를 파악하기 위해서입니다. 북한이 현재 농업국가라는 점을 고려한다면 통일한국은 북한농업의 생산성을 향상시킬 책무가 있고, 이를 위해서는 농지개혁을 할 필요가 있기 때문입니다.

이 책이 완성되는 과정에 많은 어려움이 있었습니다. 그럼에도 불구하고 부족한 제자에게 따뜻한 마음으로 대해 주신 명순구 교수님에게 특별히 존경과 감사한 마음을 전하고 싶습니다. 선생님의 지도를 받는 기간 동안에 인격적으로 그리고 학문적으로 많은 성장을 할 수 있었습니다. 한편으로는 선생님처럼 훌륭한 인격과 학문적 열정을 가진 삶을 영위할 수는 없겠다는 생각도 들지만, 부단한 노력을 통한 인격적 수양과 성실한 자세로 학문에 정진하는 것만이 최선의 길이라고 생각합니다. 이 책이 완성되는 과정에서 냉철하게 지적해 주신 문제점을 보완하면서 매우 송구한 마음이 들었습니다. 지금에 와서 돌이켜 생각해 보니 더없이 감사하고 고마운 배려라고 생각합니다. 또한 이 책이 완성되는 과정에서 냉철한 비판과 다양한 의견을 말씀해 주신 신영호 교수님, 김제완 교수님, 김규완 교수님, 우병창 교수님께도 존경과 감사한 마음을 전하고 싶습니다. 모든 교수님들의 가르침이 그러하듯이, 항상 진솔한 마음으로 학문에 정진하라는 말씀의 의미를 박사학위를 마치고 대학에서 강의를 하고 있는 지금에서야 조금 알게 된 것이 그저 송구할 따름입니다. 이들 선생님들에게 보답하는 길은 훌륭한 학자로서 성실하게 학문에 정진하는 것이라고 생각합니다.

본고의 출판과 관련하여 여러 가지로 배려를 해 주신 한국학술정보(주)에 감사한 마음을 전합니다.

마지막으로 항상 자식을 위해서 절대적인 희생을 하고 계시는 소중하고 존귀한 저의 어머님께 한없는 감사함을 전합니다. 누구나 그러하듯이 어머님만 생각하면 그저 가슴이 저려 옵니다. 평생 동안 자식의 안위와 평안을 위해서 홀로 묵묵히 희생을 하신 어머님께 한없이 죄송한 마음이 있기 때문입니다. 그리고 평생 동안 감사함을 전하고 싶은 소중한 아내인 손명희, 아들 도윤과 도형에게도 이 책을 통하여 고마움과 미안함을 전합니다.

2010년 6월
제주대학교 법학전문대학원 연구실에서
김 성 욱 드림

:: 목차

제1장 서 론 / 13

제2장 근대적 토지소유제도의 성립 / 23

제4장 통일한국의 토지소유제도의 모습 / 219

제5장 결 론/ 329

제1장   서론

제1절 연구의 목적

　인간은 보다 효율적인 삶을 영위하기 위해서 사회제도를 고안
해 냈다. 그런데 사회제도는 불완전한 인간에 의해서 만들어진 것
이므로 그 목적에 상응하지 않은 결과가 발생하기도 한다. 이러한
한계를 극복하기 위해서 사회제도는 끊임없이 변화·발전하고 있
다. 그러한 과정에서 사회제도는 전혀 새로운 모습으로 재편되기
도 하고, 과거의 시행착오를 기초로 점진적으로 재편되기도 한다.
　사회제도 중에서 특히 토지소유제도는 인간의 삶에서 필수불가
결한 본원적인 생산수단을 규율하는 제도라는 점에서 그 재편의
방향에 따라 국민의 경제생활과 사회·문화적 가치체계가 상당한
영향을 받을 수밖에 없다. 이러한 연유로 토지소유제도를 어떻게
재편하여야 하는지의 문제는 사법질서를 유지하기 위한 가장 근
본적인 문제가 된다. 특히 토지소유제도의 재편문제는 장기간 동
안 相異한 정치체제를 채택한 남북한이 통일을 할 경우에 여러 가

지 어려움을 낳게 된다. 따라서 통일한국의 토지소유제도를 합리적으로 재편하기 위해서는 신중한 접근방법이 필요하다. 이를 위해서는 남북한의 토지소유제도가 형성되는 과정을 면밀하게 검토해 볼 필요가 있다고 본다. 왜냐하면 과거와 미래는 단절되는 시간적 개념이므로 분리가능하지만, 법사학적인 관점에서는 동일선상의 유기적 개념으로 파악하는 것이 오히려 유익할 수 있기 때문이다. 더욱이 그것이 '인위적으로 생성된 제도'라고 한다면 더욱 그러하다. 새로운 법제도라는 것도 결국은 과거에 대한 반성적 고려에서 생성되는 역사적 산물일 수밖에 없기 때문이다.

우리나라의 토지소유제도를 일제강점기 이후를 기준으로 하여 법사학적 관점에서 살펴보면 세 가지의 경우로 유형화할 수 있다. 첫째, 국민의 수권행위 없이 토지소유제도가 재편되었고, 그 결과도 국민의 의사에 불합치되는 경우가 있다. 이에는 일제강점기 토지소유제도의 재편이 해당된다. 둘째, 국민의 수권행위 없이 토지소유제도가 재편되었지만, 결과적으로는 국민의 의사에 합치되는 경우가 있다. 남한에 주둔한 미군정에 의해서 시행된 일본인의 토지몰수와 북한에 주둔한 소련군정의 용인에 의해서 시행된 일본인, 반민족행위자 및 지주의 토지소유 집중을 해소하기 위한 토지몰수가 이에 해당된다. 셋째, 국민의 수권행위에 기초하여 토지소유제도가 재편된 경우가 있다. 남한의 「농지개혁법」과 「반민족행위처벌법」에 의한 토지매수 및 몰수가 이에 해당된다. 이러한 토지소유제도의 역사적 전개과정을 통하여 다음과 같은 역사적 사실을 발견해 낼 수 있다. 일제강점기의 불합리한 토지소유제도가 해방 이후 미·소군정시기와 남북한의 정부수립 이후의 토지소유제도의 재편에 일정한 영향을 주었다는 점이다. 따라서 토지소유제도의 역사적 전개과정을 면밀하게 검토하여 공통부분을 추출해 낼 수 있다면 이는 통일한국의 토지소유제도 재편에 유용한 요소로 작용할 수 있다.

물론 통일한국의 토지소유제도를 재편함에 있어서 어떤 통일방식을 채택하는가에 따라 과거 남북한의 재산몰수행위에 대한 평가는 상이할 수 있다. 즉 합의통일의 경우에는 북한의 과거 재산권몰수행위는 유효한 행위로서 평가될 수 있지만, 북한을 불법단체로 평가하여 흡수통일을 할 경우에는 재산몰수행위가 불법행위로서 평가되어 원소유권의 반환문제가 발생할 수 있다. 북한의 과거 토지몰수행위가 불합리한 것이었다고 한다면 이를 무효라고 평가하여 남한의 사법제도가 전면적으로 적용되어도 異論이 있을 수 없다. 그런데 북한의 토지몰수행위가 남한과 유사하게 합리적이었거나 또는 실질적인 정의에 합치되는 부분이 존재한다면 이러한 경우에 있어서는 흡수통일에 의한다고 하더라고 이를 불법하다고 평가할 수는 없다고 보인다. 이렇게 흡수통일이라고 하더라도 북한의 토지몰수행위를 불법행위로서 평가할 수 없는 경우가 존재한다면, 이를 통일한국의 토지소유제도 재편과정에 반영할 필요가 있다. 따라서 통일한국의 토지소유제도가 합리적인 것이 되기 위해서는 과거 남북한의 토지소유제도가 형성되는 과정에서 발견되는 일정한 사실들을 면밀하게 비교·검토할 필요가 있다. 또한 통일 당시에도 북한이 여전히 농업국가라고 한다면 농지개혁을 통하여 북한의 농업생산성을 향상시킬 필요가 있는데 이를 위해서는 남한이 과거에 시행한 농지개혁법이 참고될 수 있다. 즉 농지개혁법의 시행과정에서 발생한 문제점들을 검토하여 통일 이후 북한지역 농지개혁의 방향을 설정할 필요가 있다.

제2절 연구의 방법과 범위

이 연구는 과거 사회변혁과정에서 시행된 토지소유제도의 재편과정을 검토하고, 이를 기초로 하여 장래 통일이라는 사회변혁과정에서 채택하여야 할 합리적인 토지소유제도의 재편방향을 모색하는 것이 그 목적이다. 이를 위한 연구방법으로는 우선 문헌조사를 통하여 과거와 현재의 토지소유제도에 대한 조사를 하였다. 이 과정에서는 주로 사회변혁기에 제정된 법률의 입법배경과 내용, 문제점들을 당시의 정치적 상황과 연관 지어 파악하였다. 그리고 토지관련법령, 토지소유 및 이용에 관련된 기초자료를 수집하고 정리하였다.

연구의 범위와 관련하여, 이 연구는 조선시대의 토지소유제도부터 검토하여 이 시기의 토지소유관계가 대한제국시기와 일제강점기에 어떠한 과정을 통하여 재편되었는지를 검토하였다. 또한 이렇게 재편된 일제강점기의 토지소유제도가 해방 이후의 미·소군정시기 토지소유제도와 남북한 정부수립 이후의 토지소유제도 재편에 어떠한 영향을 미쳤는지, 그리고 남북한의 토지소유제도의 역사적 전개과정에 대한 비교·검토를 통하여 통일한국의 토지소유제도의 재편방향을 어떻게 설정하여야 하는지를 검토하였다.

제3절 연구의 구성

이 연구의 구성은 다음과 같다.

제1장은 이 연구의 목적과 방법 및 범위 그리고 구성에 대해서 서술하였다.

제2장은 일제강점기에 이루어진 토지소유제도의 재편을 실질적인 의미에서 근대적 재편이라고 평가할 수 있는지를 검토하였다. 이러한 검토를 하기 위해서는 조선시대의 토지소유제도가 대한제국과 일제강점기를 거치면서 어떻게 변용되었는지를 파악하여야한다. 조선시대의 토지소유제도는 조선왕조실록과 기타 관련문헌 등에 기초하여 파악하였고, 대한제국의 토지소유제도는 광무양전지계사업과 통감부시절의 법령을 중심으로 파악하였다. 그리고 일제강점기의 토지소유제도는 일제가 종래의 토지소유제도를 재편한 목적이 무엇이고 어떠한 과정을 통해서 재편하였는지를 검토하였다. 또한 일제강점기에 조선총독이 제정한 법령에 근거하여 재편된 토지소유제도를 어떻게 평가하여야 하는지를 검토하였다.

제3장은 일제강점기에 이식된 토지소유제도가 해방 이후에 남한과 북한에서 어떻게 재편되었는지를 살펴보았다. 우선 남한의 경우에는 미군정시기와 정부수립 이후로 구분하여 검토하였다. 먼저 해방 이후에 남한을 점령한 미군정이 일본인의 재산권을 몰수하는 과정 및 정부수립 직전에 귀속농지를 매각하는 과정 등이 어떠한 법령에 근거하여 이루어졌는지를 검토하였다. 또한 이러한 미군정의 재편행위를 어떻게 평가하여야 하며, 현재 대법원은 어

떠한 입장을 가지고 있는지를 소개하였다. 그리고 남한정부가 수립된 이후에 제정된 「반민족행위처벌법」의 내용과 그 결과를 검토하였고, 이 법의 폐지가 현재와 어떻게 연결되고 있는지를 현재 대법원의 입장과 관련하여 검토하였다. 또한 최근에 제정되고 있는 반민족행위자 관련 법령들을 소개하였다. 그리고 토지소유제도의 실질적인 근대화를 목적으로 제정된 「농지개혁법」의 내용과 시행결과 및 문제점을 검토하였다. 그리고 북한의 경우에는 소련 군정 시기와 정부수립 시기로 구분하여 검토하였다. 우선 북한이 정부수립 이전에 「토지개혁에 대한 법령」에 근거하여 무상몰수, 무상분배의 토지개혁을 실시한 과정과 결과를 살펴보았고, 이를 어떻게 평가하여야 하는지를 검토하였다. 그리고 북한정부가 수립된 이후에 개인의 사적 소유가 어떠한 과정을 통하여 부정되어 갔는지를 파악하기 위하여 농업협동화의 전개과정과 이후의 사회주의 토지소유제도가 확립되어 가는 과정을 검토하였다. 그리고 최근에 북한의 토지소유제도의 변화모습을 파악하기 위해서 경제개방 이후에 제정한 토지임대법의 내용을 소개하였다.

제4장은 통일한국의 토지소유제도를 어떻게 재편하여야 하는지를 검토하였다. 우선 토지소유제도 재편의 기본방향을 어떻게 설정하여야 하는지, 그리고 통일의 방식에 따라서 과거의 재산권몰수행위를 어떻게 평가하여야 하는지를 검토하였다. 이러한 검토를 위해서 독일의 사유재산권몰수에 대한 법적 처리과정을 비교법적으로 살펴보았고, 독일식의 재산권처리방식이 통일한국에도 그대로 적용할 수 있는지를 검토하였다. 또한 북한이 여전히 농업국가라는 점을 고려하여 남한의 농지개혁법이 적용될 수 있는지를 살

펴보았는데, 이에는 농지소유상한제의 필요 여부와 분배의 방식, 거래제한의 문제 등을 중심으로 검토하였다. 그리고 일반토지와 나대지의 경우 및 주택 및 부속토지의 재편방향에 대해서도 검토하였다.

제5장은 이 연구의 결론이다.

제2장
근대적
토지소유제도의
성립

제1절 문제상황

소유권 개념은 역사적인 개념으로서, 시대의 산물이라고 표현한
다.[1] 즉 소유권 개념은 논리적 범주에 속하는 것이 아니라, 그 시
대와 그 국가의 정치·경제·사회질서 및 사상을 반영하는 역사
적인 범주에 속한다는 의미이다.[2] 그래서 소유권을 그 시대의 산
물이라고 한 것이다. 그런데 우리나라의 토지소유제도의 역사적
전개과정을 살펴보면 사회변혁 시기에 통치권자가 효율적인 통치
를 목적으로 토지소유제도를 재편하였던 경우를 발견할 수 있다.
그러한 것 중의 하나가 일제강점기에 단행된 토지소유제도의 재
편이다. 일제강점기에 재편된 토지소유제도[3]의 형성과정에 대한

---

1) O. v. Gierke, Deutsches Privatrecht(Ⅱ), Leipzig: Duncker & Humblot, 1905, S.308
  Anm. 2; W. Merk, Das Eigentum im Wandel der Zeiten, in: Padagogisches
  Magazin 1388, 1934, S.7; Soergel－Siebert－Baur, Vorbemerkung § 903 BGB, in:
  Kommentar zum BGB, 11. Aufl. 1978, Rdnr.1; 윤철홍, 「古代의 所有權에 대한 小考」,
  『玄齋金英勳博士 華甲紀念法學論叢』 8집, 숭실대학교 법학연구소, 1995, 169면 참조.
2) 김상용, 『토지소유권 법사상』, 대우학술총서 인문사회과학 87, 민음사, 1995, 33면 참조.
3) 토지조사사업을 통하여 근대적 토지소유권이 우리나라에 성립하였다는 논문으로는 박병호, 「한

검토는 장래 통일한국의 토지소유제도를 재편하는 데 있어서 중요한 시사점을 줄 수 있다. 왜냐하면 남북한의 통일로 인하여 북한지역은 사회주의적 토지소유제도에서 자본주의적 토지소유제도로 재편될 필요성이 있는데, 이러한 상황은 조선의 토지소유제도가 일제에 의해서 근대적인 토지소유제도로 재편되는 상황과 외형적인 면에서 유사성이 있다. 그리고 종래의 토지소유제도와는 相異한 근본적인 재편이라는 점에서 국민의 법 감정이 신중하게 고려되어야 하는 상황도 유사하다. 특히 일제강점기에 재편된 토지소유제도는 '타율적 재편'이라는 한계성으로 인하여 많은 폐단이 발생하였다는 점에서 시사한 바가 더욱 크다고 할 수 있다. 이하에서는 종래 조선의 토지소유제도를 분석하고, 이 시기의 토지질서가 일제강점기에 어떻게 재편되었으며, 그러한 재편과정을 통하여 종래 보유하고 있었던 농민들의 권리가 어떻게 변용되었는지를 검토하고자 한다. 그리고 이러한 검토에 기초하여 일제강점기에 재편된 토지소유제도를 평가하고, 이를 장래 통일한국의 토지소유제도를 재편하는 데 반영하고자 한다.

___

국근세의 토지소유권에 관한 연구」, 『서울대 법학』 제1권 1호, 서울대학교, 1966, 63면; 임정평, 「소유권개념의 현대적 의의」, 『단국대논문집』 제14집, 단국대학교, 1980, 244면; 이근식, 「농지법의 문제점」, 『사법행정』, 한국사법행정학회, 1967. 10., 21면; 정권섭, 「한국토지제도에 관한 법적고찰」, 『현대민법학의 제원리』, 박영사, 1981, 234면; 조상근, 「한국의 토지소유권개념의 변천에 관한 연구」, 『법학논총』, 단국대학교 법학연구소, 1985, 249면 참조.

제2절 전근대적 토지소유제도: 조선과 대한제국

I. 서 설

'한일합병조약'(1910. 8. 29.)의 공포 및 발효에 의하여 대한제국의 국권을 탈취한 일본은 1910년 7월 각의결정에서 확립된 식민지 통치의 구상을 구체적으로 실현시키기 위하여 다양한 제도를 정비하기 시작하였다.[4] 이를 사법질서, 특히 토지소유제도의 재편과 관련하여 살펴보면 다음과 같다. 일제는 조선의 토지소유제도를 재편하기 위한 실체적 근거법령으로 조선민사령(1912. 3. 18. 제령 제9호)[5]을 제정하였다. 그리고 절차적 근거법령으로 같은 해 토지조사령(1912. 8. 13. 제령 제2호)[6]과 부동산등기령

---

4) 한국병합 직전의 조선통치 구상에 대해서는 이승일, "조선총독부의 법제정책에 대한 연구 — 조선민사령 제11조 관습의 성문법화를 중심으로", 한양대학교 대학원(박사학위논문), 2003, 48 - 63면 참조.
5) 법원행정처, 『구법령집』(상), 재판자료 41집, 1987, 69 - 80면 참조.
6) 법원행정처, 앞의 책(『구법령집』(상)), 760 - 763면 참조.

(1912. 8. 18. 제령 제7호)[7]을 제정하였다. 이러한 법령에 근거하여 토지조사사업이 시행되었고, 그 결과 종래의 토지소유관계는 재편되었다. 그런데 일제강점기에 재편된 토지소유제도의 내용이 무엇인지를 이해하기 위해서는 종래의 토지소유제도, 즉 조선과 대한제국의 토지소유제도가 어떻게 형성되어 있었는지를 선행적으로 검토할 필요가 있다.

Ⅱ. 조선의 토지소유제도

1. 왕토사상

왕토사상은 한국을 포함한 동양사회에 있어서 토지소유제도를 논할 때에 필연적으로 등장하는 사상이다. 이 사상은 토지와 인민에 대한 왕의 절대적인 지배권을 표현한 것으로 토지국유론의 근거로 인용되어 왔다. 그런데 토지사유론을 주장하는 견해에 의하면 왕토사상은 현실적인 토지소유관계를 나타내는 것은 아니며, 하나의 관념적 의제에 불과하다고 한다.[8] 왕토사상에 의해서 토지는 국왕·국가의 소유라는 토지국유론과 그것은 단순한 관념의 표현이라는 토지사유론의 대립은 왕토사상의 실천적 의미를 파악하지 못하는 한계가 있다. 왕토사상의 실천적 의미는 그것이 전제군주국가에서 어떠한 기능을 하였는지를 탐구해 보면 명확해진다. 왕토사상은 토지제도가 문란하여 토지질서를 정립하기 위한 토지

---

7) 법원행정처, 앞의 책(『구법령집』(상)), 562 – 594면 참조.
8) 강진철, 『고려토지제도사연구』, 고려대학교출판부, 1984, 350 – 351면 참조.

개혁시기에 특히 강조되었다. 여말선초에 정도전이 이 왕토사상에 기초하여 토지개혁을 주장하였으며, 실학파의 토지개혁방안으로 주장되었던 公田制·井田制·均田制·限田制 역시 왕토사상에 기초하여 파생된 표현이라고 할 수 있다.[9] 이러한 토지개혁론자들이 채용한 왕토사상에는 均平思想 이외에 토지질서가 문란할 경우에 국가는 토지질서를 회복하기 위하여 강력하게 간섭할 수 있고, 개입할 수 있다는 사상이 전제되어 있다. 따라서 왕토사상은 관념적 사상으로 존재하고 있다가 토지질서가 문란할 경우에는 현실적으로 표출되어 사회질서를 유지·통제하는 통치이념으로서 기능하였던 것으로 보아야 하며, 이러한 통치이념에 반하지 않는 범위 내에서 토지사유제는 허용되었던 것이다.

2. 토지의 지배 및 이용관계

조선시대의 토지지배관계는 所有·耕作者를 기준으로 소유형태에 따라서 民田과 國有田으로 파악할 수도 있고, 국가기관과 양반 지배층을 기준으로 수취체제에 따라서 公田과 私田으로 파악할 수도 있다. 여기서 公田은 自耕無稅地[10]와 並無稅地[11] 그리고 各自收稅地[12]가 이에 해당되고, 私田은 個人收租地[13]가 해당된다.[14] 公田

---

9) 김삼수, 「왕토사상의 한국적 전개」, 『한국사상대계』 Ⅲ(정치·법제사상편), 성균관대학교대동문화연구원, 1979, 706면 참조.
10) 자경무세지란 공노비 또는 鎭戌軍을 동원하여 경작, 수확하여 그 수입을 예산에 충당하는 국가직영지이다. 이것은 엄밀한 의미에서 국유지라고 할 수 있다. 이에는 관둔전, 마전, 院田, 律夫田, 永夫田, 國屯田 등이 있다
11) 병무세지란 관리자가 수확량의 1할을 租로 받지만, 수조수입에 대해서 부과하는 稅가 면제된 토지이다. 이에는 國行水陸田, 祭田, 內需司田, 惠民署種樂田 등이 있다.
12) 각자수세지란 관리자가 黃豆 2斗를 稅로 받을 수 있는 토지이다. 이에는 寺田, 公須田, 渡田, 水夫田 등이 있다.

중에서 병무세지와 각자수세지 그리고 私田인 개인수세지는 民田에 해당되고, 公田 중에서 자경무세지는 國有田에 해당된다.[15] 일반적으로 자신이 경작하고 있는 소유지를 '田'이라고 하고, 그 소유자를 '田主'라고 한다. 그런데 조선시대의 과전법을 살펴보면 수조지를 '田'이라고 하고, 수조권자를 '田主'라고 하였다.[16] 수조권자인 田主와 民田主인 佃客의 관계에 대하여 과전법은 다음과 같이 규정하고 있다. 전객을 보호하기 위해서 수조권자인 田主가 佃客의 所耕田을 침탈한 경우에는 1負에서 5負에 이르기까지는 태(笞) 20에 처하도록 규정하였다.[17] 그리고 수조권자인 田主를 보호하기 위해서 佃客이 所耕田을 임의로 매도하거나 증여할 수 없도록 하였고, 전객이 경작지를 과다하게 점거하여 고의로 황폐하게 하였을 경우에는 수조권자인 田主는 국가기관에 알려서 그 땅을 임의로 처분할 수 있도록 허가받을 수 있었다.[18] 생각건대, 과전법에서 수조권자를 田主라고 표현하고, 민전의 소유자를 佃客이라고 표현한 것은 하나의 의제적인 토지소유주와 현실적·실질적 토지소유주와의 관계를 상징적으로 표현한 것으로 생각된다. 즉 수조권자인 田主가 대다수의 民田의 소유자를 納租의 형식으로 지배하고, 국가는 수조권의 분급을 통하여 소수의 양반관료층을 효율적으로

---

13) 개인수조지는 중앙관료에게 배분된 경기도의 개인적인 수조지를 말한다.

14) 김성호 외 3인, 『농지개혁사연구』, 한국농촌경제연구원, 1989, 22면 참조.

15) 『경국대전』·호전·諸田條 및 『고려사』 78·食貨志·田制·科田法 참조.

16) 전자의 竝作農民은 '佃戶'라고 하였는데, 후자에 있어서도 收租權者에 納租하는 토지의 소유주를 '佃戶', '佃客'이라고 불렀다. 심희기, "조선후기 토지소유에 관한 연구 ― 국가지주설과 공동체소유설 비판 ―", 서울대학교 대학원(박사학위논문), 1991, 192면 인용.

17) 科田法 第26條 『田主奪佃客所耕田 日負至五負笞二十 每五負加一等 罪至枚八十職牒不收 一結以上其丁許人處受』.

18) 科田法 第27條 『佃客每得將所耕田壇賣壇與別戶之人 如有死亡移徒尸節者, 多田餘占故令荒患者 其田聽徒田主任意區處』.

지배하고자 하였던 것이다. 이것은 조선의 사회·경제체제가 신분계급질서와 토지의 계층적 점유를 기초로 하여 유지되고 있었다는 것을 보여 주는 것이다.[19)

조선시대에 토지이용관계를 나타내 주는 대표적인 권리가 관습상 경작권과 도지권이다. 조선시대의 양반관료층은 수조권과 상속되는 토지에 기초하여 토지소유를 확대할 수 있었고, 이러한 양반관료의 토지확대는 소작제도를 발전시키는 계기가 되었다. 조선후기를 지나면 이러한 소작관계에 있는 소작농에게 관습상 경작권이 인정되기 시작하였다. 관습상 경작권이란 소작농이 小作料怠納·小作地耕作放棄·지주에 대한 부당한 반항 등 특정한 결격사유에 해당하는 행위를 하지 않는 한, 소작농은 자기의 소작지를 존속기간의 정함이 없이 무기한으로 경작할 수 있는 권리를 말한다.[20) 이렇게 관습상의 경작권은 상속이 인정되었기 때문에 경작자인 소작농민은 자신의 소작지에 대하여 當代뿐만 아니라 代代로 소작을 하여 토지를 사용·수익할 수 있었다.[21) 그리고 지주가 황무지를 개간하거나 토지형질을 변경함에 있어서 노동력 또는 자금 등을 공동으로 부담한 者가 있는 경우에 그 者에게는 당해 토

---

19) 심희기, 앞의 글("조선후기 토지소유에 관한 연구 ― 국가지주설과 공동체소유설 비판 ―"), 45면 참조.
20) 신용하, 「일제하의 조선토지조사사업에 대한 일고찰」, 『한국사연구』, 한국사연구회, 1977, 146면 참조.
21) 당시의 한국사회는 소작기한을 정하지 않는 것이 일반적이었고, 지주와 소작인의 관계가 원만할 경우에는 대대로 그 관계가 지속되었다. 지주가 소작인을 교체하려고 할 경우에도, 소작인은 자신에게 과실이 없을 경우에는 지주의 의사에 응하지 않을 수 있었다. 지주가 이를 강행하려고 할 경우에는 소작인들이 단결하여 당해 지주의 토지를 경작하지 않을 것을 약속하여 실력으로 지주에 대항하기도 하였다(朝鮮總督府, 『朝鮮ノ小作慣行』(下卷) 參考編(從來ノ朝鮮ノ小作慣行調査資料), 1932, 78~79면; 신용하, 앞의 글(「일제하의 조선토지조사사업에 대한 일고찰」), 146면 인용).

지를 영구히 경작할 수 있고, 지주의 승낙이 없더라도 경작권을 임의로 타인에게 매매, 양도, 저당, 상속할 수 있는 권리가 인정되었는데 이를 관습상 도지권이라고 한다.[22] 이러한 관습상 도지권은 조선 후기에 궁방전·역둔토·일반 지주의 소유지 등에서 성립되었으며, 그 발생유형이 매우 다양하였다.[23] 관습상 도지권은 경작권과 같이 권리의 존속기간이 장기간이라는 특징 때문에 일종의 永小作權[24]이라고 할 수도 있다. 그런데 그 실질을 살펴보면 소유권에 근접한 권리 또는 중첩적인 소유권으로 보아야 한다. 그 이유는 다음과 같다. 첫째, 도지권은 지주에게뿐만 아니라 제3자에게도 대항할 수 있는 대세적 효력이 있었다. 둘째, 도지권은 재산권으로서 자유롭게 매매가 될 뿐만 아니라 그 가액은 토지가격의 1/3에 해당하였다. 따라서 제3자가 도지권이 성립된 토지를 매수하는 경우에는 토지가격의 2/3는 지주에게 지불하고, 나머지 1/3은 도지권자인 소작농에게 지불하여야 된다. 셋째, 소작농이 소작료를 怠納하거나 소작지의 경작을 放棄한 경우에도 도지권이 소멸되는 것은 아니었다.[25]

---

22) 배영순, "한말·일제초기의 토지조사와 지세개정에 관한 연구", 서울대학교대학원(박사학위논문), 1987, 174-175면 참조. 賭地權에 대해서는 朝鮮總督府, 「朝鮮の小作慣行(下)」, 1933; 化島得二, "朝鮮に於ける永小作の史的發展", 『社會經濟史學』9, 1939; 신용하, 「이조말기의 도지권과 일제하의 영소작의 관계」, 『경제논집』6-1, 서울대학교, 1967 참조.
23) 도지권의 발생유형에는 元賭地, 굴도지, 中賭地, 退賭地 등이 있다. 이에 대해서는 배영순, 앞의 글("한말·일제초기의 토지조사와 지세개정에 관한 연구"), 175면 참조.
24) 조선민사령이 의용하고 있었던 일본민법은 영소작권인 도지권에 대하여 존속기간을 설정하고 있었다. 즉 일본민법 제278조는 "永小作權의 존속기간은 20년 이상 50년 이내로 한다. 만약 50년보다 긴 기간으로 영소작권을 설정한 때에는 그 기간을 50년으로 단축한다."고 규정하였다.
25) 신용하, 앞의 글(「일제하의 조선토지조사사업에 대한 일고찰」), 149면 참조.

3. 소유권의 증명방법

(1) 공적 장부의 한계

조선시대의 토지소유권의 증명방법에는 田案·量案·收稅案·깃기 등의 公簿와 權原書類와 같은 私的인 것이 있었다. 공적 장부로서 대표적인 것이 양안인데, 양안을 작성하기 위해서는 토지의 측량이 선행되어야 한다. 조선시대에는 토지를 측량함에 있어서 개인별 토지소유가 아닌 전체적인 생산량을 기준으로 面 또는 郡 단위를 기준으로 광범위하게 하였다. 따라서 한 개인이 어느 정도의 토지를 소유하고 있는지 정확하게 파악할 수는 없었다. 이러한 이유로 관청에서는 收稅를 위한 개인별 토지소유대장을 별도로 마련하고 있었는데, 이것을 收稅案, 깃기, 馬上草 또는 名字冊이라고 하였다.[26] 그런데 양안뿐만 아니라 收稅案과 같은 公簿에서도 소유자의 변동사항은 기재되지 않았고, 단지 현재의 소유자만이 공시될 뿐이었다. 따라서 권리자가 자신의 권리가 진정임을 입증하기 위해서는 公簿와 별도로 立案, 立旨 또는 完文 등과 같은 공적 증명문서[27]를 발급받아야 하였다. 이러한 官給文書도 없는 경우에는 文記, 文券, 明文 등으로 불리는 私的 증명문서,[28] 상속에 관한 分財文

---

26) 우병창, "조선시대에 있어서의 재산법 연구", 고려대학교 대학원(박사학위논문), 1995, 170 면 참조.

27) 立案 가운데 사지매매(斜地賣買)의 경우에 받았고, 決訟立案은 판결문을 말한다. 完文은 권리확정증명서의 일종이었고, 立旨는 권리문서에 대신하는 관청발급문서로서, 이를테면 土地를 買入할 때에 ① 토지를 매입하고도 권리문서(계약서)를 받지 않은 경우, ② 權利文書가 내용을 알아볼 수 없을 정도로 손상·분실·소실되어 자기의 권리를 입증할 수 없는 경우에는 관청에서 그 사실을 확인하여 발급하였다. 이러한 입지를 얻으려면 먼저 訴狀 끝에다가 그 사실을 확인한다는 뜻을 기재하고 이에 덧붙여 官印을 捺印하여 신청인에게 수여하였다. 그러나 이것은 立案이나 完文처럼 절대적 효력이 있는 것은 아니었고 단순한 확인서에 지나지 아니하였다(우병창, 앞의 책(『조선시대재산법』), 258면 참조).

28) 계약서와 같은 去來文書를 말한다.

記(상속문서)29) 또는 유서(증여문서) 등에 의해서 자신의 소유권을 입증하여야 했다. 만약 이러한 것도 없는 경우에는 자신의 권리입증이 거의 불가능하였다.30)

  (2) 입안제도

  매매나 상속 등으로 인한 소유권의 이전에 있어서 그 권리의 이전이 합법적이고 진실한 것임을 증명하는 방법이 바로 文記의 작성이다.31) 그런데 이러한 문기는 당사자들만 그 진위 여부를 알수 있기 때문에 권리의 진정성이 객관적으로 담보될 필요가 있었다. 따라서 작성된 문기가 객관적으로 진정한 것임을 확인받는 제도가 요구되었는데, 이것이 立案制度이다.32) 국가가 立案을 함에 있어서는 매매의 성립에 하자가 없는가를 조사하고, 하자가 없는 경우에 비로소 입안을 斜給하였다. 이후 성종 때에 이르면 입안을 斜給함에 있어서 財主・筆執人을 함께 불러서 그 진위 여부를 조사하도록 하여 그 조건을 더욱 엄격하게 하였다.33) 이와 같은 입안

---

29) 분재문기에는 許與, 和會, 別給文記가 있다. 허여문기는 조상전래의 유산이나 財主夫婦의 재산을 한 묶음으로 하여 일시에 자녀 모두에게 일정한 수량으로 나누어 준 것을 기록한 문기이고 아들과 딸이 평등하게 나누어 받는 자녀균분제가 원칙으로 적용이 되었다. 화회문기는 부모가 재산을 나누어 주지 못하고 세상을 떠났을 경우에 보통 부모의 3년상을 마친자녀들이 모두 모여서 회의를 통하여 부모의 유산을 나눈 것을 기록한 문기이다. 별급문서는 조부모・부모・외조부모・처부모 등이 內外血孫에게 재산의 일부를 나누어 주는 것을 기록한 문기이다. 분재문기에 대해서는 이희근, 『(주제로 보는) 한국사』 3(조선편), 고즈윈, 2005. 149면 참조.
30) 만약 권리자가 앞에서 말한 문서 중에서 어떠한 것도 가지고 있지 않은 경우에는 3인의 이웃사람이 입증하여야 했으며, 이것이 어려운 경우에는 현재 점유하여 경작하고 있는 자가 소유권자로 인정되었다(우병창, 앞의 책(『조선시대재산법』), 258면 참조).
31) 우병창, 앞의 책(『조선시대재산법』), 258면; 文記는 明文 또는 文券이라고도 하는데, 매매 사실을 기록한 文記는 오늘날의 계약서에 해당된다(곽윤직, 『부동산등기법』, 박영사, 1987, 42면 참조).
32) 우병창, 앞의 책(『조선시대재산법』), 258면 참조.

절차를 거친 문기를 官署文記라고 하였고, 입안절차를 거치지 않은 문기를 白文文記라고 하였다. 조선 초기에는 官署文記만이 인정되었는데,[34] 만약 토지 또는 가옥을 매매할 경우에는 3년 이내에 입안을 받도록 하였다.[35] 이 기간은 이후에 100일 내로 변경되었다.[36] 그리고 상속의 경우에는 傳得者는 4년 이내에 신고하여야 하고 해당 관청은 財主・證人・筆執人의 答書에 의거하여 사실을 조사한 다음 立案成給하였는데,[37] 이후 신고기간이 4년에서 1년으로 변경되었다.[38]

　관청이 공증력을 부여하는 입안은 財主 所有地의 官廳이 文記의 진정성 여부를 심사・확인하여 주는 일종의 行政行爲이었다.[39] 만약 입안을 받지 않을 경우에 국가는 당해 재산을 몰수할 수 있었다. 이렇게 입안을 강제한 이유는 토지매매가 종래에 금지되어 오다가 전면적으로 허용됨으로써 오는 田制의 문란을 방지하려는 데 그 목적이 있었다. 그런데 입안절차의 번잡성과 세금부담은 거래 당사자에게 적지 않은 부담으로 작용하였다. 즉 매매에 관여한 매도인・매수인・증인・필집인 모두가 직접 관사에 출두하여 매매사실을 증명하여야 하는 절차적 번잡성과 作紙負擔의 과중은 마침

---

33) 『성종 20권 3년 7월 16일 신해』 참조.
34) 조선시대 말엽까지는 오늘날과 同一한 不動産의 物權變動을 공시하는 제도인 등기제도는 존재하지 않았다. 그러나 土地・家屋 등의 소유권이 인정되었고 변동이 허용되는 한, 국가적 합목적 요청과 권리관계의 안정을 위해서는 필연적으로 공증제도가 요청되었다. 조선시대에는 國初부터 왕조 말기까지 약 500년간 立案制度가 행해졌다(박병호, 『한국법제사고』, 법문사, 1974, 36면 참조).
35) 『세종 107권 27년 1월 11일 을유』 참조.
36) 『經國大典』戶典 賣買限條』 참조.
37) 『태종 9권 5년 4월 10일 을해』 참조.
38) 『經國大典』刑典 私賤條: 「傳得奴婢者, 期年內告官受立案. 若財主成文契而死者, 곱侍病親族或奴婢閱實給立案」.
39) 우병창, 앞의 책(『조선시대재산법』), 265면 참조.

내 법의 空文化를 초래하여 조선 후기에는 백문문기가 일반화되었다[40) 결국 입안제도는 『大典會通』[41) 刑典 決訟該用紙條에 '今廢'라고 하여 稅錢에 관한 규정을 삭제함으로써 형식적으로도 완전히 폐지되게 되었다.[42)

4. 조선시대의 토지사유제의 모습

(1) 경국대전 및 왕조실록상의 토지사유

세종 6년에 이르러 田地의 매매가 국가에 의해서 공식적으로 허용되고, 이를 증명하기 위해서 입안제도가 마련되었다는 사실을 어떻게 평가하여야 하는지 검토할 필요가 있다. 조선시대에 私人의 土地私有權이 어떻게 보호되고 있었는지, 그리고 그와 같이 보호되고 있었던 조선시대의 토지사유제도를 어떻게 평가하여야 하는지를 검토함에 있어서, 조선시대의 성문법전인 경국대전과 조선왕조실록의 내용은 훌륭한 참고가 된다. 그 내용을 살펴보면 다음과 같다.

첫째, 經國大典 戶典 賣買限條는 "토지나 가옥의 매매는 15일이 지나면 변경하지 못하고, 모든 매매가 있은 후 100일 이내에 관청

---

40) 매매당사자가 친족관계이거나 친분이 두터운 경우 또는 장래에 어떠한 폐단이 없을 것으로 예상되는 경우에는 굳이 입안을 받지 않더라도 문제가 발생할 가능성이 낮았기 때문이다. 더욱이 인구의 유동이 거의 없는 당시의 사회모습을 고려해 본다면 그러한 거래사실의 존재를 쉽게 알 수도 있었을 것으로 생각이 된다. 따라서 舊文記가 구비되고 당사자들이 신뢰할 수 있는 사이이면서 증인·필집인이 참석한 경우에는 복잡한 입안을 받음이 없이 매매가 이루어졌던 것이다. 이러한 거래관행은 시간이 지남에 따라 일반화하게 되었다. 우병창, 앞의 책(『조선시대재산법』), 263면 참조.

41) 1865년(고종 2년) 왕명에 따라 영의정 조두순(趙斗淳), 좌의정 김병학(金炳學) 등이 편찬한 조선시대 마지막 법전.

42) 우병창, 앞의 책(『조선시대재산법』), 265면 참조.

에 신고하여 확인서(立案)를 받아야 한다. 소나 말은 5일이 지나면 변경하지 못한다."라고 규정하였다. 이것은 토지나 가옥 등을 자유롭게 매매할 수 있고, 그 유효성을 보장받기 위해서는 입안을 받아야 한다.

둘째, 經國大典 刑典 私賤條는 토지나 가옥 등의 상속과 유증에 관하여 규정하고 있다. 즉 "분배하지 못한 노비는 자녀의 생사와 상관없이 분급한다. 평균분배가 되지 않는 수는 적자녀에게 분급하고, 그래도 남는 수가 있으면 손위와 손아래의 순서로 준다. 본처에게 아들도 딸도 없으면 양인 첩의 자녀에게, 양인첩에게도 자식이 없으면 천인 첩의 자녀에게 준다. 토지도 이와 마찬가지로 한다."라고 규정하였다.[43] 이것은 자녀의 균분상속이 원칙임을 알 수 있다.

셋째, 經國大典 戶典 田宅條는 원칙적으로 토지나 가옥에 관한 분쟁은 분쟁이 발생한 때로부터 5년이 지나면 소송을 수리할 수 없도록 하였다.[44] 이에 대해서는 다음과 같은 예외를 규정하였다. 자기도 모르게 타인이 토지나 가옥을 훔쳐 팔아 버린 경우(盜賣), 토지나 가옥에 대한 소송이 끝나지 않고 권리자가 확정되지 못한 경우(相訴未決), 부모의 유산인 토지나 가옥을 형제자매 사이에 균등하게 몫을 나누지 않고 어느 한 사람이 독점한 경우(父母田宅合執), 병작반수의 소작계약을 체결한 소작인이 소작기간이 끝났거나 지주의 토지반환요구를 무시하고 자기 것으로 영구히 차지하려고 하는 경우(因併耕永執), 세를 들어 살고 있는 자가 계약기간이

---

43) 한국정신문화원, 『역주 경국대전』, 1986, 727면 참조.
44) 자신에게 상속된 재물을 아비가 마음대로 처분하여 고소한 사례. 자세한 것은 『성종 235권 20년 12월 13일 병신』 참조.

끝났거나 집주인이 비우라고 요구하였는데 이를 듣지 않고 자기 것으로 차지하려고 하는 경우(賃居永執)에는 5년의 제소기간은 적용되지 않고 언제든지 소송을 제기하여 구제를 받을 수 있었다.[45] 이것은 국가가 토지소유권을 보장하고 있음을 나타낸다.

넷째, 경국대전에서는 소유물에 대해 '己物'이라는 용어를 사용하고 있다. 이 己物은 동산·노비·가옥·토지 등의 모든 경우에 사용되는 사법적인 법률용어이다. 己物이란 내 물건이라는 뜻으로, 구체적으로 '나'라고 하는 인격과 결합된 대상은 나와 같은 것으로 본다. 따라서 어떠한 물건이 나에게 전속되어 나의 지배에 속하여 자유롭게 사용·수익·처분할 수 있으면 나와 같은 것이 된다.[46]

다섯째, 국가에서 행정목적을 위하여 家垈가 필요한 경우에는 백성에게 그 대가를 지급하고 수용하였다는 기록이 있다.[47] 이러한 補償原則은 국정이 문란했던 연산군 때에도 거의 지켜졌다고 한다. 즉 국가에서 필요에 의해 개인 소유인 토지나 가옥을 수용하는 경우에는 그 時價에 따라 금전으로 보상하거나 또는 다른 토지나 가옥으로 교환해 주었던 것이다. 예를 들어 전각(殿閣)을 짓거나 鎭을 設置하거나, 능묘(陵墓)·비각(碑閣)을 築造하는 경우에는 그 땅값을 보상해 주거나 아니면 다른 곳의 토지와 교환해 주었다는 기록이 왕조실록에 많이 나온다. 예컨대 연산군 9년에 휘

---

45) 『經國大典』 戶曹 田宅條:「凡訟田宅, 過五年則勿聽. (盜賣者, 相訟未決者, 父母田宅 合執者, 因幷耕永執者, 賃居永執者, 不限年. 告狀而不立訟過五年者, 亦勿聽. 奴婢 同)」.
46) 박병호, 앞의 글(「한국근세의 토지소유권에 관한 연구」), 136면 참조.
47) 『성종 176권 16년 3월 6일 정해』 참조.

순 공주의 새 집 근방에 있는 민가를 해당 관사에서 값을 주고 철거하도록 하였다.[48] 또 숙종 2년에 하교하기를, 사대부의 墓山 안에 靑龍 · 白虎의 안으로 산을 가꾸어 놓은 경우에 한에 다른 사람이 묘를 쓰지 못하도록 하였고, 청룡 · 백호로부터 그 밖의 곳은 비록 가꾼 산이라 하더라도 사적 지배를 할 수 없도록 하였다.[49] 이것은 국가가 토지의 사적 지배를 보호하고, 그 범위 내에서는 타인의 사적 지배가 배척된다는 것을 의미한다.

(2) 토지사유제도에 대한 평가

소유권이라는 개념은 각 국가별 · 지역적인 특성과 사회 · 경제적인 발전 속에서 형성되기 때문에 그 본질을 정확하게 파악하기 위해서는 역사적인 고찰이 필요하다.[50] 조선시대에는 전제군주의 주권을 공고히 하기 위한 다양한 제도를 정비하였는데, 소유권을 상실시킬 수 있는 몰수제도도 이러한 목적을 위해서 기능하였다. 즉 조선시대의 군주에게는 형사상의 범죄행위와 결부시켜서 민사상의 재산권을 제한 없이 박탈시킬 수 있는 본원적인 권리가 존재하였다는 점에서 당시의 소유권의 성질을 추단할 수 있다. 이것은 조선시대에 재산권에 대한 사유의식이나 국가의 재산권 존중사상이 존재하였지만, 그것은 근대국가에 비하여 상대적으로 미약하고, 그 성질도 차이가 있었던 것으로 평가할 수 있다.[51] 그리고 세종 때에 이르러 국가가 토지의 매매를 公認함으로써 일반국민은

---

48) 『연산군 49권 9년 3월 6일 계유』 참조.
49) 『숙종 5권 2년 3월 4일 병술』 참조.
50) 윤철홍, 『소유권의 역사』, 법원사, 1995, 167면 참조.
51) 우병창, 앞의 책(『조선시대재산법』), 255면 참조.

토지의 사용, 수익뿐만 아니라 처분 권능까지도 행사할 수 있는 그러한 토지사유제가 성립되었다고 할 수 있다. 그런데 조선시대에 土地私有制가 성립되었다고 하더라도 그것은 오늘날의 그것과는 상이한 것이다. 왜냐하면 군주는 필요에 따라 언제든지 자신의 군주권에 기하여 토지소유제도를 통제·개입할 수 있는 무제한적인 권리가 본원적으로 존재하였기 때문이다. 이렇게 전근대사회는 개인의 권리보호도 중요한 가치였지만, 그것보다는 군주의 주권강화 및 절대권력의 세습에 보다 중점을 두는 사회라고 할 수 있다. 따라서 전근대사회에서의 土地私有制는 그러한 범위 내에서 인정되는 제도라고 보아야 한다.

5. 논의의 정리

조선시대 토지소유제도의 기본적인 특징은 신분계급에 기초하여 토지를 중첩적으로 지배하였다는 점이다. 양반관료인 수조권자는 국가로부터 분급 받은 수조권에 근거하여 民田의 소유자를 納租의 형식으로 지배하고, 국가는 수조권의 분급을 통하여 수조권자를 지배하였기 때문이다. 그리고 세종 때에 처분권을 공인하여 토지사유제도가 성립되었다고 하더라도 당시의 사회제도가 군주권에 절대적으로 예속되는 범위 내에서 허용되었다는 점에서 전근대적인 제도라고 할 수 있다. 그리고 세종 때에 이르러 국가가 토지의 매매를 公認함으로써 일반국민은 토지의 사용, 수익뿐만 아니라 처분 권능까지도 행사할 수 있는 토지사유제가 성립되었다. 물론 조선사회는 토지를 매개로 하는 상품화가 지금처럼 활발하지는 않았다고 하더라도 土地의 처분권이 국가에 의해서 공인되었다는 것은 거래안전을 위한 최소한의 제도적 장치가 구비되어야 한다는 것을 의미한다. 당시 사회일반에서는 매매나 상속 등으로 소유권이 이전된 경우에 이를 증명하는 방법으로 文記를 작성하였다. 그런데 文記는 관계당사자들만 그 진위 여부를 알 수 있었기 때문에 권리의 진정성이 객관적으로 담보될 수 없었다. 따라서 작성된 문기가 객관적으로 진정한 것임을 확인받는 제도가 요구되었는데 이것이 立案制度이다. 그런데 입안제도는 절차의 번잡성으로 조선 후기 이후에는 사문화되었다.

Ⅲ. 대한제국의 토지소유제도

1. 서 설

대한제국시기의 토지소유제도가 어떠한지를 검토하기 위해서는 당시의 사회현상을 우선 파악하여야 한다. 일반적으로 법제도는 사회현상의 반영으로서 정립되기 때문이다. 1890년대의 한국사회는 내부적으로는 토지소유와 관련하여 계층 간의 분화가 심화되고 있었고, 외부적으로는 서구 열강의 침략으로부터 국권을 수호하여야 하는 시대적 문제를 안고 있었다. 이러한 내외적 문제를 해결하기 위하여 1897년 10월 12일 수립된 대한제국은 다양한 정책을 실시해 갔다.[52) 그러한 정책 중에서 토지소유제도와 관련 있

---

52) 1720(숙종 46) 이후 田結을 정확히 파악하기 위한 전국적인 양전사업은 시행되지 못하였다. 특히 田政의 문란은 조선 후기 각종 민란, 특히 동학농민운동이 일어나는 요인이 되

는 대표적인 것이 양전지계사업이다.[53] 이하에서는 대한제국시기에 양전지계사업의 전개과정과 통감부의 설치 이후에 대한제국의 부동산법제가 어떻게 변화되었는지를 부동산관련법령을 중심으로 살펴보고자 한다.

2. 대한제국의 양전지계사업

(1) 양전지계사업의 배경

대한제국이 양전지계사업을 실시하게 된 배경을 여러 가지 측면에서 파악할 수 있겠지만, 여기에서는 두 가지 측면에서 검토하고자 한다.

첫째는 토지제도의 문란 때문이다. 18·9세기의 조선사회는 토지제도와 賦稅制度의 문란으로 신분계급 간 대립이 심화되고 있었다. 이러한 대립은 결국 대규모의 농민항쟁으로 이어졌는데, 그 예가 1811년에 평안도의 농민항쟁과 1862년에 삼남지방의 농민항쟁이다. 이러한 혼란한 사회질서를 해결하기 위해서 양전론(量田論)[54]이 대두되었다.[55] 하나는 집권세력에 의해서 제기된 안으로

기도 하였다. 이후 대한제국이 수립된 뒤 정부는 왕권을 강화하고 통치권을 정비하려는 개혁을 정치·경제·사회 등 다양한 부문에서 시도하였다. 특히, 국가재정을 확보하기 위하여 무엇보다 전국의 토지를 조사하여 田結을 정확하게 파악하는 일이 중요한 것이었다.

53) 대한제국의 양전·지계사업에 대한 연구는 근대화 개혁정책과 관련하여 양전과정과 양안의 기능 및 지계(관계) 발급의 성격을 중심으로 연구되었다. 김용섭, 「光武年間의 量田·地契事業」, 『아세아연구』 31. 1968; 배영순, 앞의 글("한말·일제초기의 토지조사와 지세개정에 관한 연구"), 1988; 김홍식 외, 『대한제국기의 토지제도』, 민음사, 1990: 宮嶋博史, 「朝鮮土地調査事業史의 硏究」, 東京大學 東洋文化硏究所, 1991; 왕현종, 「광무양전사업의 다양한 성격과 좁은 시각」, 『역사와 현실』 5, 1991; 최원규, "한말 일제초기 토지조사와 토지법 연구", 연세대학교 대학원(박사학위논문), 1994; 한국역사연구회 근대사분과 토지대장연구반, 『대한제국의 토지조사사업』, 민음사, 1995; 김홍식 외, 『조선토지조사사업의 연구』, 민음사, 1997 참조.

54) 대한제국의 광무양안(양전지계사업)에 있어서 주장된 李沂, 金星圭, 俞吉濬의 양전 및 전

불합리한 賦稅制度를 개선하는 한도 내에서 농민문제를 해결하려는 견해이고, 다른 하나는 실학자들의 안으로 농민항쟁의 원인이 대다수의 농민들이 토지소유관계에서 배제되고 있다는 사실에 기초하여 농민경제를 근원적으로 안정시키기 위해서는 賦稅制度는 물론 토지제도까지를 개혁하여야 한다는 견해였다.[56] 특히 후자의 경우에 그 방안으로 井田論, 均田論, 限田論, 貸田論 등의 다양한 토지개혁론이 제기되었다. 국가는 당시의 농민문제를 해결하고 토지질서를 확립하기 위해서는 먼저 토지의 위치, 면적, 지목, 토지소유자, 토지소유권의 변동, 임조권(賃租權), 영대소작권과 같은 농민의 諸權利 등 토지와 관련한 모든 사항을 정확하게 파악하는 量田事業이 선행되어야 한다고 인식하였다. 왜냐하면 집권세력이 주장하는 부세제도(지세제도)의 개선이나, 더 나아가 실학자들이 요구하는 토지개혁을 시행하기 위해서는 우선 양전사업을 통한 토지의 정확한 측량이 전제되어야 하기 때문이다.

둘째는 외국인의 토지잠매행위 때문이다. 1876년 2월 2일 일제의 군사적 위협에 의하여 '강화도조약'이 체결되었다. 이 조약에 근거하여 일본은 치외법권이 적용되는 개항장의 설치와 개항장내에서 조계(租界, 외국인 거주지)의 형식으로 일본인이 定住하게되었다.[57] 이로 인하여 대한제국은 전례가 없는 외국인의 토지이

___

제개혁론 및 양전지계사업에서의 양전론에 대하여, 조종식, 「대한제국의 토지소유권제도」, 『한국토지소유권사론』, 학영사, 1993, 210 - 213면, 214 - 217면 참조.

55) 최원규, "한말 일제초기 토지조사와 토지법 연구", 연세대학교 대학원(박사학위논문), 1994, 9면.

56) 윤대성, 「대한제국의 광무양안에 의한 근대적 소유권의 확립」, 『법사학연구』 제24호, 63 - 99면, 한국법사학회, 2001, 69 - 70면 참조.

57) 강화도조약 제4조는 부산을 비롯한 3곳의 통상항에서 토지와 가옥의 임차·造營을 위한 일본인의 거주권을 규정하고 있었다. '江華島條約'에 대해서는 국회도서관 입법조사국, 『

용문제에 직면하게 되었다. 비록 외국인의 토지소유권은 허용되지 않았지만, 일본상인의 상업 활동과 통행은 조계를 중심으로 사방 10리 이내로 제한하여 허용하였던 것이다. 그 후 1882년 5월 22일 미국과 체결한 '한미수호통상조약'에도 이러한 내용이 규정되었다.[58] 그런데 1883년 11월 26일에 당시 최강국이었던 영국은 조선에 더욱 불평등한 조약을 강요하였는데, 그것이 바로 '한영수호통상조약'[59]이다. 이 조약은 조계 안에서는 물론 租界 밖 10리까지 외국인이 토지를 소유할 수 있도록 하였다. '한영수호통상조약'에 의하여 외국인의 토지소유금지가 부분적으로 해제됨에 따라서 일제를 비롯한 열강들은 租借 및 租界條約을 통하여 개방되는 각 지역에서 토지침탈의 거점을 확보해 갔다.[60] 정부는 租界 내에서 외국인의 토지소유를 허용하고 토지소유관계의 분쟁을 통한 국가 간의 마찰을 피하기 위해서 토지소유권의 증명문서인 지계를 발급해 주었다.[61] 그런데 '한영수호통상조약'에 의하여 허가구역 내

구한말조약휘집』 상, 1964, 13면 참조.

58) 이 조약 제6조는 조선정부는 미국인이 소정의 지대를 지불한다는 조건하에서 토지, 가옥의 임차와 창고의 건축을 허가하여야 한다고 규정하고 있다. '韓美修好通商條約'에 대해서는 국회도서관 입법조사국, 앞의 책(『구한말조약휘집』 중), 300 - 301면 참조.

59) '한영수호통상조약'은 이후 모든 통상조약의 모델이 되었으며, 동시에 이미 이전에 체결한 일본과 미국과의 통상조약에서도 최혜국대우조항에 의해서 소급 적용하게 되었다. 이에 따라서 제물포, 원산, 부산 등과 같이 지정된 장소 안에서 토지・가옥의 貸借는 물론 소유권을 취득하거나 이전할 수 있게 되었다. '韓英修好通商條約'에 대해서는 국회도서관 입법조사국, 앞의 책(『구한말조약휘집』 중), 321 - 336면 참조.

60) 최원규, 앞의 글("한말 일제초기 토지조사와 토지법 연구"), 27 - 28면.

61) 이를 위해서 조계 내의 토지를 조사・측량하여 해당 지역을 각 지구별로 지형에 따라서 등급 및 경계를 정하고, 지구마다 지번도 정하였다. 토지조사에 의하여 지역과 지번이 확정되면 당해 토지는 외국인을 대상으로 경매하였다. 경매에 의하여 토지를 매입한 외국인은 10일 이내에 地價를 지불하고, 토지소유권 증명서인 地契를 발급받았다. 지계는 한국정부를 대표하는 관리로부터 관련서식에 따라 3통이 교부되었다. 지계의 소유자는 당해 연도 地租(토지세)를 정해진 기간 내에 租界公司에 납부하여야 하였다. 만약 地租를 체납하거나 납부하지 않을 경우에는 租界公司가 지주자격을 박탈하고 토지를 경매 처분할 수 있었

에서만 외국인이 토지를 소유할 수 있었고, 租界 밖 10리를 넘는 토지소유는 금지됨에도 불구하고 외국인의 土地潛賣는 계속되었다. 따라서 1894년 8월 26일에 대한제국은 '국내토지산림광산비본국입적인민불허점유급매매사'(國內土地山林鑛山非本國入籍人民不許占有及賣買事)[62]를 제정하여 외국인은 국내의 모든 부동산에 대하여 소유는 물론 점유도 할 수 없도록 하였다. 그리고 지방관에게 외국인의 부동산 잠매행위를 단속하도록 훈령을 수시로 내리는 조치를 취하였다. 그러나 이러한 조치에도 불구하고 외국인의 토지 잠매행위는 감소되지 않았다.[63] 대한제국은 외국인의 잠매행위를 금지하기 위한 대책을 마련하였는데, 하나는 조선 후기부터 제기되고 있었던 것으로, 전 국토를 측량하여 토지 관련권리에 대한 국가 관리체제를 확립하는 것이었다. 이렇게 하면 개항 이후에 사회문제로 대두된 盜賣나 潛賣문제를 해결할 수 있으며, 국가의 재정문제도 어느 정도 해결할 수 있다고 보았다. 이것이 바로 光武年間(1898~1904)에 이뤄진 量田地契事業이다. 다른 하나는 외국인의 불법적인 토지소유를 금지하기 위한 법률의 제정이다. 이에는 민사법으로서 '전당포규칙'(典當鋪規則)[64]과 형사법으로서 '의뢰외국치손국체자처단례개정건(依賴外國致損國體者處斷例改正件)'[65]이

다(최원규, 앞의 글("한말 일제초기 토지조사와 토지법 연구"), 29면 참조).
62) 『議定存案』, 개국503년 8월 26일; 내각기록국, 『法規類編』, 건양원년, 212면.
63) 조종식, 앞의 글(「대한제국의 토지소유권제도」), 221－223면.
64) 법률 제1호, 1897년 11월 2일 공포, 서울대학교 도서관 편, 『詔勅・法律』, 1991, 728면; 이 규칙은 일본인 대금업자들이 전당을 통하여 조선인의 부동산 소유권을 강취하는 것을 방지하기 위해서 공포되었다.
65) 법률 제2호, 1898년(광무2년) 11월 22일 공포, 〈舊韓國官報〉 제1562호, 1900. 5. 1, 8冊, 430면; 서울대학교 도서관 편, 앞의 책(『詔勅・法律』), 598면. 이 법률 제2조는 "左開氾法者눈旣遂未遂를勿論ᄒ고明律賊盜編謀叛條에照ᄒ야處斷홀事"라 하고, 그 가운데 "第六　各國約章內所許地段을制限外에一應田土森林川澤을將ᄒ야外國人에게潛買ᄒ

이에 해당된다. 이렇게 대한제국은 문란한 토지제도를 정비하고 외국인의 토지소유를 금지하기 위해서는 양전지계사업을 통하여 소유권의 조사 및 공증을 할 필요가 있었고, 이를 위해서는 토지조사가 선행되어야 하였다. 이러한 이유로 광무양전지계사업이 시행되었던 것이다.[66]

(2) 양전지계사업의 전개과정

광무 2년(1898년) 7월 2일 조서(詔書)에 의하면,[67] '詔曰土地測量事旣有政府奏裁矣另設量地衙門處務規程令政府議定以入'라고 하여 토지를 측량하기 위한 양지아문과 그 사무에 관한 규정이 제정되었다. 그것이 '양지아문직원및처무규정'(量地衙門職員及處務規程)[68]이며, 광무 2년 7월 6일에 시행되었다.[69] 이 규정에 의하여 양지아문이 설립되었는데, 제1조는 '量地衙門은內部農工商部에서請議ᄒ는事項을辨理ᄒᄂᆫ處所로定홀事'라고 규정하여 양지아문이 내부와 농공상부에서 토지조사와 관련한 의결요청사항을 판단하고 처리하기 위하여 설립된 기관이라고 규정하였다. 양지아문의 토지조사는 한성 5서(漢城五署)에서부터 시작되었는데,[70] 이러한 작업을 효율적으로 수행하기 위하여 量務監理라는 기관을 두었다. 양무감리는

거나或外國人을附從ᄒ야借名許認ᄒᄂᆫ者에게知情故賣혼者"를 들고 있다. 서울대학교 도서관 편, 앞의 책(『詔勅·法律』), 598면; 따라서 외국인에게 잠매하거나 이름을 빌려준 자는 미수에 그쳤더라도 명률 도적편 모반조에 따라서 처단할 것을 규정하였다. 최원규, 앞의 글("한말 일제초기 토지조사와 토지법 연구"), 41–42면.
66) 조종식, 앞의 글(「대한제국의 토지소유권제도」), 218면.
67) 서울대학교 도서관 편, 앞의 책(『詔勅·法律』), 124면.
68) 서울대학교 도서관 편, 앞의 책(『詔勅·法律』)上, 420면 이하.
69) 光武二年七月六日奉으로 되고, 第二十四條에 本令은頒布日로始ᄒ야施行홀事로 되었음에서 알 수 있다. 서울대학교 도서관 편, 앞의 책(『議案·勅令』上), 422면.
70) 第十七條 土地測量을漢城五署로始ᄒ야以爲自邇及遠홀事. 서울대학교 도서관 편, 앞의 책(『議案·勅令』上), 421면.

해당 도내 군수 가운데 선임된 者로,[71] 양지사무와 관련하여 양지아문과 각 부(府), 부(部), 원, 청에 보고하고, 관찰사처럼 공문을 사용하여 각 부윤, 군수에게 훈령, 지령을 내릴 수 있는 者이었다.[72]

광무 5년(1901년)에 이르러 전답에 관한 지계제도[73]의 필요성은 더욱 강하게 제기되었고,[74] 그 결과 지계발급을 위한 지계아문이 설치되었다.[75] 지계아문이 설치된 이후에 지계아문의 업무는 종래의 양지아문의 업무와 중첩되는 부분이 많게 되었다. 왜냐하면 지계를 발급하기 위해서는 양지아문의 토지조사와 동일한 양전사업이 선행되어야 하기 때문이다. 업무의 효율성을 위하여 양안의 등록과 지계의 발급을 단일기관에 의해서 수행되는 것이 효율적이므로 양지아문은 지계아문에 통합되었다.[76] 지계아문의 사

---

71) 勅令第十三號 各道量務監理를該道內郡守中에擇任ᄒ야爲先試可ᄒᄂ件 제1조, 서울대학교 도서관 편, 앞의 책『議案·勅令』上), 452면; 勅令 七.

72) 第二條 量務監理가量地事務에關ᄒ件을對ᄒ야量地衙門과各府部院廳으로直報ᄒ게ᄒ고觀察使에게對等公文을用ᄒ며各府尹郡守에게訓令指令을行ᄒ事. 서울대학교 도서관 편, 앞의 책(『議案·勅令』上), 452면; 양무감리는 양전하는 토지의 실제 결수와 원장부를 대조하여 숨겨진 토지를 찾는 것도 그 임무이었다. 왜냐하면 양무를 개시한 뒤에 1군씩 측량하여 양안과 차이가 있는지를 비교하여 양지아문에 보고하면, 양지아문에서 수정하여 탁지부로 이송한 뒤에 結數가 증가되었다고 판단되면 그 監理에게 포상하였기 때문이다. 그 내용은 다음과 같다. 第七條 量務를開ᄒ後에每一郡식隨量繕案ᄒ야本衙門에鱗續貴上ᄒ거든本衙門에셔考訂核策ᄒ야度支部로轉照ᄒ되結數를多得ᄒ면該監理를上奏褒賞ᄒ고見習生도隨其優等ᄒ야需用ᄒ事. 서울대학교 도서관 편, 앞의 책(『議案·勅令』上), 452면.

73) 地契制度는 본래 외국인의 토지소유권을 국가가 증명해 주기 위해서 마련된 제도였다. 즉 조선이 개항을 한 이후에 租界地에 관한 조약이 다수 체결되었고, 특히 1883년 11월 26일에 체결된 '한영수호통상조약'에 의해서 외국인은 조계지 및 조계지 10리 이내에서 토지와 건물의 소유권을 취득할 수 있게 되었다. 그러한 경우에 관리관청이 소유권의 진정성을 증명해 주기 위해서 발급한 토지소유문서가 바로 地契이다. 地契는 地券이라고도 한다(박병호, 앞의 책(『한국법제사고』), 70면 참조).

74) 왜냐하면 조선시대의 소유권의 증명제도인 입안제도는 절차의 번잡성으로 인하여 후기로 갈수록 공문화된 이후에 실제의 토지매매에 있어서는 白文의 형태로 거래되고 있었다. 그 결과 대한제국시기에 이르러 점점 더 위조문서와 盜賣가 성행되었다.

75) 박병호, 앞의 책(『한국법제사고』), 71면 참조.

76) 지계아문의 양전은 양지아문에서 양전을 하지 않은 지역에 한정되어 실시되었다. 지계아문

무와 지계발급의 원칙은 광무 5년(1901년) 10월 22일 제정된 칙령 제21호 '지계아문직원및처무규정'에 규정되어 있다.[77] 이 규정에 따르면 지계아문은 한성부와 13도 各府尹의 田土契券을 정리실시 하는 사무, 즉 田土를 조사하여 양안을 만들고 이에 기초하여 舊契 는 폐쇄하고 新契는 還給하는 지계발급에 관한 임무를 담당하였다. 그러나 이 규정은 같은 해 11월 11일 일부의 내용이 보완되어 개 정령으로 공포되었다. 그 주요한 내용은 다음과 같다.[78]

첫째, 지계발급의 대상 부동산을 개정 전에는 田土에 한정하였 지만, 개정칙령에서는 산림·川澤·家舍까지 확대하였다(제1조).[79] 이 시기에 일본인들은 田土뿐만 아니라 산림·천택·가사 등에도 사실상의 소유를 확대하고 있었기 때문에 그 소유관계를 파악할 필요가 있었다. 둘째, 대한제국 이외의 사람은 관계를 발급받을 수 없도록 개정령에서 명확히 규정하였다(제10조). 즉 산림, 토지, 전 답 및 家舍는 대한제국인 이외에는 소유주가 될 수 없다는 원칙하 에서 지계가 발급되었다.[80] 그러나 이러한 원칙은 각 개항구 내에 서는 적용되지 않았다(제10조 단서). 개항구 내는 치외법권지역으 로 이미 외국인의 토지소유를 허용하고 있었기 때문이다. 셋째, 산

의 양전사업과 양지아문의 양전사업은 그 실질이 동일하기 때문이다. 그리고 양전의 방식도 양지아문의 조사원칙을 계승하였는데, 단지 지계아문의 실질적인 존재이유가 지계발급이었 기 때문에 지계아문의 양안에는 이에 맞는 내용이 기록되었다. 즉 지계아문의 양전은 소유 권을 조사하여 관계를 발급하는 데 필요한 항목만을 우선 조사하여 기록하였다. 따라서 지 계아문의 양안과 양지아문의 양안은 구성내용에 있어서는 다소 차이가 있었다(최원규, 앞의 글("한말 일제초기 토지조사와 土地法 연구"), 67면 참조).

77) 『관보』 제2024호, 광무 5년 10월 22일.
78) 최원규, 앞의 글("한말 일제초기 토지조사와 토지법 연구"), 96 – 97면 참조.
79) 칙령 제21호 지계아문직원및처무규정 제1조와 칙령 제21호 지계아문직원급처무규정(개정 령) 제1조 참조.
80) 제10조 山林土地田畓家舍는 大韓國人外에所有主 되믈得치못홀事. 서울대학교 도서관 편, 『議案·勅令』上, 1991, 602면.

림·토지·전답 및 家舍의 소유자가 官契의 발급을 원하지 않을
경우에, 만약 발각이 되면 원가의 10분의 4에 해당되는 벌금을 부
과하고 관계를 환급하도록 하였다(제11조).[81] 그리고 화재 등으로
官契가 멸실된 경우에는 原主는 당해 지방관청에 보고하여 다시 成
給하도록 하였다(제12조).[82]

이후 '地契監理應行事目'에서는 지계발급의 대상에 민유뿐만
아니라 국공유지 및 능(陵)·원(園)·묘(墓)·궁(宮)·교(校)·역(
驛)·둔(屯)·원(院)·숙(塾)·사찰(寺刹) 등도 포함되었다(제11조).
따라서 지계발급의 대상자는 왕실을 비롯하여 공공단체, 관청 등
은 물론 기존의 토지소유자로서 외국인을 제외한 대한제국인은
모두 해당되었다. 이렇게 발급된 대한전토지지계(大韓田土地契)
의 뒷면(後開)에는 地契規則이 기재되어 있다.[83] 대한제국기의 광
무양전사업에 있어서 지계아문에 의한 지계발급은 거래질서를 안
정화시키기 위해서 토지소유권을 국가가 증명하여 준 조치라고 할
수 있다.[84]

---

81) 제11조 山林土地田畓家舍所有主가官契를不願호다가現發호者는原價十分四罰金에處
호고官契는換給홀事. 서울대학교 도서관 편, 앞의 책(『議案·勅令』上), 602면.
82) 제12조 官契를水況火災或闖失호는境遇에는原主가當該地方官廳에報明호야證據가的
確호後更히成給홀事. 서울대학교 도서관 편, 앞의 책(『議案·勅令』上), 602면.
83) 그 내용을 살펴보면, 전답이 있는 대한제국 인민은 이 관계가 반드시 있어야 그 유효성을
보장받으며, 舊契는 효력이 없기 때문에 지계아문에 반납하여야 한다. 그리고 전답소유주
가 전답을 매매하는 경우에는 매매사실을 알려 주기 위해서 官契를 해당관청에 보여 주어
야 하며, 典質하는 경우에는 해당지방관청에 認許를 얻은 후에 이를 하여야 한다. 전답소
유주가 매매·양여를 하는 경우에 관청에 구계를 반납하고 신계를 발급받아야 하는데 이를
하지 않은 경우, 그리고 관청의 허가 없이 매매, 전질한 경우에는 전답을 몰수하도록 하였
다. 이에 대해서는 박병호, 앞의 책(『한국법제사고』), 72면 참조.
84) 윤대성, 앞의 글(「大韓帝國의 光武量案에 의한 近代的 所有權의 確立」), 84면 참조.

3. 대한제국의 부동산 법제

대한제국 후기의 부동산입법들은 '한일협상조약'에 근거하여 설치된 일본의 통감부의 영향력하에서 제정되었을 것으로 생각된다. 왜냐하면 러일전쟁 이후에 순차적으로 체결된 다수의 조약에 근거하여 입법권·행정권·사법권을 통감부가 실질적으로 통제하고 있었기 때문이다.[85] 일제통감부시기에 토지소유권과 관련한 대표적인 법규범은 세 가지가 있다.

첫째, 「토지건물의 매매교환양여전당에 관한 법률」(1906. 10. 16.)이다. 대한제국의 광무양전지계사업이 러일전쟁의 발발로 인하여 중단된 이후, 애국계몽단체인 大韓自强會[86]는 1906년 5월 25일 부동산 거래질서에 대한 건의서를 정부(참정대신)에 전달하였다.[87] 그 건의서의 내용은 다음과 같다. 契券의 법이 확정되어 있지 않고 官을 거치지 않고 매매하는 결과 위조문권으로 潛賣, 盜賣의 폐가 성행하고 부자간·형제간·친척 간에 일어나 道義가 손상되고 있는데, 이러한 폐해를 막기 위하여 契券을 동장, 면장의 인증과 지방관의 조사를 거친 후 증명을 받아 거래하여야 한다고 건의하였다.[88] 이와 같은 건의와 여론에 따라 대한제국은 1906년

---

85) 통감부시기에 제정된 부동산입법은 대한제국의 토지소유관계가 식민지 토지제도로 재편되어 가는 초기의 과정에 위치한다고 평가할 수 있다. 국민의 총의에 기초하여 법이 제정되는 것이 아니라, 통감부시기 또는 일제강점기의 경우처럼 實力에 의해서도 법은 제정될 수 있다. 그리고 양자는 모두 그 효력이 유지된다는 점에서 동일하지만, 후자의 폐해가 더욱 크다는 사실은 역사적 경험을 통하여 알 수 있다.
86) 이 시기의 각종 단체에 대해서는 김도형, "대한제국 말기의 국권회복운동과 그 사상", 연세대학교 대학원(박사학위논문), 1988. 참조.
87) 『대한자강회월보』(상) 1, 1906, 43-44면.
88) 물론 그 대상은 대한국신민에 한정할 것을 전제로 한 건의안이었다. 최원규, 앞의 글("한말 일제초기 토지조사와 토지법 연구"), 151-152면; "建議書", 『대한자강회월보』(상) 1, 1906, 43-44면 및 58-59면.

7월 13일 토지소관법 기초위원회를 설치하고「不動産權所關法」을 제정하였다.[89] 그러나 일제와의 협의과정에서 통감인 伊藤博文의 법률고문인 梅謙次郎에 의해서 명칭과 내용의 일부가 수정되었다.[90] 따라서「부동산법소관법」은 그 명칭이 수정되어「토지건물의 매매교환양여전당에 관한 법률」로 광무 10년에 공포되었다.[91] 이에 따라서 지계발급을 통하여 증명된 자신의 토지소유권을 부동산 소재지의 이장, 면장의 證印을 받아 군수, 부윤에게 제출하여 인허(認許)를 받은 후에 등기부에 기입함으로써 토지소유권을 법적으로 인정받게 되었다.

둘째,「토지가옥증명규칙」(1906. 10. 26)이다.[92] 이 규칙은 같은

---

89) 이 법의 주요한 내용은 다음과 같다. 우선 이 법의 적용대상인 부동산은 전답, 산림, 천택 기타의 토지와 가옥 기타 토지의 정착물이라고 규정하였다(제2조). 그리고 부동산의 매매, 전당, 임대, 증여의 경우에 소유자는 지권으로 사유를 명기하고 그 소재지의 이장과 면장의 證印을 받은 것을 첨부하고, 당해 지방 군수 또는 부윤 또는 감리에 청원하여 인허를 받아야 한다(제3조). 또한 호주의 허가장이 없이는 가족의 별유부동산을 매도·전당·임대할 수 없도록 하였다(제9조). 그 이유는 대한자강회가 정부에 제출한 건의서에서도 잘 나타나 있는데, 당시의 潛賣로 인한 소유권분쟁이 주로 가족이나 친족 사이에 발생하고 있었기 때문에 이를 규제하기 위해서 본 조가 삽입되었던 것이다. 그리고 본 법에 규정이 없는 사항에 대해서는 현행법령에 의한다고 함으로써 외국인의 토지소유는 여전히 금지되었다(제23조). 부동산을 임차할 경우에는 등기하도록 되어 있었다(제4조). 그 밖에 이 법의 시행을 강제하기 위하여 위반자에 대하여 태형과 징역형의 형벌과 손해배상 등 처벌규정이 있었다(최원규, 앞의 글("한말 일제초기 토지조사와 토지법 연구"), 153－155면).
90) 우선 법률안의 명칭이 너무나 광범위하기 때문에 그 명칭을「토지건물의 매매교환양여전당에 관한 법률」로 고칠 것, 讓與는 무상만을 의미하니 교환을 첨가할 것, 임차권과 관련하여 소작권의 등기문제는 별도의 법을 제정할 때까지 유보할 것 등이었다. 그리고 등기하지 않을 경우에는 무효가 아니라 제3자에게 대항하지 못하도록 할 것, 태형 위주의 형벌규정은 악의적인 경우에만 실시하고 민법상의 손해배상규정을 일반적으로 적용할 것 등이었다. 대한제국과 일제와의 사이에 협의과정에 대해서는 최원규, 앞의 글("한말 일제초기 토지조사와 토지법 연구"), 155면 이하 참조.
91) 法律 제6호 土地建物의賣買交換讓與典當에關호法律, 서울대학교 도서관 편,『詔勅·法律』, 688면 이하.
92) 勅令 제65호 土地家屋證明規則, 서울대학교 도서관 편, 앞의 책(『議案·勅令』下) 206－207면; 광무 10년 11월 9일 훈령(訓令)인 '土地家屋證明規則施行에關호注意件'이 제정되었다. 이 훈령에는 토지가옥증명규칙의 입법취지가 상세하게 규정되어 있는데, 그 내용은 다음과 같다. "나의 나라에는 민법이 不備하기 때문에 인민이 소유하는 토지·가옥

해 12월 1일부터 시행되었다. 이 규칙에 의하여 그동안 부인되었던 외국인(일본인)의 토지소유가 비로소 합법화되었다. 즉 당사자의 일방이 외국인인 경우에 토지 또는 가옥을 매매·증여·교환·전당을 하는 경우에는 그 계약서에 통수 또는 동장의 인증을 받아서 소유권의 증명을 받아야 한다. 이 경우에 일본이사관의 조사를 받아야 하고 만약 받지 못한 경우에는 증명을 받은 계약서의 효력은 부인된다. 그리고 당사자 쌍방이 외국인으로 증명을 받고자 할 때에는 일본이사관에게 신청하여 일본이사관이 먼저 당해 군수 혹은 부윤에게 사실관계를 조회하여 토지가옥증명부에 기재한 후에 증명하도록 하였다(제8조).[93] 이로써 외국인(일본인)이 토지 등 부동산을 취득하여 합법적으로 소유권의 증명을 받을 수 있게 되었다.[94]

등 일체의 不動産 契券은 관청에 고하여 완전하게 증명받아야 함에도 불구하고 그러하지 않아서 때때로 소유권이 침탈되는 폐해가 많았다. 그래서 정부에서는 부동산조사회를 설치하고 '토지가옥증명규칙및시행규칙'을 우선 제정하여 반포 및 시행하게 되었다."라고 하여 이 증명제도의 제정취지를 밝히고 있다.

93) 제8조 當事者의一方이外國人으로本則을依ᄒ야證明을受ᄒ境遇에ᄂᆫ日本理事官의査證을受ᄒᄃᆯ若理事官의査證을受치못ᄒᆞ면第二條의効力을生치못홈이라. 當事者의兩方이外國人으로證明을受코ᄌᆞ홀時ᄂᆫ日本理事官에게具申ᄒ야日本理事官이先히當該郡守或府尹에게知照ᄒ야土地家屋證明簿에記載ᄒ後證明홈이라. 서울대학교 도서관 편, 앞의 책(『議案·勅令』下) 207면.

94) 「토지가옥증명규칙」은 「토지건물의매매교환양여전당에관ᄒᆫ법률」과 비교하면 다음과 같은 차이가 있다. 첫째, 매매·증여·교환 등의 소유권과 전당권에 대한 계약만을 한정하여 조사하고 증명할 뿐, 貰組를 제외시켰다. 따라서 사용권이나 경작권은 증명대상에서 배제되었다. 둘째, 인증권자를 면장과 이장에서 통수와 동장으로 바꿨고, 인허를 담당했던 군수를 증명권자로 하였다. 셋째, 등기제도 대신에 증명제도를 채택하고, 제3자 대항력에 관한 규정을 삭제하였다. 공적장부의 명칭도 등기부에서 토지가옥증명부로 변경되었다. 이 규칙은 계약서에 증명을 해 주는 공증계약제도로서 계약자 쌍방에 대해서만 집행력을 가지고, 증명부는 거래당사자들 간의 거래사실을 증명해 주는 장부에 지나지 않았다. 즉 계약증명제도에 불과하였다. 넷째, 「토지건물의매매교환양여전당에관ᄒᆫ법률」이 契券과 신청서를 작성하도록 한 데 비하여 이 규칙은 당해 계약서를 증명하는 방식을 취하였다. 다섯째, 외국인의 토지거래를 전면적으로 허용하였지만, 아직 이전에 잠매한 토지에 대해서 그 소유권을 증명해 준 것은 아니었다(최원규, 앞의 글("한말 일제초기 토지조사와 토지법 연구"),

셋째, 「토지가옥소유권증명규칙」(1908. 7. 20.)이다. 「토지가옥소유권증명규칙」[95]은 일본인들을 위하여 「토지가옥증명규칙」의 시행에 따른 문제점[96]을 보완한 입법이었다. 즉 동 규칙의 시행 이전에 토지·가옥의 소유권을 취득한 경우에도 소유권의 증명을 받을 수 있게 함으로써 당해 권리가 보호될 수 있도록 하였던 것이다. 과거 대한제국의 토지질서를 유지하기 위하여 불법으로 평가받았던 외국인의 토지소유권의 취득행위가 통감부의 영향력에 의해서 유효한 행위로 추인받게 되었던 것이다. 또한 동 규칙의 시행 이후에 매매·증여·교환 이외의 원인으로 토지 가옥의 소유권을 취득한 경우에도 소유권의 증명을 받을 수 있도록 하였다. 따라서 이 칙령은 「토지가옥증명규칙」의 시행 이후에 거래관계를 전제로 하여 계약서에 증명을 받음으로써 그 소유권 증명을 받았던 것과는 다르게, 토지가옥증명규칙의 시행 이전에 취득한 소유권도 증명에 의해서 보호받을 수 있다는 점에서 차이가 있다. 소유권 증명을 받을 수 있는 사유는 두 가지가 있다. 하나는, 토지가옥증명규칙의 시행 이전에 토지 또는 가옥의 소유권을 취득한 경우이고, 다른 하나는 토지가옥증명규칙의 시행 이후에 매매, 증여 또는 교환에 의하지 않고 토지 또는 가옥의 소유권을 취득한 경우

165 - 166면 참조).
95) 이 증명규칙은 융희 2년(1908) 7월 20일에 칙령 제47호로 공포되고, 같은 해 8월 1일부터 시행되었다. 勅令 제47호 土地家屋所有權證明規則, 서울대학교 도서관 편, 앞의 책(『議案·勅令』下, 512면.
96) 이 규칙은 그 시행 이전에 토지·가옥의 소유권을 취득한 자에 대해서는 아무런 경과조치가 없다는 문제가 있었다. 따라서 토지·가옥의 소유권을 취득한 자는 토지·가옥의 소유권을 임시적으로 다른 사람에게 이전하고 다시 그 자로부터 자기 앞으로 이전을 하여 소유권을 증명받든지 아니면 그 토지·가옥을 다른 사람에게 전당을 하여 전당의 증명을 받음으로써 간접적으로 소유권의 증명을 받아야 하였다. 이것은 이미 조선의 토지를 잠매하여 오던 일본인들의 입장에서는 매우 번거로운 일이었다.

이다(제1조). 그 절차는 토지가옥증명규칙에 따르게 되었다(제2조). 이 칙령 제47호는 「토지가옥증명규칙」을 보완한 소유권 증명 제도라고 할 수 있다. 이에 따라 종래의 일본인이 과거에 행한 토지점탈행위는 모두 유효한 행위로 추인되어 소유권자로서 보호받게 되었다.[97]

4. 대한제국의 토지소유제도에 대한 평가

대한제국시기에 형성되어 있었던 토지사유제의 실체적 내용이 무엇인지를 검토하기 위해서는 대한제국의 國體와 政體에 대한 고찰이 선행되어야 한다. 이것은 대한제국의 헌법이라고 할 수 있는 '大韓帝國國制'의 全文內容을 파악해 보면 보다 분명해진다. 그 내용을 살펴보면 다음과 같다. 대한제국은 세계만국이 공인한 자주독립의 제국이고(제1조), 전제정치에 기초한(제2조) 황제의 권력은 無限하다고 규정하였다(제3조). 또한 국방(제5조), 입법 및 사법(제6조), 행정(제7조), 외교(제8조) 등 국가가 행사하는 일제의 권력이 모두 황제의 권한에 속하며, 이러한 無限한 황제의 권력은 신성불가침한 것이므로 황제권에 도전하는 자는 무조건 처벌한다고 규정하였다(제4조). 이러한 '대한제국국제'의 내용을 고려해 본다면, 대한제국은 主權이 군주에게 소재하는 형태로서 國體는 군주국이고, 政體는 전제정치를 구현하는 국가이므로 전제군주국가라고 할 수 있다. 이렇게 '대한제국국제'는 무한한 군주권에 대해서만 규정하였고, 이러한 권력을 통제할 수 있는 최소한의 권력분산장치

---

97) 윤대성, 앞의 글(「大韓帝國의 光武量案에 의한 近代的 所有權의 確立」), 94면 참조.

도 없을 뿐만 아니라, 특히 국민의 기본적 인권과 관련한 규정이 전혀 없다는 점에서 근대적인 헌법에 속한다고 할 수 없다.[98] 이 것은 조선과 대한제국의 실체가 類似하다는 것을 의미한다. 그리 고 대한제국시기에 지계아문에 의하여 지계를 발급한 것은 조선 후기에 폐지되었던 입안제도를 재도입한 것으로 그 명칭만이 변 경된 것으로 보아야 한다.[99] 또한 1905년 이후에 일제 통감부의 실질적인 영향력하에서 제정된 부동산입법들은 종래에 일본인들 이 잠매(潛買)한 불법적 토지소유를 조선인과 같은 합법적 토지소 유로 하려는 데 그 목적이 있었다. 그렇다면 당시의 조선인 토지 소유자가 향수한 토지소유권의 내용이 무엇인지를 살펴보면, 대한 제국의 토지소유제도를 평가할 수 있다. 앞에서도 설명한 것처럼 대한제국국제는 무한적인 전제군주권에 대해서만 규정되어 있고, 일반국민의 기본적인 인권이나 재산권의 보장에 대해서는 아무런 규정이 존재하지 않는다. 따라서 일반개인의 권리가 최고의 법규 범인 헌법에 의해서 보장되는 것을 전제로 하여, 이 헌법적 보호 를 구체화시키는 실체적 법규범으로서의 근대적 토지소유제도는 대한제국의 법규범하에서는 본원적으로 존재할 수 없었다. 따라서 근대적 의미의 토지소유권에 대한 구체적 내용이 무엇인지에 대 한 실체적 법규범이 존재하지 않았던 대한제국시기의 부동산입법 들은 한일합병 이전까지 임시적으로 대한제국시대에 형성되어 있 었던 전근대적인 소유권을 단지 증명해 주기 위한 법령이었다고 평가할 수 있다. 그렇다면 대한제국의 토지소유제도는 여전히 전

---

98) 이윤상, 「대한제국기 국가와 국왕의 위상제고사업」, 『진단학보』, 진단학회, 2003, 93면 참조.
99) 박병호, 앞의 책(『한국법제사고』), 72면.

근대적인 토지소유제도라고 할 수 있다. 또한 대한제국시기의 등기제도를 근대적 등기제도라고 보는 견해가 있다.[100] 그러나 대한제국시기에 등기·등기부라는 용어가 사용되었다고 하여 그 실체적 내용도 근대적인 등기제도와 동일하다고 파악하는 것은 잘못된 것이다. 대한제국시기에 사용된 등기제도의 실체는 조선시대의 입안제도와 유사한 권리의 증명제도에 가깝다고 할 수 있다. 근대적인 등기제도가 성립되기 위해서는 정확한 토지조사가 선행되어야 하고, 이러한 토지조사에 기초하여 토지, 가옥대장이 완비되어 있어야 한다. 또한 권리공시관계를 국가적 차원에서 관리하고 보호해 주어야 할 법원 등의 등기전담기관이 설립되어 있어야 한다. 따라서 이러한 諸要件을 갖추지 않고, 단지 면장, 이장, 군수, 부윤의 證印이나 認許를 해주었다고 해서, 그러한 사실만으로 근대적인 등기제도가 확립되었다고 할 수는 없는 것이다.[101]

5. 논의의 정리

대한제국은 한말의 문란해진 토지소유제도를 정비하고 외국인의 토지잠매행위를 규율하기 위해서 1898년에는 양전아문을 설치하고, 1901년에는 지계발급을 위한 지계아문을 설치하여 양전지계사업을 전국적으로 시행하고자 하였다. 그러나 1904년 러일전쟁의 발발과 강압적인 공수동맹의 체결 등 급박한 국제정세의 변화로 인하여 중단되고 말았다. 물론 대한제국시기에 종래의 사

---

100) 윤대성, 앞의 글(「大韓帝國의 光武量案에 의한 近代的 所有權의 確立」), 90-91면 참조.
101) 정연태, 「대한제국 후기 부동산 등기제도의 근대화를 둘러싼 갈등과 귀결」, 『법사학연구』, 한국법사학회, 1995, 85면.

회제도를 타파하여 근대적인 제도를 정립하여야 한다는 논의가 없었던 것은 아니다. 그리고 종래의 입안제도가 조선 후기에 폐지된 이후에 위조 및 盜賣 등이 더욱 빈번하게 발생하였기 때문에 당시의 문란한 토지질서를 규율하기 위해서 대한제국시기의 지계제도가 도입되었다. 그런데 지계제도는 대한제국이 새롭게 도입한 근대적인 제도가 아니고, 그 실질은 종래의 입안제도와 동일한 것이라고 보아야 한다.

  '한일협상조약'에 근거하여 통감부가 설치된 이후에 다수의 부동산입법들이 제정되지만, 이 법령들은 종래에 일본인들이 잠매(潛買)한 불법적인 토지소유를 임시적으로 합법화시키기 위한 목적에서 제정된 것이다. 따라서 임시적으로 토지소유권을 증명해주기 위한 과도기적 법령이라고 할 수 있다. 대한제국의 토지소유제도가 근대적이라고 평가받기 위해서는 토지소유권을 포함한 개인의 재산권이 헌법적 규범에 의해서 보호되고 있으면서, 이를 구체화할 수 있는 실체적 법규범과 절차적 법규범이 마련되어 있어야 한다. 즉 헌법적 규범에 의해서 보호되는 재산권인 토지소유권의 내용과 효력이 실체적 법규범 속에서 구체화되어 있어야 하고, 공시방법을 통하여 권리가 보호될 수 있어야 한다. 그리고 기본적으로는 토지소유권의 현실적인 범위를 표시할 수 있는 정확한 토지조사가 국가에 의해서 선행되어야 한다. 이러한 전제에 선다면 대한제국은 절대군주권을 기반으로 하여 권력을 통제할 수 있는 최소한의 권력분산장치도 없었고, 헌법에 의해서 보호되는 국민의 재산권 보호규정도 전혀 없었다고 할 수 있다. 따라서 토지소유권이 내용과 효력이 무엇인지를 구체화할 수 있는 실체적 법규범이 존재할 여지가 없었다는 점에서 대한제국의 토지소유제도는 근대성을 인정하기 어렵다고 보인다.

제3절 일제강점기의 토지소유제도

Ⅰ. 토지소유제도 재편의 법적기초

일제강점기 토지소유제도의 법적 기초[102]는 '한일합병조약' (1910. 8. 29.)의 발효와 동시에 공포된 긴급칙령 제324호[103]와 밀접한 관련이 있다. 이 칙령은 조선에서 법률을 요하는 사항에 대하여 조선총독이 명령으로서 정할 수 있도록 하면서(제1조), 그 명령을 制令이라고 하였다(제6조). 그리고 법률의 전부 또는 일부를 조선에서 시행하여야 할 경우에는 칙령으로 정하도록 하였다(제4조). 조선총독의 제령은 제4조에 의하여 조선에 시행한 법률

---

102) 일제강점기의 입법체계는 일제의 법령으로 법률과 칙령이 있고, 조선총독부의 법령으로 제령과 총독부령, 지방관청의 명령인 道令과 島令이 있다. 그리고 1910년 제령 제1호 '조선에서의 법령의 효력에 관한 건'에 의해서 폐지되지 않고 존속하는 구법령이 있다(김창록, 「식민지 피지배기 법제의 기초」, 『법제연구』제8호, 한국법제연구원, 1995, 69-74면 참조).
103) 1910년 8월 29일 긴급칙령 제324호, 조선총독부관보.

및 특히 조선에 시행할 목적으로 제정한 법률과 칙령에 위배할 수 없도록 하였다(제5조). 이렇게 조선에서 법률을 요하는 사항은 조선총독의 명령인 제령에 의해서 정립되는 것이 원칙이었다.[104] 그런데 일반적으로 법률[105]은 일본의 통치권이 미치는 곳에서는 당연히 시행되는 것이 원칙이지만, 긴급칙령 제324조 제1조에 의해서 조선은 일본영토이면서도 법적으로는 일본본국의 법률이 적용되지 않는 異法地域이었던 것이다. 따라서 조선에서는 법률이 특수한 경우를 제외하고는 당연히 시행되지 않았다. 그 결과 제1조의 제령이 원칙적으로 조선에서 시행되는 일반법령이었고, 칙령과 법률은 특수한 경우에만 한정되어 시행되었던 것이다.[106] 대한제국에 법률의 전부나 일부를 시행하기 위해서는 칙령으로 조선시행을 규정한 경우와 제1조의 제령을 통하여 조선시행을 규정한 경우에만 가능하였다. 이렇게 긴급칙령 제324호에 의하여 조선은 원칙적으로 일본본국 법령의 효력이 미치지 않는 지역이 되었고, 법률을 요하는 사항은 조선총독의 명령으로 정한다는 원칙이 확립되었다.[107]

토지소유제도와 관련하여 살펴보면, 총독부 훈령 제11호 '조선총독부 임시토지조사국 사무분장 규정'(1910. 10. 1.)을 공포하여 토지조사를 위한 기구 및 조직을 정비하였다. 그리고 토지조사를 위한 사무 및 기술 인력을 확보하기 위해서 칙령 제361호인 '임시

---

104) 이승일, 「1910 · 20년대 조선총독부의 법제정책 ─ 조선민사령 제11조 '관습'의 성문화를 중심으로 ─」, 『동방학지』제126집, 연세대국학연구소, 2004, 160면 참조.
105) 법률은 제국의회의 협찬을 거쳐서 천황의 재가에 의해서 제정되지만, 制令은 조선총독의 독자적인 명령이라는 점에서 兩者는 차이가 난다.
106) 김창록, 앞의 글(「식민지 피지배기 법제의 기초」), 69 - 70면 참조.
107) 이승일, 앞의 글(「1910 · 20년대 조선총독부의 법제정책」), 161면 참조.

토지조사국 관제'(1910. 9. 30.) 제11조에서 "조선총독이 필요하다고 인정할 경우에는 임시조사국에 사무원 및 기술원 양성소를 부설할 수 있다."라고 규정하였다. 이후에 총독부령 제64호 '조선총독부 임시토지조사국 양성소 규정'(1911. 5. 30.)과, 총독부 훈령 제49호(조선총독부 임시토지조사국 사무원 강습규정(1911. 5. 30.))를 공포함으로써 토지조사에 종사할 사무원 및 기술자를 양성하는 토대를 마련하였다.[108] 그리고 조선민사령(1912. 3. 18. 제령 제7호)과 토지조사령(1912. 8. 13. 제령 제2호), 조선부동산등기령 (1912. 3. 18. 제령 제9호) 등이 제정되었다. 이러한 법적 근거에 기초하여 일제강점기에 토지조사사업이 진행되었고, 이 사업을 통하여 조선의 토지소유제도는 재편되었다고 볼 수 있다.

II. 국유지의 재편

1. 역둔토조사사업

토지조사사업은 토지의 소유권조사, 가격조사, 外貌조사로 이루어졌다. 특히 소유권의 조사와 관련하여 상당한 분쟁이 발생하였다. 그런데 소유권의 조사와 관련하여 발생한 분쟁 중에서 적지 않은 비중을 차지한 것이 바로 관습상의 도지권에 관한 분쟁이다. 관습상의 도지권과 관련한 분쟁을 이해하기 위해서는 1906년부터 1918년까지 진행된 국유지창출을 위한 驛屯土調查事業을 검토할

---

108) 대한지적공사 편, 『대한지적공사오십년사』, 1989, 111 - 112면 참조.

필요가 있다.[109] 역둔토조사사업은 일본에서 조선으로 이주하는 일본국민에게 안정적인 이주지를 확보해 주고 또한 장래 식민지 배의 재정적 기초를 마련하기 위하여 驛土와 屯土, 宮房田[110] 등을 국유화하기 위한 국유지조사사업이었다.[111] 이 사업은 1906년부터 1918년까지 4단계로 진행되었다. 제1단계는 1906년 7월부터 1908 년 8월까지 帝室財産을 정리하면서 그 물적 기초인 궁방전을 역둔 토에 통합시키고 이를 국유지로 전환시키는 국유지창출의 과정이 다(帝室財産整理). 제2단계는 1909년 6월부터 1910년 9월까지 현지 답사에 의해 파악된 면적을 재확인하는 작업이다(地押調査). 3단계 는 1912년 8월부터 1917년 12월까지 토지조사령[112]에 의해서도 파악하지 못한 隱結을 색출하는 과정이다. 즉 1912년 토지조사령 에 따라서 국유지에 대해서는 보관관청이 임시토지조사국장에게

---

109) 조선토지조사사업 당시에 발생한 총 분쟁 건수 99,445건 중에서 전농지의 3%에 불과한 국유지에서의 분쟁이 64.9%에 해당하는 64,570건이었다(김성호 외 3인, 앞의 책(『농지개혁사연구』), 104면 참조).

110) 궁방전은 임진왜란 이후에 출현하여 18세기경에는 國王私親・世子私親과 영구존속궁인 明禮宮(德壽宮)・於義宮・龍洞宮・壽進宮의 4궁과 그 밖에 後宮・大君・君・公主・翁主 등의 왕실에 왕이 賜與하거나 또는 4궁과 왕실이 직접 折收(量案에 미기재된 토지를 개간하여 그 토지로부터 地稅를 받는 것)하거나 買得한 전답을 의미한다(安秉玨, 「朝鮮後期の土地所有 ― 重層的 所有構造と經濟構造」, 『朝鮮近代經濟史研究』, 日本評論社, 1975, 42-43면). 1907년 一司七宮이 폐지된 후 궁방전은 일제의 역둔토 사업에 의해서 經理院 소속의 토지와 함께 강제로 국유화되어 역둔토로 통합되었다(김재호, 「한말 궁방전의 지대」, 『조선토지조사사업의 연구』, 대우학술총서, 민음사, 1997, 249-450면 참조).

111) 청일전쟁을 전후하여 일본은 산업혁명을 거치게 되는데, 이로 인하여 일본의 인구와 식량 소비는 급속히 증가하게 되었다. 이것은 사회문제화되어 결국 일본정부는 1901년 이민법을 개정하여 일본인이 한국과 청나라 등에 자유롭게 이주할 수 있도록 허용하게 되었다(정영태, 「대한제국 후기 부동산등기제도의 근대화를 둘러싼 갈등과 그 귀결」, 『법사학연구』, 1995, 72면 참조).

112) 1912년 토지조사령 제4조는 "토지소유자는 조선총독이 정하는 기간 내에 그 주소, 氏名 또는 명칭 및 소유지의 소재, 지목, 자번호, 四標(사방의 경계표), 등급, 지적, 結數를 임시 토지국장에게 신고하여야 한다. 단 국유지는 보관관청에서 임시토지조사국장에게 통지하여야 한다."고 규정하고 있다.

통지하도록 하였는데, 이때 파악되지 못한 隱結이 있었기 때문이다. 이러한 은결을 색출하는 과정이 3단계에서 진행되었다(隱結索出). 4단계는 1918년 1월부터 1918년 12월까지 地番, 地籍, 地籍圖 및 國有地 臺帳 등을 마련하여 역둔토조사를 최종적으로 마무리한 단계로 진행된다(地籍圖作成).

2. 관도지권의 소멸

역둔토조사사업이 시행되기 이전까지 조선왕실은 황무지 등을 立案 받아서 여기에 자금을 투자하거나 지방민을 동원하여 왕실소유지로 개간함으로써 비대해져 가는 왕실재정에 충당하고자 하였다. 그 과정에서 개간을 위해서 노동력을 공동부담한 농민이나 물자 등을 투자한 사람에게는 토지에 대한 일정한 권리가 인정되었는데 이를 도지권이라고 한다.[113] 여기서 개간의 주체가 왕실일 경우에는 이를 官賭地의 賭地權이라고 한다. 관도지의 소유체계는 상급소유자(국가)와 중간소유자(도지권자) 및 소작인으로 구성되는 3중적인 소유체계이었고, 중간지주의 도지권은 상급소유자와 관계없이 매매, 상속, 전당, 轉貸 가능한 永小作權이었다. 이것은 소유권과는 분리되는 별개의 특수한 권리로 관습적 권리로 존재하고 있었다. 이러한 관도지권은 조선왕실과 밀접한 관련이 있다. 즉 1905년 조선에 통감부가 설치된 이후에도 여전히 왕실 소속의 一司七宮[114]은 그 재정을 유지하기 위해서 왕실 재정의 물적 기초인

---

113) 이영호, 「일제의 식민지 토지정책과 미간지 문제」, 『역사와 현실』제37권, 2000, 294면.
114) 帝室은 일반운영비와 제사를 관장시키기 위하여 一司七宮을 두었고 經理院(왕실의 재산을 관리하던 관청)과 병립하여 각기 독립된 재산을 가지고 있었다. 그 독립된 재산의 물적

궁방전을 독자적으로 관리하고 있었다.

역둔토조사사업에 의하여 왕실이 보유한 궁방전은 세 단계의 과정을 거치면서 국유화가 진행되었다.[115] 첫째, 을사보호조약을 통하여 성립된 통감부가 왕실의 재산실태를 파악하는 단계이다. 1906년 7월 19일에 공포된 칙령 제32호 '국유재산관리규정'에 의하여 국유부동산과 그 정착물의 매각·양여·교환 및 대여는 勅裁를 사전에 받도록 하였다(제1조). 度支部大臣은 매 5년 12월 말 국유부동산과 그 정착물의 증감변동을 파악하도록 하였다(제2조). 그리고 궁내부령 제4호 '토지에 관한 건'(1906. 7. 27)은 궁 내부 소관의 황무지 개간을 금지시켰다. 그해 11월에는 탁지부령 제24호 '국유재산 목록 및 증감변동에 관한 건'(1906. 11. 15)을 공포하여 가옥, 영조물, 선박의 재산목록 및 증감변동에 관한 서식을 제정하여 1906년 말 현재의 재산현황을 파악하도록 하였다.[116] 둘째, 導掌을 폐지함으로써 왕실이 보유한 궁장전의 지배권을 사실상 박탈하는 단계이다. 즉 왕실재산의 실태파악에 이어 1907년 6월에 궁내부령 제1호 '內需司 및 각궁소속 庄土의 導掌을 폐지하는 건'(1907. 6. 7.)을 공포하여 왕실소속의 導掌을 폐지하고, 이들이 관리하던 관련도서, 文籍, 附屬文券, 量案, 秋收記 및 監宮舍音[117]의 명부를 모두 회수한 다음에 監宮舍音이 궁방전을 관리하도록 하였

기초가 되는 것이 궁장토이다. 一司는 내수사를 말하고, 七宮은 어의궁·용동궁·명례궁·수진궁·육상궁·경우궁·선희궁을 말한다. 이 내수사와 각 宮 소속의 토지를 관리하기 위해서 導掌이라는 관리인을 두었다(원영희, 『한국지적사』, 보문출판사, 1972, 93면 참조).

115) 김성호 외 3인, 앞의 책(『농지개혁사연구』), 100 - 101면 참조.
116) 김성호 외 3인, 앞의 책(『농지개혁사연구』), 100면 참조.
117) 도장에 소속된 현지 관리인.

다. 셋째, 마지막으로 궁방전을 국유화하는 단계이다.[118] 칙령 제 39호 '궁내부소관 및 경선궁 소속재산의 이속과 帝室債務 정리에 관한 건'(1908. 6. 25)[119]으로 왕실소유의 궁방전은 모두 국유화되었다. 이후 '역둔토관리에 관한 건'(1908. 8. 12)에 의하여 종래의 驛土, 屯土, 宮房田을 총칭하는 용어로 驛屯土라는 명칭을 사용하게 되었다. 그런데 본래 역토와 둔토는 국가소유라고 할 수 있고, 넓은 의미로 본다면 왕실재산인 궁방전도 국가소유라고 할 수 있다. 따라서 왕실재산인 궁방전을 역둔토로 통합한 이후에 이 驛屯土를 다시 국유화하는 驛屯土調査事業은 논리적으로 보면 문제가 없다고 하여야 한다. 그러나 토지조사사업 이전 조선의 국유지소유관계를 보면 官小作地(國家小作地)와 官賭地(國家賭地)가 존재하고 있었다. 관소작지의 경우에는 국가와 소작인의 이중적 관계이므로 역둔토조사사업에 의하여 국유화하더라도 다시 소작시키면 별다른 문제가 되지 않는다. 그러나 관도지의 경우에는 지주와 경작자 사이에 도지권이라는 소유권유사의 특수한 권리를 관습적으로 인정받아 온 소작농이 존재하고 있었다. 따라서 국유지창출과정에서 관도지권을 어떻게 취급하여야 하는지 문제가 되었다.

토지소유권에 대한 일반적인 근대화과정을 보면 상급소유권인 국가소유권이 폐지가 되고, 중간지주의 도지권(永小作權)이 인정되

---

118) 布達 제169호(1907. 12. 28)에 의해 慶善宮으로 이속된 英親王宮의 궁장토와 관련문서를 東宮으로 환부하는 한편, 각궁과 경리원에 소속된 토지 중 혼입 또는 탈입되었던 私土를 환불하기도 하였다. 이것은 臨時帝室及國有財産局(1907. 7. 8 - 1908. 6. 20) 및 帝室財産整理局(1907. 11. 29 - 1908. 9. 30)에 의해서 수행되었다(김성호 외 3인, 앞의 책,『농지개혁사연구』), 101면 참조).

119) 그 내용은 다음과 같다. 궁내부소관 및 경선궁 소속의 부동산은 이를 국유로 이송한다(제1조). 궁내부에서 종래에 징수하던 諸稅는 이를 국유로 한다(제2조). 제실채무에 관한 사무는 탁지부대신이 이를 관리한다(제3조).

는 것이 일반적이다. 프랑스 혁명의 경우에도 주도세력은 분할지 농민으로 불리던 중간지주계급이었고, 이들은 혁명에 의해서 상급지주(봉건영주)를 폐지시켰던 것이다. 일본의 경우에도 중간지주계급이 프랑스처럼 성숙되지 못했기 때문에 밑으로부터의 혁명은 불가능했지만, 19세기 말에 이르러 막부정권을 무너뜨린 明治政府(절대군주제)는 일정한 보상을 통해서 상급지주를 폐지시켰다. 결국 프랑스와 일본은 근대화 과정에서 상급소유권이 무상 또는 유상의 방법으로 폐지되었고, 생산계급이었던 중간지주의 소유권이 인정되었던 것이다. 그러나 조선통감부는 이례적으로 官賭地의 賭地權을 무상으로 폐지시킴으로써 중간지주의 제 권리를 박탈시켰던 것이다. 그 법적 근거가 역둔토관리규정(1908. 8. 12. 度支部令 第26號)이다. 그 주요한 내용은 다음과 같다. 우선 소작계약 기간을 5년으로 한정하였고(제3조), 소작지의 양도·매매·전당 또는 轉貸를 금지시켰다(제5조). 만약 이를 위반할 경우에는 소작권을 박탈하였다(제9조). 결국 역둔토조사사업을 통하여 일제는 국가재정의 내실화라는 美名하에 조선왕실재정의 물적 기초인 궁방전을 왕실의 독자적인 관리로부터 분리시킴으로써 왕실의 물적 기반을 형해화시켰다. 그리고 그 과정에서 관습적으로 인정되어 오던 官賭地權은 역둔토관리규정에 의하여 아무런 보상 없이 소멸됨으로써 일제는 안정적인 재정을 확충할 수 있게 되었다.

3. 민간도지권의 형해화

官賭地의 도지권은 역둔토관리규정(1908. 8. 12 度支部令 第26號)

에 의해서 소멸되었지만, 민간도지는 그대로 유지되고 있었다. 이러한 민간도지의 경우에는 일본민법(조선민사령)의 적용을 받게 되는데, 일본민법은 영소작권의 존속기간을 최단 20년 최장 50년으로 설정하고 있었다.[120] 이것은 영원히 행사할 수 있었던 도지권의 존속기간을 법률로 제한한 것이다. 그리고 50년이 경과한 경우에는 1년 내에 소유자가 상당한 상환금을 지불하고 영소작권의 소멸을 청구할 수 있으며, 만약 청구하지 않으면 1년 내에 永小作人(賭地權者)이 상당한 대가를 지불하고 소유권을 매수할 수 있도록 하였다.[121] 그런데 民間賭地權이 배타적인 효력을 가지고 永小作權으로서 제3자에게 대항하기 위해서는 등기를 필하여야 한다(조선민사령 제13조). 부동산등기법 제1조가 등기하여야 할 권리로 永小作權을 규정하고 있었기 때문이다. 그런데 이러한 등기를 하기 위해서는 지주와 합의하여야 했기 때문에 실질적으로는 死文化된 규정이었다(부동산등기법 제26조). 따라서 관습상의 민간도지권은 배타적 효력이 없는 채권적 권리로 약화되면서 지주의 소유권에 통합되면서 소멸되어 갔다.[122] 이와 관련하여 평양지방법원의 민사소송판례(1923, 제521호)에 의하면, 도지권자가 제소한 도지권확인소송에 대하여 조선민사령 시행 후 제13조[123]에 의해

120) 일본민법 제278조는 "永小作權의 존속기간은 20년 이상 50년 이내로 한다. 만약 50년보다 긴 기간으로 영소작권을 설정한 때에는 그 기간을 50년으로 단축한다."고 규정하였다.
121) 민법시행령 중 영소작권에 관한 규정 제47조는 "민법시행 이전에 영구존속할 것으로 설정된 영소작권은 민법 시행일로부터 50년을 경과한 후 1년 이내에 소유자가 상당한 상환금을 지불하고 영소작권의 소멸을 청구할 수 있다. 만약 소유자가 이 권리를 포기하거나 또는 1년 내에 이 권리를 행사하지 않았을 경우에는 이후 1년 내에 영소작인(도지권자)이 상당한 대가를 지불하고 소유권을 매수할 수 있다."고 규정하고 있다.
122) 민유지의 도지권의 소멸과정에 대해서는 허종호, 『조선봉건말기의 소작제 연구』, 한마당, 1989, 참조.

서 등기를 하지 않았기 때문에 제3자에게 대항할 수 없다고 하여 원고청구를 기각한 사례가 있다.[124]

Ⅲ. 민유지의 재편

1. 토지조사사업 목적

(1) 형식적 목적

토지조사사업의 형식적 목적은 1918년 11월 2일 임시토지국장 鈴木穆이 토지조사 종료식에서 조선총독 長谷川好道에게 사업시행의 綱要를 보고한 '朝鮮土地調査事業報告 前門'에 나타나 있다. "조선에 있어서의 토지제도 및 지세제도는 수백 년 동안 문란하여 국가발전의 저해요소로 작용하였다. 조선에 근대법적인 地籍制度와 地稅制度를 확립하고 국토의 지리를 명확하게 파악한다면 국가발전의 초석이 될 것이다."라고 하였다.[125] 같은 날 중추원부의장 이완용도 토지조사 종료식 축사에서 이와 유사한 말을 하였다. "조선에 있어서의 토지제도는 이미 조선 중기 이후로 문란하여 公·私田의 구분이 명확하지 못하게 되어 그 권리의 소재가 애매한 상태이었다. 그리고 부패한 관리들이 國政의 황폐에 편승하여 토지의 겸병을 자행하고, 시간이 갈수록 이러한 현상이 더욱 복잡·혼

---

123) 조선민사령 제13조 "부동산에 관한 물권의 취득, 상실 및 변경에 대한 조선부동산등기령에 있어서 등기의 규정을 설정하는 것은 그 등기 또는 증명을 받은 것이 아니고는 이를 제3자에 대항하지 못한다."

124) 朝鮮總督府, 『朝鮮の小作慣行』, 1932, 778 – 779면; 정영화, "통일후 북한의 재산권 문제에 관한 헌법적 연구", 서울대학교 대학원(박사학위논문), 1995, 215면 재인용.

125) 원영희, 앞의 책(『한국지적사』), 667면 참조.

돈해졌다. 때때로 제도의 일부를 변경하여 量田都監, 均田使, 敬差官 등의 관제를 설치하여 전국을 또는 1道의 양전을 행하였지만, 기관의 불비와 지식의 유치로 인하여 일정한 효과를 보지 못하였다. 또한 양전의 官吏 등이 제멋대로 그 실측한 면적·결수를 증감변동하는 폐단이 있어서 지적은 문란해지고 賦課를 불공평하게 처리하였다. 토지대장과 같은 양안은 한 번 만들어지면 부질없이 창고에 堆積하여 永年間 전혀 지목, 지주 등의 이동을 정리하지 않은 결과 토지에 대한 권리는 그 존재를 증명하기에 매우 곤란하였다. 따라서 下民은 그 재산을 보전할 수 없었다. 광무 2년(1898년) 이래 양지아문·지계아문 등을 설치하고 전국의 量地를 시도하여 지계의 발급을 행하였지만, 당시는 측량에 관한 지식이 결핍하여 양지사업은 하등의 성과를 보지 못한 채 중단되어 버렸다. 명치 43년(1910년) 3월에 제국정부의 지도하에서 토지조사의 계획을 세워 준비를 시작하였고, 일한병합과 동시에 제국정부에 이 사업이 인계된 이후 조선민사령, 조선부동산등기령, 토지조사령 등의 공포에 의하여 종래 불완전하였던 토지의 소유권을 확정하게 되었다. 또한 애매하였던 국경·도·부·군·면·동·리의 경계를 사정하여 국제적 현안 및 행정상의 논란을 해소시키어 전국의 면적, 지형 및 일필지의 지적을 밝히고, 과세의 표준인 地價를 합리적으로 정하여 농민의 부담을 공평하게 할 수 있게 되었다."라고 하였다.[126] 이렇게 조선의 지적제도를 확립시키기 위해서는 토지소유권과 토지면적의 명확한 조사가 선행되어야 하고, 지세제도를 확립시키기 위해서는 토지의 가격조사가 필요하였다. 그리고 국토의

126) 원영희, 앞의 책(『한국지적사』), 667－668면 참조.

지리를 밝히기 위해서 토지의 外貌調査가 필요하였다. 이러한 형식적 목적을 위해서는 전국적인 토지조사사업이 필요했던 것이다

(2) 실질적 목적

일제가 토지조사사업을 시행한 실질적인 목적은 다음과 같다. 첫째, 종래의 토지소유관계를 살펴보면 농민들은 지주의 소유권을 근본적으로 제한할 수 있는 강력한 권리(관습상의 경작권, 도지권)를 향유하고 있었다. 이러한 권리의 존재는 일본자본이 용이하게 식민자본을 형성하는 데 장애요인이 되었다. 따라서 일본인들이 토지를 안정적으로 지배하기 위해서는 토지소유관계를 지주의 소유권을 중심으로 재편할 필요성이 있었다. 이것은 종래에 소유권의 행사를 근본적으로 제한한 관습상의 권리들이 소멸되어야 한다는 것을 의미한다. 둘째, 일제가 식민지통치를 위한 물적 기반을 확보하기 위해서는 조세수입을 증가시켜야 하는데, 당시의 조세수입 대부분은 토지에 대한 지세수입에 의존하고 있었다. 따라서 隱結을 찾아내고 각 필지의 면적·경계 등을 정확히 조사할 필요가 있었다. 일제는 재정수입을 보충하기 위해서 종래 왕실이 독자적으로 관리한 국유지를 조사하여 조선총독부의 소유지로 재편하였다. 즉 일제는 조선왕실이 직접 지대와 지세를 징수하여 왕실재정에 충당하였던 궁장토와 收租權을 가지고 있던 각종의 官有地(역토 및 둔토 등)를 조사하여 모두 국유화시켰다. 셋째, 개항 이후 한국에 진출하여 商權을 독점한 일본상업자본은 초기에는 상품판매와 농산물의 수출을 위주로 하였지만, 청일전쟁 이후 일본인들은 토지에 투자하기 시작하였다. 왜냐하면 한·일 간의 地價 차이 때문

에 생산수단인 토지를 매수할 경우 높은 투자회수율을 얻을 수 있었기 때문이다. 그러나 외국인의 토지소유는 조선의 국법상 허용되지 않았기 때문에 일본인들의 토지소유는 보장받을 수 없었다. 따라서 통감부는 이러한 불법적인 일본인의 토지소유를 합법화할 필요가 있었다. 그런데 근대적인 소유권제도를 확립하기 위해서는 장기간의 토지조사가 필요하므로 잠정적으로 일본인들의 토지취득을 국가가 인정하여 권리의 안정성을 보장해 줄 필요가 있었다. 따라서 일제통감부의 영향력하에 있던 대한제국은 토지·건물의 매매와 소유권을 법적으로 보장하는 임시법규로서 「토지가옥증명규칙」(1906. 10. 31. 칙령 제65호)을 공포하였다. 이것은 소유권의 소재를 확인하여 토지·건물의 자유로운 거래를 보장하기 위해서 제정되었던 것이다. 이 규칙이 공포되기 이전까지는 조선에서 외국인의 부동산 소유는 원칙적으로 금지되어 있었고, 강화도조약 이후 개항장을 중심으로 한 주위 10리 이내에서 제한적으로 인정되는 상황이었다. 그러나 이 규칙이 공포됨으로써 이러한 제한까지 철폐되었다. 따라서 외국인은 한국 내 어느 곳에서도 토지를 합법적으로 소유할 수 있게 되었다.[127) 그런데 이 증명규칙은 소유권을 국가가 公認하는 것이지만 아직 제3자에 대한 대항력까지 인정되는 것은 아니었다. 제3자에 대한 대항력이 인정되기 위해서는 거래관계를 공시하기 위한 등기제도가 완비되어야 하기 때문이다. 등기제도를 완비하기 위해서는 소유권의 진정성과 소유권이 현실적으로 미치는 범위를 명확하게 조사할 필요가 있다. 이를 위

---

127) 토지에 대한 투자를 하기 위해서는 소유권의 법적 보장이 선행되어야 하는데, 이 규칙에 의해서 절대다수를 차지하고 있던 일본인들은 토지에 대한 투자를 통해 자본을 축적하기 시작하였다(농지개혁사편찬위원회 편, 『농지개혁사』상, 1970, 193면 참조).

해서 토지조사사업이 필요한 것이다.

2. 토지조사사업의 전개과정

(1) 토지조사의 방법

일제의 토지조사사업은 크게 토지의 소유권조사와 가격조사, 그리고 外貌調査로 분류할 수 있다. 토지의 소유권조사란 조선의 전체 토지 종류와 소유자 등을 조사하여 토지조사부(토지대장의 기초가 되는 장부) 및 지적도를 만들고, 한편으로는 토지의 소유자 및 疆界(토지의 경계)를 査定하여 지적제도를 확립하려는 것이다. 토지의 가격조사는 과세의 공평을 위하여 市街地는 그 地目 여하에 불구하고 전부 時價에 따라 地價를 정하고, 市街地 이외에 垈地의 경우에는 임대가격을 기초로 하여 지가를 정하고, 기타의 田, 畓, 池沼(연못) 및 잡종지는 그 수익을 기초로 하여 地價를 정함으로써 지세제도를 확립하려는 것이다. 그리고 토지의 外貌調査란 지형 및 地貌의 측량조사를 의미한다. 전체 국토의 자연적 또는 인위적으로 형성한 地物의 형상과 고저를 표시한 지형도를 만들어 국토의 지리를 명확하게 함으로써 군사, 산업, 교통 등에 사용하기 위한 것이다.

(2) 사정과 분쟁해결방법

一筆地의 地主·疆界·地目·地番의 조사가 끝난 이후에는 최종적으로 소유권의 査定을 하게 되는데, 査定은 토지조사부와 지적도에 기초하여 이루어졌다.[128) 土地所有權 査定의 주체는 임시토지조사국장이었다. 임시토지조사국장은 지방토지조사위원회에 자문을 하여 토지의 소유자와 그 강계를 사정하고 그 결과를 30일간 공시하여야 한다.[129] 이러한 査定은 토지소유자의 신고에 따라 당해 토지의 地目을 정하고 그 地盤을 측량하여 인접토지와의 경계를 확정한 후에 최종적으로 토지소유자를 확정하는 행정처분이었다.[130] 査定의 법적 성질은 행정처분이지만 이것은 종래의 토지소유권을 단순히 확인하는 것이 아니었다. 즉 査定을 하게 되면 査定 前의 소유권은 소멸하게 되고, 지주는 사정일에 근대법적 의미의 토지소유권을 원시취득하게 되었다.[131] 그리고 裁決에 의하여 토지소유자 또는 疆界가 변경되었을 경우에는 그 법률적 효력은 사정일로 소급하여 적용되었다.[132] 査定(또는 裁決)에 의하여 확정된 소유자의 권리는 법원까지도 구속하는 절대적인 것이었기 때문에 어떠한 경우에도 법원에 제소할 수 없도록 하였다. 이것은 행정처분인 査定(또는 裁決)에 의하여 토지소유자의 권리가 최종적으로 확정된다는 것을 의미한다.[133]

분쟁지조사는 1910년 9월에 착수하여 1918년 1월에 종료하였

---

128) 토지조사부는 토지 일구역마다에 지번, 지목, 지적, 신고 또는 통지 연·월·일, 소유자의 주소, 氏名 또는 명칭(법인의 경우)을 등록한 것이다. 그리고 지적도는 토지 일구역의 위치, 지목, 支柱를 달리하는 토지와 토지와의 강계선, 동일지주의 소유에 속하는 일필지와 일필지의 한계 및 조사시행지와 同未施行地 즉 도로, 溝渠, 산야 등과의 地界를 표시하는 지역선을 그려 놓은 도면을 말하다. 地主에는 자연인과 법인이 모두 해당이 되고, 疆界는 지적도상에 표시된 강계선을 지칭하는 것으로 하였다(朝鮮總督府, 「朝鮮土地調査事業報告書」, 1918, 411-413면; 신용하, 앞의 글(「일제하의 조선토지조사사업에 대한 일고찰」), 121면 재인용).
129) 1912년 토지조사령 제9조 참조.
130) 윤철홍, 앞의 책(「소유권의 역사」), 185면 참조.
131) 토지조사령 제15조 참조. 朝高, 1917. 3. 27., 민법 4권 207면: 朝高, 1918. 5. 17., 민집 5권 421면; 朝高 1919. 4. 15., 민집 6권 210면.
132) 토지조사령 제10조 참조.
133) 토지조사령 제15조 참조. 농지개혁사편찬위원회 편, 앞의 책(「농지개혁사」상), 235면 참조.

다. 분쟁지 총수는 33,937건 99,445필지이었다.[134] 분쟁지처리는 분쟁지심사위원회의 결정에 의해 종료되었다. 소유권의 사정과 관련하여 분쟁이 있을 경우에는 우선 당사자를 설득하여 화해를 권고하였다. 만약 화해가 이루어지지 않았을 경우에는 분쟁지심사위원회에 이관되었다. 그리고 그 결과인 사정에 이의가 있는 경우에는 사정의 공시기간 만료 후 60일 이내에 고등토지조사위원회에 이의를 신청하여 재결을 구할 수 있도록 하였다.[135] 재결의 법적 성질은 사정과 동일한 특정의 법률사실이나 법률관계를 확인 결정하는 행정처분이다.[136] 고등토지조사위원회는 이러한 재결과 재심을 담당하는 토지소유권 확정의 최고심리기관이었다.[137] 위원회는 재결신청자와 이해관계자 및 감정인에 대한 소환권, 재결에 필요한 서류제출권 명령권을 보유하고 있었다.[138] 토지조사와 측량을 함에 있어서 필요한 경우에는 당해 공무원은 토지의 소유자, 이해관계인 또는 그 대리인으로 하여금 實地에 立會시킬 수 있었는데,[139] 정당한 사유 없이 토지조사에 立會하지 않은 자는 사정에 대하여 이의를 신청할 수 없도록 하였다.[140] 재심신청은 사정의 확정 또는 재결이 있는 날로부터 3년 이내에 고등토지조사위원회에 신청하도록 하였지만 그 신청요건은 대단히 엄격하였다. 즉 처

---

134) 조선총독부임시토지조사국, 앞의 책(『토지조사사업보고서』), 190면; 조석곤, 「토지조사사업에 있어서 분쟁지 처리」, 『조선토지조사사업의 연구』, 믿음사, 1997, 345면 참조.
135) 1912년 토지조사령 제11조 본문 참조.
136) 윤철홍, 앞의 책(『소유권의 역사』), 186면 참조.
137) 최원규, 「일제토지조사사업에 있어서의 소유권사정과정과 재결」, 『한국근현대사연구』제25집, 2003, 288면 참조.
138) 토지조사령 제12조 참조.
139) 1912년 토지조사령 제7조 참조.
140) 1912년 토지조사령 제11조 단서 참조.

벌받을 행위에 기초하여 사정 또는 재결이 된 경우이거나, 사정 또는 재결의 증거가 되는 문서가 위조 또는 변조되었을 경우에만 신청이 허용되었다.[141] 유죄판결이 확정되지 않으면 재심을 신청할 수 없었고, 허위로 신고하였을 경우라도 犯意를 입증하여 확정판결을 얻기까지 상당한 시간이 소요되었다.

3. 토지조사사업의 결과

일제는 토지조사사업을 통하여 근대적인 토지소유제도를 확립시키는 과정에서 상속이 가능하고 소작료의 태납 등의 사유가 없는 한은 존속기간의 제한을 받지 않는 관습상의 경작권을 채권적인 권리로 재편하였다. 즉 조선민사령 제13조는 부동산에 관한 물권의 득실과 변경에 관하여 등기 또는 증명을 받지 않으면 이로써 제3자에 대항할 수 없다고 규정하고 있었다. 그런데 부동산등기령(1912. 3. 18. 제령 제9호) 제1조는 부동산에 관한 권리의 등기에 대하여 본령 기타 법령에 특별한 규정이 없는 경우에는 일본부동산등기법이 적용된다고 규정하고 있었다. 일본부동산등기법 제1조는 등기에 의해서 물권적 효력이 인정되는 권리로는 소유권, 지상권, 질권, 저당권, 永小作權, 선취특권,[142] 임차권 등을 규정하고 있었다. 그런데 對世的 效力을 가지는 물권으로 보호받기 위해서는 등기가 선행되어야 한다. 따라서 종래 관습상의 경작권이 물권적

---

141) 토지조사령 제16조 단서 참조.
142) 선취특권은 구민법(제303조 내지 제341조)상 법률이 정하는 특수한 채권을 가진 자가 채무자의 총재산이나 특정의 동산·부동산에 관해 일반채권자보다 우선하여 그의 채권의 변제를 받을 수 있는 법정담보물권의 일종이다.

인 권리로 인정받기 위해서는 등기를 하여야 하며, 만약 등기를 하지 않는 경우에는 농지임차인으로서의 법적 지위만이 인정되었다. 문제는 경작권의 등기를 하기 위해서는 지주의 동의가 필요하다는 것이다. 이러한 결과 종래 관습상의 경작권은 사실상 물권으로 보호받지 못하고 對人的 效力만 있는 채권적 권리로 약화되었다. 그 결과 소작농민들은 계약해지의 가능성이 상존하는 불안한 법적 지위를 가지게 됨에 따라서 더욱 지주에게 예속되지 않을 수 없게 되었다.

일본은 역둔토조사사업을 통하여 국가재정의 내실화라는 美名 하에 조선왕실재정의 물적 기초인 궁방전을 왕실의 독자적인 관리로부터 분리시킴으로써 왕실의 물적 기반을 형해화시켰다. 그리고 그 과정에서 관습적으로 인정되어 오던 官賭地權을 역둔토관리규정에 의하여 아무런 보상 없이 소멸시켰던 것이다. 그 결과 일본은 안정적인 재정을 확충할 수 있게 되었다. 민간도지의 경우에는 소멸되지 않고서 일본민법(조선민사령)의 적용을 받게 되었다. 그런데 일본민법은 영소작권의 존속기간을 최단 20년 최장 50년으로 설정하고 있었다.[143] 이것은 영원히 행사할 수 있었던 도지권의 존속기간을 법률로 제한한 것이다. 그리고 50년이 경과한 경우에는 1년 내에 소유자가 상당한 상환금을 지불하고 영소작권의 소멸을 청구할 수 있으며, 만약 청구하지 않으면 1년 내에 永小作人(賭地權者)이 상당한 대가를 지불하고 소유권을 매수할 수 있도록 하였다.[144] 그런데 民間賭地權이 배타적인 효력을 가지고 永小

---

143) 일본민법 제278조는 "永小作權의 존속기간은 20년 이상 50년 이내로 한다. 만약 50년보다 긴 기간으로 영소작권을 설정한 때에는 그 기간을 50년으로 단축한다."고 규정하였다.

作權으로서 제3자에게 대항하기 위해서는 등기를 필하여야 한다(조선민사령 제13조). 부동산등기법 제1조가 등기하여야 할 권리로 永小作權을 규정하고 있었기 때문이다. 등기를 하기 위해서는 지주와 합의하여야 했기 때문에 실질적으로는 死文化된 규정이었다(부동산등기법 제26조). 따라서 관습상의 민간도지권은 배타적 효력이 없는 채권적 권리로 약화되면서 지주의 소유권에 통합되면서 소멸되어 갔다.[145]

이렇게 역둔토조사사업과 토지조사사업을 통하여 토지소유의 소수 집중현상은 그대로 방치한 상태에서 토지소유권이 절대적으로 보호되는 근대적 토지소유제도가 성립되었다는 점에서, 소작농들은 지주의 소유권에 더욱 예속될 수밖에 없게 되었다.[146]

Ⅳ. 일제강점기 토지소유제도의 재편에 대한 평가

지금까지 일제강점기에 토지조사사업을 통하여 국유지와 민유지가 재편되었고, 그 과정에서 종래의 토지소유권은 소멸되고 새로운 토지소유권이 원시취득되는 과정을 살펴보았다. 그런데 일제강점기에 재편된 토지소유제도를 어떻게 평가하여야 하는지, 그리

---

144) 민법시행령 중 영소작권에 관한 규정 제47조는 "민법시행 전에 영구존속할 것으로 설정된 영소작권은 민법 시행일로부터 50년을 경과한 후 1년 내에 소유자가 상당한 상환금을 지불하고 영소작권의 소멸을 청구할 수 있다. 만약 소유자가 이 권리를 포기하거나 또는 1년 내에 이 권리를 행사하지 않았을 경우에는 이후 1년 내에 영소작인(도지권자)이 상당한 대가를 지불하고 소유권을 매수할 수 있다."고 규정하고 있다.
145) 민유지의 도지권의 소멸과정에 대해서는 허종호, "조선봉건말기의 소작제 연구", 한마당, 1989. 참조.
146) 윤철홍, 「농지개혁의 법사적 고찰」, 『한국법사학논총』, 박영사, 1991, 489면 참조.

고 이 시기에 조선총독의 명령에 의해서 제정되고 그 집행행위로서 재편된 토지소유제도를 유효한 법집행행위로 평가하여야 하는지 살펴볼 필요가 있다.

1. 토지소유제도의 근대성 여부

(1) 형식적 측면에서의 근대성

토지조사사업을 통하여 근대적 토지소유제도가 '확립'되었다고 평가하기 위해서는 다음과 같은 조건들이 충족되어야 한다. 첫째, 私人의 권리가 보장됨을 전제로 하여, 토지소유권의 내용이 무엇인지에 대한 실체법이 존재하고 있어야 한다. 둘째, 토지소유권이 미치는 현실적인 범위가 어디까지인지에 대한 지적제도가 정비되어 있어야 한다. 셋째, 거래안전을 위한 권리공시제도인 등기제도가 완비되어 있어야 한다.

일제강점기의 토지조사사업을 통하여 비로소 근대적 토지소유제도가 확립되었는지 검토할 필요가 있다. 근대적인 토지소유제도라고 하기 위해서는 토지소유권의 내용이 무엇인지에 대한 실체법이 존재하여야 한다. 토지조사사업이 시행되면서 토지조사령(1912. 8. 13. 제령 제2호)과 부동산등기령(1912. 8. 18. 제령 제7호)이 제정되었지만 이들 법령은 토지조사를 수행하기 위한 또는 권리를 공시하기 위한 절차법이었다. 근대적 토지소유권의 내용에 대한 실체법은 조선민사령(1912. 3. 18. 제령 제9호)이었고, 이 민사령은 일본민법을 의용하고 있었다. 당시의 일본 민법 제206조는 "소유자는 법령의 제한 내에서 자유로이 그 소유물의 사용, 수익 및 처분을 할 권리를 가진다."라고 규정하고 있다. 지적제도와 관련해서는 1912년 3월 18일 제령 제2호인 '토지조사령'에 근거하여 전국의 모든 토지에 지번을 부과하고, 일필지마다 순차로 지번을 붙임으로써 토지소유권이 현실적으로 미치는 범위를 명확하게 하였다. 이러한 지적제도의 정비에 의해서 토지소유권을 査定 및 재결하였고, 이를 통하여 당해 권리자는 근대적인 토지소유자로 소유권을 原始取得하였다.[147] 권리공시제도와 관련해서는 1912년 3월 18일 제령 제9호에 의해 '조선부동산등기령'이 공포되었지만 아직 토지조사, 즉 세부측량이 되어 있지 않았기 때문에 등기제도가 시행될 수 없었다. 따라서 동년 8월 13일에 공포된 토지조사령 (제령 제2호)에 근거하여 한편으로는 전국적인 토지조사를 하여 권리객체의 현실적 범위를 파악하고 다른 한편으로는 소유권자를 확정(소유자의 사정작업)하여 등기부에 공시함으로써 근대법상의 소유권자로 확정시키는 등기제도가 성립되었다. 이러한 점들을 고려해 본다면 일제강점기의 토지조사사업을 통하여 한국에 근대적 토지소유권제도가 형식적으로 '확립'되었다고 볼 여지가 있다.

(2) 실질적 측면에서의 근대성

사회발전을 위한 실질적인 토지소유제도의 재편이 되기 위해서는 형식적으로는 토지개혁이 자율적인 개혁인 동시에 법적 근거에 의해서 시행되어야 하고, 내용적으로는 사회 제반 사정을 면밀

---

147) 현행 대법원 또한 사정에 의하여 권리는 원시취득된 것으로 보고 있다(대법원 1998. 9. 8. 선고 98다13686 판결; 대법원 1997. 5. 23. 선고 95다 46654, 46661 판결; 대법원 1994. 10. 28. 선고 93다60991 판결). 그리고 사정을 받은 자는 사정토지의 소유권을 확정적으로 원시취득하는 것이므로 종전의 권리는 모두 소멸한다고 판시하고 있다(대법원 1992. 12. 22. 선고 91다27037 판결 참조).

히 조사하여 법 경제학적 효율성을 높이는 동시에 다수 국민의 법 감정에 반하지 않는 토지개혁이 되어야 한다. 그렇다면 토지조사 사업을 통하여 한국에 토지소유의 실질적인 근대화가 이루어졌는 지에 대해서는 회의적일 수밖에 없다. 그 이유는 다음과 같다.

첫째, 조선에서는 종래에 소유권의 행사를 근본적으로 제한할 수 있는 관습상의 특수한 제 권리(耕作權, 賭地權 등)가 존재하고 있었다. 그런데 이러한 권리들은 토지조사사업을 통하여 아무런 대가의 지급 없이 채권적 권리로 전락시킴으로써 지주계급에 더욱 예속되는 결과를 발생하게 하였다. 그 결과 농민계급의 붕괴가 가속화되어 소작농민들은 농업노동자와 유사한 소작농으로 전락 하고 말았고, 자작농도 자본 축적의 未經驗으로 인하여 일본자본 가와의 경쟁에서 몰락하여 소작농으로 전락되는 경우가 발생하였 다. 이렇게 토지조사사업을 통하여 근대적 토지소유제도가 확립되 었지만, 토지소유의 집중현상은 방치한 상태에서 일반국민들의 법 감정에 배치되는 불합리한 토지소유관계를 고착화시켰다는 점에 서 문제가 있었던 것이다.

둘째, 토지소유의 실질적인 근대화가 이루어지기 위해서는 국민 의 권리보호를 위하여 권력분립이 전제된 상태에서, 국가의 법규 범이 수범자인 국민들과 有機的인 關係 속에서 형성되어야 한다. 그런데 일제강점기의 조선총독의 법적 지위를 살펴보면 명백한 문제점이 있음을 발견할 수 있다. 한일합병조약의 공포일에 일제 는 칙령 제318호를 통하여 한국의 국호를 조선으로 변경하였 고,[148] 칙령 제319호에 근거하여 조선에 조선총독부를 설치하면

---

148) U.S. Department of States, Foreign Relations to the United States(FRUS), 1910, S.

서 조선총독에게 육해군을 통솔하고 일체의 정무를 통할할 수 있는 권한을 부여하였다. 또한 통감부재판소를 조선총독부 소속관서로 전환시킴으로써 조선총독은 조선에서 행정권·사법권·국군통수권 등을 장악하였다.[149] 그리고 입법권까지 조선총독이 자유롭게 행사할 수 있도록 하기 위하여 칙령 제324호를 공포하였다. 이러한 사실로부터 다음과 같은 사실을 도출해 낼 수 있다. 명치헌법에 의해서 사법권의 독립이 최소한 보장되어 있었던 일본 본국과 달리 조선의 사법부는 조선총독부의 수장인 조선총독의 영향력이 사실상 미치는 하부조직으로서 기능하고 있었다. 조선총독에게 재판소의 구성 및 재판관의 자격·징계를 독자적으로 할 수 있는 제령권한이 있었기 때문이다. 이렇게 행정권과 입법권의 행사가 총독에게 집중되고, 사법권의 독립도 기대할 수 없었고, 이러한 총독의 권력을 견제할 수 있는 제도적 수단도 未備하였다. 특히 법규범의 수범자인 조선인은 자신들을 직접 규율하는 법령의 제정권한을 위임하지도 않았고, 또한 제령권한의 행위에 일체 개입할 수도 없었다는 점에서 식민지의 피지배민족으로서의 한계를 볼 수 있는 것이다.[150] 이러한 점들을 고려한다면, 조선인의 권리를 보호함으로써 사회발전을 기하는 토지소유의 실질적인 근대화는 식민지 국가에서는 상정될 수 없는 것이었다.

648.

149) 이승일, 앞의 글(「1910·20년대 조선총독부의 법제정책」), 159면 참조.

150) 김낙년, 「일본제국주의 식민지지배의 특질」, 『식민지시기의 사회경제』, 한길사, 1994, 75면 참조.

2. 토지소유제도 재편의 유효성

일제강점기에 제정된 법령의 효력을 '실효성'으로만 파악한다면, 일제 법령도 일제의 기관에 의해 제정되어 실제로 집행되었고 한국인들에 의해 실제로 준수되었기 때문에 그 효력이 있었다고 볼 수 있다. 그러나 이 경우에도 그 효력은 實力에만 근거하기 때문에 그 實力이 사라진 시점, 즉 일제가 항복을 선언한 시점(1945년 8월 15일)에 그 효력은 소멸되었다고 보아야 한다. 그렇다면 단지 實力에 기초한 점령기간 동안에 제정된 '토지조사령', '조선민사령', '부동산등기령' 등에 근거하여 형성된 토지소유제도의 재편행위를 어떻게 평가하여야 하는지 문제가 된다. 생각건대 당해 토지소유제도의 재편으로 인하여 이미 형성된 법률관계를 무효화하기 위해서는 그렇게 해야 하는 것이 사회정의에 비추어 볼 때 타당하다는 사회적 합의가 있어야 하고, 그러한 사회적 합의는 헌법 또는 법률을 통하여 명시적으로 표출되어야 한다. 그렇다면 1948년 제헌헌법 내지는 이에 기초한 특별법을 제정하고 법률관계의 안정을 목적으로 하는 법률불소급의 원칙에 대한 예외규정을 두었어야만 한다. 그런데 자본주의 시장경제를 채택하고 있는 제헌헌법과 근대적 토지소유제도를 인정하고 있는 제정민법은 이와 관련한 특별한 규정을 두고 있지 않았다. 뿐만 아니라 법률불소급의 원칙에 기초하여 종래에 유지되고 있었던 법률관계의 정적 안정을 명시적으로 규정하고 있기 때문에 일제강점기의 토지조사령 등에 근거한 토지소유권의 사정은 정부수립 이후에도 일응 타당한 행위는 아닐지라도 유효한 행위라고 해석된다.

V. 논의의 정리

일제강점기에 일제는 국유지의 경우에는 역둔토조사사업을 통하여, 그리고 민유지의 경우에는 토지조사사업을 통하여 종래의 토지소유제도를 재편하였다. 그런데 실체법규인 조선민사령에 의해서 근대적 토지소유권의 내용이 명시되었고, 토지조사령에 근거하여 전국의 모든 토지에 지번을 부과하면서 일필지마다 순차로 지번을 붙였고, 이를 통하여 토지소유권이 현실적으로 미치는 범위를 명확하게 하였으며, 조선부동산등기령에 의해서 확정된 토지소유권을 공시할 수 있도록 등기제도를 완비함으로써 일제강점기에 한국에서 전근대적인 토지소유관계는 소멸되고 근대적인 토지소유제도가 형식적으로 확립되었다고 할 수 있다. 그런데 토지소유의 실질적인 근대화가 이루어지기 위해서는 국가의 법규범이 수범자인 국민들과 有機的인 關係 속에서 형성되어야 한다. 그런데 조선총독에게 행정권과 입법권의 행사가 집중되고, 사법권의 독립도 기대할 수 없었던 당시의 상황을 고려한다면 조선인의 권리를 보호함으로써 사회발전을 기하는 토지소유의 실질적인 근대화는 상정될 수 없는 것이었다. 그리고 일제강점기의 토지소유제도는 소수 지주에 의한 토지소유의 집중현상과 고율의 소작료부담이라는 사회적 문제를 방치한 상태에서 절대적으로 보호되는 소유권을 중심으로 법적 재편만을 했다는 점이 특징이라고 할 수 있다. 따라서 일제강점기의 토지소유제도는 단순한 법적 재편이었다는 점에서 국민의 법 감정을 고려한 실질적 재편이라고 볼 수 없다.

제4절 소 결

1) 본래 개인주의와 자유주의에 기초한 서구의 근대적 토지소유 제도는 1789년 프랑스 혁명 이후 봉건적인 사회제도가 타파되고 사회구성원의 대부분을 차지하는 농민의 지위가 향상됨에 따라서 성립된 재산권이다. 이러한 근대적 토지소유제도에 의해서 근대 자본주의는 생산수단인 토지를 절대적으로 사유화할 수 있었고, 이러한 생산수단의 절대적 사유화는 자본축적을 통한 근대사회의 발전으로 이어졌다는 점에서 근대적 토지소유제도는 근대 자본주의 경제사회의 요체라고 할 수 있다.[151] 여기서 근대적 토지소유 제도란 소유권자가 자신의 자유의사에 기초하여 자신의 토지를 어떠한 제한을 받음이 없이 사용, 수익, 처분할 수 있는 권리를 법적으로 보장받는 제도를 말한다.[152] 근대적 토지소유제도가 성립

---

151) 정우형, 「근대적 토지소유권의 성립시기에 관한 연구」, 『한국지적학회지』제18권 제2호, 2002, 47면 참조.
152) 근대적 소유권은 공공성에 따른 소유권의 제한이 필요하다는 것을 인식하지 못하였던 초기자본주의 시대의 개념이었기 때문에 그 행사의 자유가 절대적으로 보장되는 강력한 권

되었다는 것은 토지가 일반상품으로 취급되었다는 것을 의미한다.

2) 한국의 경우를 살펴보면, 일제강점기 이전의 조선사회는 전제군주국가라고 할 수 있다. 전제군주국가에서 왕권이 약화된 시기에는 토지의 사적 지배가 확대되었을 것이고, 그러하지 않은 경우에는 그 반대의 현상이 나타났을 것이다. 그런데 조선시대의 토지소유관계가 어떠하였는지는 당시의 토지사상인 왕토사상의 실천적 기능을 파악하면 보다 분명해진다. 왕토사상은 사회질서가 문란할 경우에 언제든지 국가가 토지소유관계에 개입하여 규제할 수 있다는 政治的 思想의 표현으로 이해하여야 한다. 따라서 모든 토지가 왕의 소유이고 왕이 유일한 소유권자라는 것을 표현한 것이 아닌 것이다. 왕토사상은 사회질서가 문란하여 통치이념으로서 왕권을 표시할 필요가 있는 경우에 현실적으로 기능하는 역할을 하였던 것이다. 따라서 왕토사상이 있었다고 해서 개개인의 토지소유권이 부정된 것은 아니지만, 그러한 토지소유권은 군주의 절대권력을 해하지 않는 범위 내에서만 인정되는 제도이었다. 전제군주국가의 토지소유제도는 개인의 권리보호도 중요한 가치를 내포하고 있지만, 그것보다는 절대권력을 행사할 수 있는 군주의 주권강화 및 주권세습에 보다 중점을 두는 것이 일반적이다. 따라서 조선시대에 토지사유제를 국가가 공인하였다고 하더라도 그것은 그러한 범위 내에서 전근대적인 토지소유권이 제한적으로 인정되었다고 보아야 한다. 그리고 대한제국시기의 토지소유제도는 근대화를 위한 과도기라고 할 수 있지만, 결국 1905년의 '한일협상조약'이 체결되고 통감부에 의해서 부동산법제가 제정되었다는 한

리이었다(김상용, 『토지법』, 법론사, 1988, 37면 참조).

계가 있다. 또한 당시는 한일합병을 위한 과도기이었기 때문에 전 국적인 토지조사사업에 기초하여 근대적 소유제도를 확립시킬 수 있는 제반 조건이 충족되지 않았다. 따라서 통감부는 종래에 일본 인이 불법적으로 잠매한 토지소유권을 유효한 것으로 증명하는 입 법을 임시적으로 정비하는 정도에서 토지소유제도를 규율하였다.

3) 일제강점기에 시행된 토지조사사업을 통하여 전근대적인 토 지소유제도는 소멸되고, 근대적인 토지소유제도가 형식적으로는 확립되었다고 보인다. 그 이유는 다음과 같다. 첫째, 일본민법을 의용한 조선민사령(1912. 3. 18. 제령 제7호)[153)]에 의해서 근대적 토지소유권의 내용이 명시되었다. 둘째, 토지조사령(1912. 8. 13. 제령 제2호)에 근거하여 전국의 모든 토지에 지번을 부과하면서 일필지마다 순차로 지번을 붙였고, 이를 통하여 토지소유권이 현 실적으로 미치는 범위를 명확하게 하였다. 셋째, 조선부동산등기 령(1912. 3. 18. 제령 제9호)에 의해서 확정된 토지소유권을 공시 할 수 있도록 등기제도를 완비함으로써 모든 권리자들의 거래안 전이 법적으로 보장되었기 때문이다.

4) 그런데 일제강점기의 토지조사사업을 통하여 성립된 근대적 토지소유권제도가 근대적 토지소유권의 실질적 내용을 구비하였 다고 볼 수 있는지는 의문이다. 그 이유는 다음과 같다.

첫째, 근대적 토지소유제도는 근대 국민국가로의 건설과 불가분 의 관계에 있기 때문에 자국민을 위한 토지개혁으로 단행하는 것 이 일반적인 현상이다. 따라서 타 국민의 토지소유에 대해서는 일

---

153) 조선민사령은 일본민법을 의용하였는데, 당시 일본민법 제206조는 토지소유권은 소유자 가 자유로이 행사할 수 있는 권리로 규정하고 있었다.

정한 제한을 가하게 된다. 그러나 조선은 식민지상태였기 때문에 이민족인 일본인의 토지소유에 대해서 제한을 할 수 없었다. 오히려 일본인의 토지소유를 안정화시키는 것이 토지조사사업의 또 다른 목적이었던 것이다. 토지조사사업은 일제정부의 입장에서 보면 식민지 지배를 보다 용이하게 하기 위해서는 조선총독부의 물적 토대가 구축되어야 할 필요성이 있었고, 일본자본가들의 입장에서 보면 빈약한 조선경제를 용이하게 침탈하기 위하여 근대적 토지소유권제도가 필요하였던 것이다.

둘째, 법의 역사를 살펴보면, 사회구성원들이 일정한 사회적 접촉관계를 하는 과정에서 동일한 행위가 오랜 시간 반복되면 일정한 관행이 성립하게 되고, 이러한 관행에 대해 사회구성원들이 하나의 보편성과 강제성을 띤 규율로 승인(즉 법적 확신)할 경우에는 관습법이 성립하게 된다.[154] 그리고 그러한 관습법이 일부의 구성원이 아니라 전체 구성원들의 법 감정에 합치되는 경우에 당해 관습법의 내용은 법 제정과정을 통해 성문법의 내용으로 편입되는 것이 일반적인 현상이다. 이렇게 사회를 규율하는 사회규범은 일정한 원칙에 의해서 강제되어야 하는 법규범으로 변화하게 된다. 문제는 사회구성원들의 자유제한에 대한 저항을 최소화시키기 위해서는 법규범의 내용이 국민의 법 감정에 합치되는 보편타당한 가치를 내포하고 있어야만 한다는 점이다. 따라서 일정한 관습이 전체 구성원들의 법 감정에 합치되어 사회질서를 유지하고 있었다면 당해 관습의 내용은 성문법의 내용으로 편입되는 것이 일반적인 법 원리 내지 법의 발전과정이라고 할 수 있다. 그럼에

---

154) 명순구, 『민법총칙』, 법문사, 2005, 19면 참조.

도 불구하고 일제강점기의 근대적 토지소유권은 이러한 점을 고려하기보다는 오히려 부정하였다는 점에서 한계가 있는 것이다. 토지조사사업을 통하여 농민들이 보유하고 있던 관습상의 물권 유사의 권리(耕作權, 導掌權, 賭地權)들이 소멸되었고, 더 나아가 농민들의 入會權과 開墾權 등도 부인되었다. 그 결과 농민들은 지주계급에 더욱 예속될 수밖에 없었다.[155] 이러한 사실들은 이미 법규범으로서 형성되어 있던 고유한 관습상의 권리들을 부정하면서 토지소유제도를 재편하였다는 것을 보여 주는 것이다. 토지조사사업을 통하여 확립된 근대적 토지소유제도는 국민의 대부분을 차지하고 있었던 농민계층의 법 감정을 전면적으로 부정하였다는 점에서 그 한계가 있는 것이다. 실질적인 근대화로 평가받기 위해서는 그 형식은 물론이고 그 내용에 있어서도 근대화가 이루어져야 하는 것이다.

셋째, 토지소유제도의 '근대화'가 실질적으로 일제강점기에 이루어졌다면, 이 시기의 농민수탈현상을 어떻게 설명하여야 하는지 문제가 된다. 그것은 해방 이후에 남북한이 최우선적으로 토지소유제도를 재편한 사실을 고려해 본다면 논리모순이 되기 때문이다. 또한 해방 이후에 대부분의 정치세력들이 "농민에게 농지를 적절하게 분배하여야 한다."는 논거로 정치적 기반을 확보하고자 했던 사실에서도 알 수 있다. 결국 일제강점기의 토지소유제도 재편은 실질적인 근대화가 이루어지지 못한 불합리한 재편이었고, 해방 이후 남북한의 토지소유제도가 재편될 수밖에 없는 근원적인 시발점이라고 할 수 있다. 일제강점기가 끝나고 해방이 되면서,

---

155) 또한 왕실재산의 기초가 되는 宮庄土를 전부 국유화하여 왕실의 물적 기반을 약화시켰다.

이러한 불합리한 토지소유제도는 이민족인 일제의 식민정책을 위한 형식적인 근대화 조치였다는 결론에 이르게 된다. 이러한 반성적 고려에 의해서 토지소유제도가 실질적으로 재편되어야 한다는 필요성이 제기되었다. 즉 경자유전의 원칙에 따라 소작농으로 몰락한 경작농민이 당해 토지의 법적 소유권자가 되어야 한다는 것이다. 이것이 '농민적 토지소유제도'에 관한 토지개혁의 배경이다.

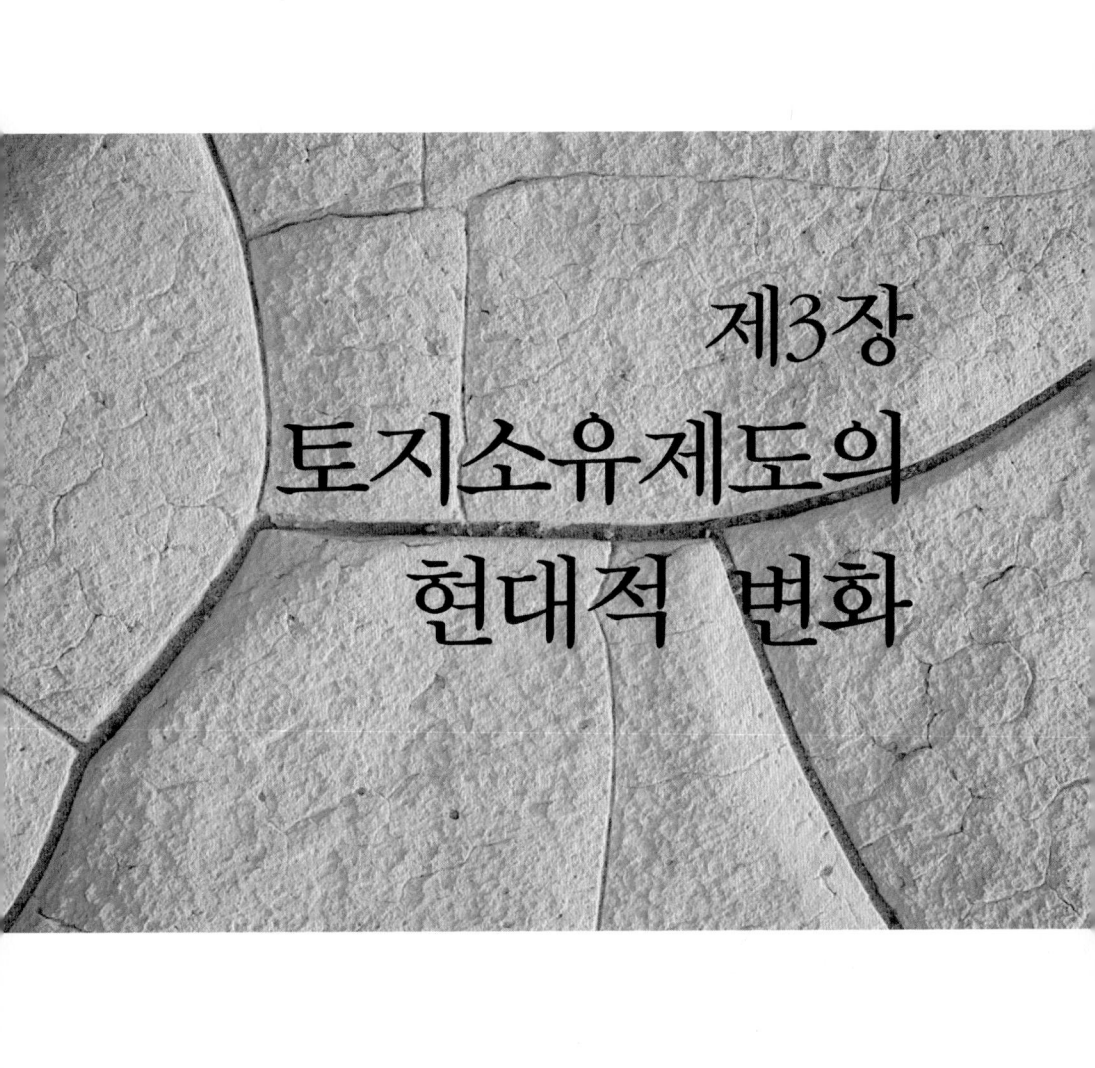

제3장
토지소유제도의
현대적 변화

제1절 서 설

남북한의 토지소유제도는 해방 이후에 미·소 군대의 한반도 분할점령, 남북한의 정부수립 그리고 전쟁 등을 거치면서 현재와 같은 상태로 변천되었다. 그런데 남북한의 토지소유제도가 현대적인 모습으로 변화하였다고 하더라도, 그 출발점은 동일하기 때문에 각각의 토지소유제도가 점진적으로 변용되어 가는 과정을 살펴본다면 일정한 유사점을 발견할 수 있다. 이러한 유사점은 그 목적을 기준으로 하여 세 가지로 유형화할 수 있다. 첫째, 남북한은 해방 이후에 일제강점기의 불합리한 토지소유제도를 철폐하기 위하여 토지소유제도를 재편하였다. 둘째, 남북한은 일제강점기의 반민족행위자를 청산하기 위해서 토지소유제도를 재편하였다. 셋째, 남북한은 정부수립 이후에는 각각의 사회체제를 공고히 하기 위하여 토지소유제도를 재편하였다. 이렇게 단일하게 규율되었던 一國의 토지소유제도가 정치체제를 달리하는 이민족에 의해서 분할 점령된 이후에, 상이한 토지소유제도로 변화하는 과정에서 일정한 유사점을 발견할 수 있다면 이를 통일한국의 토지소유제도에 반영할 수 있는지를 검토할 필요가 있다. 만약 그러한 유사점이 합리적 이유가 있는 것이라면 이를 장래의 토지소유제도에 반영하여야 한다. 이러한 이유에서 토지소유제도의 역사적 전개과정을 구체적으로 검토할 필요성이 있는 것이다. 만약 이러한 검토과정을 고려함이 없이 통일 이후에 북한을 불법단체로 평가하여 법이론을 전개할 경우에는 불합리한 법적 모순이 발생될 수도 있다는 점을 유념하여야 한다.

이하에서는 단일하게 규율되었던 토지소유제도가 해방 이후에 어떠한 과정을 통하여 남북한지역에 분리되어 재편되었는지를 살펴보고, 그러한 재편과정에서 일정한 유사점이 발견된 경우에 이를 어떻게 평가하여야 하는지를 검토하고자 한다.

제2절 남한의 경우

Ⅰ. 문제상황

해방 당시에 남북한지역을 규율하고 있었던 토지소유제도는 일제강점기에 형성된 것이다. 당시의 토지소유제도는 소수 지주에게 토지소유가 집중되어 있었고 그 폐단으로 인하여 대부분의 경작농민들은 고율의 소작료를 부담하고 있었다. 그런데 해방으로 인하여 미·소의 군대가 한반도에 진주하게 됨에 따라서 새로운 이데올로기가 등장하게 되었고 그 중심에는 국민 또는 인민이 존재하고 있었다. 특히 국민의 대다수를 차지하는 경작농민들은 종래의 불합리한 토지소유제도를 재편할 것을 요구하였다. 이러한 경작농민들의 요구를 근본적으로 해결하기 위해서는 토지개혁법령이 제정될 필요가 있었다. 그런데 당시는 자주적으로 토지개혁법령을 제정할 수 없는 한계가 있었다. 남한지역의 사회질서가 이제는 일본이 아닌 미군에 의해서 규율되고 있었기 때문이다. 즉 해방 직후부터 1948년 대한민국정부가 수립될 때까지의 기간 동안은 남한지역의 사회제도가 미군정의 법령에 근거하여 정립되었던 시기이고, 우리 민족이 사회제도를 독자적으로 정립할 수 있었던 것은 정부수립 이후에 가능하였다.[1] 따라서 남한지역에서 이루어진 토지소유제도의 재편과정도 미군정시기와 정부수립 이후로 분리하여 살펴볼 필요가 있다.

이하에서는 미군정이 어떠한 법령에 근거하여 토지소유제도를 재편하였는지, 그리고 미군정이 토지소유제도를 재편한 행위가 유효한지를 검토하고, 현재 대법원은 어떠한 입장을 유지하고 있는지를 검토할 필요성이 있다. 그리고 남한정부가 수립된 이후에 반민족행위자들의 재산몰수를 규정한 「반민족행위처벌법」의 내용과 결과를 살펴보고, 이 법의 폐지가 현재와 어떻게 연결되고 있는지를 현재 대법원의 입장과 관련하여 검토하고자 한다. 그리고 실질적인 토지소유제도의 근대화를 목적으로 제정된 「농지개혁법」의 제정과정, 내용 그리고 결과를 살펴보고, 이 법을 어떻게 평가하여야 하는지를 검토하고자 한다.

---

1) 이를 시간적 순서로 살펴보면 다음과 같다. 미군정은 「미군정법령」 제33호(1946. 12. 6.)에 근거하여 일본인의 사유재산을 몰수하였고, 정부수립 이후에 우리 정부는 「제헌헌법」(1948. 7. 17.)을 통하여 경제체제를 자본주의로 채택하면서 개인의 사유재산권을 보호하는 소유권제도를 마련하였다. 또한 「반민족행위처벌법」(1948. 9. 22.)을 제정하여 반민족행위자들의 재산을 몰수할 수 있는 법적 근거를 마련하였으며, 「농지개혁법」(1949. 6. 29.)을 통해서는 경자유전의 원칙에 따라서 토지를 경작농이 소유할 수 있도록 일정한 농지를 매수하여 분배하는 조치를 취하였다. 그리고 「신민법」(1958. 2. 22.)이 시행됨으로써 현재와 같은 토지소유권제도가 형성되었다고 할 수 있다.

Ⅱ. 미군정의 일본인 사유재산의 몰수

1. 미군정 성립의 의미

일본의 항복으로 우리 민족은 해방을 맞게 되지만 자주적 독립을 쟁취할 수는 없었다. 일본이 항복한 대상은 연합국이었기 때문이다. 연합군은 일본군의 무장해제를 위해서 한반도에 진주하게 되었는데, 이러한 진주는 결국 이민족에 의한 軍政(Military Administration)의 실시로 이어졌다. 미군의 한반도 진주과정은 소련군에 비하여 늦게 이루어졌다. 즉 소련군은 해방 이전인 8월 7일에 對日宣戰布告를 하면서 북한지역을 점령하기 시작한 반면에,[2] 미군은 해방 20여 일이 지나서 비로소 남한에 진주하였던 것이다.

미군의 진주과정을 구체적으로 살펴보면 다음과 같다. 1945년 9월 2일에 맥아더 장군은 38도선을 경계로 미·소 양군이 한반도를 분할 점령하고 일본군은 각각의 지역에 주둔한 미·소군대의 사령관에게 항복하여야 한다는 내용의 일반명령 제1호를 발표하게 된다. 그리고 7일에 군정의 실시와 점령정책의 윤곽을 밝힌 포고 제1호[3]를 공포하고, 다음 날인 8일 미 제24군단이 인천에 상륙하게 된다. 그리고 9일 일본총독(阿部信行)으로부터 정식항복을 받고 정권이 이양되었음을 선언하였다.[4]

미군의 점령목적은 태평양미국육군총사령부 포고 제1호(1945.

---

2) 김성호 외 3인, 앞의 책(『농지개혁사연구』), 301면 참조.
3) 법원행정처, 『구법령집』(하), 재판자료 42집, 1988, 21면 참조.
4) 조기안, 앞의 글("미군정기 정치행정체제의 구조분석 ― 조직, 법령 및 자원을 중심으로"), 5면 참조.

9. 7.)에 기술되어 있다.[5] 그 내용을 살펴보면, 미군이 남한을 점령하여 미군정이 통치권을 당분간 행사하게 될 것이라고 하면서, 그 목적은 오랜 기간 동안 조선인이 노예상태에 있었다는 사실과 적당한 시기에 조선을 해방·독립시킬 것이라는 포츠담선언의 결정을 고려하여 항복문서조항을 이행하고 조선인의 인격적·종교적 권리를 보호하는 것이라고 하였다. 따라서 점령의 목적은 카이로선언과 포츠담선언에서 결정한 한국의 완전한 독립국가의 수립이라고 할 수 있다. 그런데 남한지역에 어떠한 정치체제를 기반으로 하는 독립국가를 수립하여야 하는지에 대하여 미군정은 이미 민주주의 국가로의 전환만이 허용된다는 전제조건을 설정해 놓고 있었다. 이것이 궁극적인 점령목적이었던 것이다. 이것은 점령고권(實力)에 의해서 남한지역의 모든 개혁이 미국이 지향하는 방향, 즉 자본주의 국가가 정립되어야 하는 방향으로 진행되지 않을 수 없음을 의미하는 것이다. 결국 實力을 기반으로 하는 미군정 당국의 점령방향과 당시의 점령지인 남한에서 수립하여야 하는 새로운 독립국가의 방향이 相異할 수 없다고 하는 태생적인 한계가 이미 설정되어 있었던 것이다. 그리고 북한지역도 또한 남한지역과 相異하지 않은 유사한 상황이었다. 그렇다면 남북한은 모두 당해 지역의 주민의 의사와는 상관없이, 미·소 군정당국이 의도하는 방향으로 새로운 국가질서를 재편하여야 한다는 공통점이 존재한다. 당시와 같이 민주주의 국가와 공산주의 국가의 군대가 한반도를 분할점령하고 있는 상황에서는 결코 남북한지역의 주민들이 능동적으로 정치체제를 선택할 수 있는 그러한 선택권은 처음부

---

5) 법원행정처, 『구법령집』(하), 재판자료 42집, 1988, 21면 참조.

터 존재하지 않았던 것이다.

2. 토지소유제도 재편의 전개과정

(1) 토지소유제도 재편의 필요성

해방 직후 남한의 토지소유제도는 북한지역과 유사하게 소수 지주에 의한 토지소유의 집중현상의 폐단으로 소작농민들은 과중한 소작료를 부담하고 있었다.[6] 이것은 당시의 부당한 소작관계 및 고율의 소작료문제가 주요한 사회불안의 요인으로 작용함으로써 언제든지 표출될 수 있는 상황이었다. 이와 같은 사회적 불안요소를 우선적으로 제거하기 위해서 미군정은 '최고소작료 결정의 건'(1945. 10. 5. 군정법령 제9호)[7]을 공포하여 경작농민의 소작료를 인하하는 조치를 단행하였다.[8] 그런데 사회적 불안요소를 근본적으로 해소하기 위해서는 보다 실질적인 토지개혁이 이루어질 필요성이 있었다. 왜냐하면 민주주의 국가를 남한지역에 수립하기 위해서는 정치권력의 핵심인 국민일반의 절대적 지지가 전제되어야 하기 때문이다. 따라서 1946년 2월부터 실질적인 토지개혁을 위한 정책을 수립하기 시작하였다.[9] 그런데 북한지역에서는 1946년 3월 5일에 무상몰수 무상분배의 토지개혁을 통해 북한

---

6) 윤철홍, 앞의 글(「농지개혁의 법사적 고찰」), 493면 참조.
7) 법원행정처, 앞의 책(『구법령집』(하)), 33면 참조.
8) 그 내용을 구체적으로 살펴보면 소작료를 現物, 金錢 또는 어떤 방식으로 납입하든지 간에 수확총액의 1/3을 초과하지 못하도록 강제하였고(제2조), 만약 최고액 이상의 소작계약을 체결한 경우에는 무효로 하였다(제3조).
9) 농지개혁사편찬위원회, 앞의 책(『농지개혁사』上), 357면; 미국무성에서는 A. C. Burnce를 책임자로 하여 R. A. Kinney와 Anderson을 미군정당국에 파견하여 남한에 있어서의 토지개혁에 대한 기본정책수립을 위한 연구조사와 법안기초작업을 담당하도록 하였다.

정권은 농민들의 절대적 지지를 받고 있는 상황이었다. 이러한 북한의 상황이 남한지역에 전해지면서 토지개혁에 대한 요구는 더욱 심화하게 되었다. 그런데 당시의 남한사회는 미군정의 현상유지정책(포고 제1호 제2조)에 의해서 종래의 행정관료가 그대로 미군정의 행정관료로 수평이동하였기 때문에 지배층은 토지개혁에 소극적인 입장을 취하고 있었다.

결국 독립국가 수립까지의 잠정적인 군사정부라는 한계성과 지주계급의 반대에 의해서 미군정은 전면적인 토지개혁은 실시하지 못하고, 일본인들의 재산을 양도받아 관리하고 있던 신한공사 소유의 귀속농지에 대해서만 1948년 토지개혁을 실시하게 된다.

(2) 일본인 사유재산의 몰수과정

1) 초기의 입장: 일본인 사유재산의 보호

미군정은 1945년 9월 7일 포고 제1호[10]를 통하여, 군정당국이 모든 행정권을 당분간 실시하고(제1조), 정부·공공단체 또는 공익사업·공공사업 등에 종사하는 직원과 고용인은 別令 있을 때까지 현상을 유지할 것을 공포하였다(제2조). 그런데 포고 제1호 제4조는 "주민의 재산권은 존중된다."라고 규정하고 있었는데, 그 의미와 관련하여 조선총독부와 日本人撤收援護會는 미군정당국에 대해서 제4조에 규정된 주민에 일본인도 포함되는지 여부를 질의하였다. 이에 미군정은 일본인도 그 주민에 포함된다는 입장을 표명하였다.[11] 이와 관련한 법령이 군정법령 제2호이다. 미군정은 일

---

10) 법원행정처, 앞의 책(『구법령집』(하)), 21면 참조.
11) 김성호 외 3인, 앞의 책(『농지개혁사연구』), 242면 참조.

본정부 및 일본기관, 일본인 등의 재산이 무단으로 유출되는 것을 방지하기 위해서 1945년 9월 25일 군정법령 제2호('재산이전금지')[12]를 공포하여 재산권이전행위를 원칙적으로 금지하면서(제1조),[13] 8월 9일 이후에 체결한 재산권이전의 법률행위를 무효화시켰다(제4조). 그런데 이에는 예외가 있었다. 즉 모든 敵産을 군정당국에 신고하도록 하였는데, 만약 敵産을 거래하고자 하는 경우에는 미군정당국에 사전에 보고서를 제출하도록 하였다(제3조 3항). 그리고 보고서를 제출한 이후 60일 이내에 금지명령이 없을 경우에 당해 계약은 성립된 것으로 인정하였다(제3조 4항).[14] 이렇게 해방 직후부터 수개월 동안 일본인은 미군정당국의 허가에 의해서 각종 동산과 부동산을 매각할 수 있었다.

2) 입장의 전환: 일본인 사유재산의 몰수

일본인의 사유재산과 관련한 초기의 미군정의 입장은 1945년 12월 6일에 제정한 군정법령 제33호('조선 내에 있는 일본인재산권 취득에 관한 건')[15]에 의해서 급변하게 된다. 이 법령은 구일본정부의 재산권뿐만 아니라 일본인의 사유재산권도 몰수시켰던 것이다(제2조). 즉 1945년 8월 9일 이후의 일본인 사유재산을 포함

---

12) 법원행정처, 앞의 책(『구법령집』(하)), 29면 참조.
13) 군정법령 제2호 제1조는 "1945년 8월 9일 이후 일본, 독일, 이탈리아, 불가리아, 헝가리, 태국의 정부나 또는 그 대리기관이나 또는 그 국민, 회사, 단체, 조합, 기타의 기관과 또는 위의 정부가 조직 또는 통제하는 단체가 직접 또는 간접, 전부 혹은 일부를 소유하거나 관리하는 금, 은, 백금, 통화, 증권, 예금, 채권, 유가증권, 기타 재산에 대한 매매, 취득, 이전, 인출, 처분, 수입, 수출 기타 취급과 관리, 권력, 특권의 행사는 이 법령에 규정한 이외에는 앞으로 금지한다."라고 규정하였다.
14) 다만 1945년 9월 28일 군정법령 제4호('일본육해군재산에 관한 건')에 의해서 일본의 육·해군 재산은 즉시 미군의 소유로 접수하였다.
15) 법원행정처, 앞의 책(『구법령집』(하)), 47면 참조.

한 모든 적산을 1945년 9월 25일부로 조선군정청이 취득하고, 조선군정청이 그 재산 전부를 소유한다고 규정하였다.[16] 일본인의 재산권을 몰수한 시점을 1945년 8월 9일로 한 이유는, 바로 이날이 미국 육군항공대가 일본 나가사키에 두 번째 원자폭탄을 투하함으로써 사실상 전쟁이 종결된 날이기 때문이다. 따라서 일본정부 또는 일본인들은 임박한 항복 선언에 대비하여 각종의 재산권을 임의로 처분하거나 일본으로 무단히 이전시킬 수 있었기 때문에, 미군정의 입장에서는 그러한 처분행위 또는 이전행위를 무효로 할 필요가 있었다.[17] 그리고 미군정이 일본인의 사유재산을 보호하였던 초기의 입장을 전격적으로 변경하여 군정법령 제33호에 일본인의 사유재산까지 몰수범위에 포함한 이유가 무엇인지 검토할 필요가 있다. 당시의 미국 대일배상위원장인 풀리(Edween W. Pouley)는 트루먼 대통령에게 12월 6일 일본의 본토의 화학공업, 제련 및 조선업시설의 거의 전부 및 해외에 있는 일본재산의 전부를 몰수할 것을 진언하였고, 진언의 목적은 일본에 유린된 국가에 대하여 배상을 하기 위해서라고 하였다.[18] 따라서 풀리(Edween W. Pouley)의 대일배상원칙에 의하여 군정법령 제33호에 일본인의 사유재산 몰수가 포함되었던 것이다. 이렇게 몰수된 사유재산

---

16) 군정법령 33호 제2조는 "1945년 8월 9일 이후 일본정부, 그 기관이나 또는 그 국민, 회사, 단체, 조합, 그 정부의 기타 단체 혹은 그 정부가 조직 또는 통제하는 단체가 직접 또는 간접으로, 전부 혹은 일부를 소유하거나 관리하는 금, 은, 백금, 통화, 증권, 예금, 채권, 유가증권, 또는 본 군정청의 관할 내에 소재하는 기타 전 종류의 재산 및 그 수입에 대한 소유권은 1945년 9월 25일부로 조선군정청이 취득하고 조선군정청이 그 재산 전부를 소유한다. 누구를 불문하고 군정청의 허가 없이 그 재산에 침입 또는 점유하거나 그 재산을 이전하거나 또는 그 재산의 가치, 효용을 훼손함은 불법이다."하고 규정하고 있다.

17) 임건언, 『한국현대사』, 지성당, 1967, 11 - 12면.

18) 서울신문, 1945년 12월 9일자; 김성호 외 3인, 앞의 책(『농지개혁사연구』), 246면 인용.

은 35년간의 식민지배에 대한 강제적 물적 배상의 측면이 있었던 것이다.

생각건대, 미군정이 일본인의 사유재산까지 몰수의 범위에 포함시킨 것은 타당하다고 생각된다. 그 이유는 다음과 같다. 첫째, 일본인들이 보유하고 있는 재산은 불법적으로 체결된 종래의 조약에 기초하여 형성되었기 때문에 본원적인 소유자인 조선인에게 물적 배상의 차원에서 몰수되어야 한다. 둘째, 일본정부 및 관계기관의 재산을 일본인의 사유재산으로 가장하여 무단히 일본으로 유출되는 것을 방지하기 위해서는 일본인의 사유재산까지 몰수할 필요가 있다. 일제가 조선을 30년 이상 조직적으로 지배하였다는 점을 고려한다면, 이러한 무단적인 재산유출은 충분히 예상할 수 있기 때문이다. 셋째, 일본인의 사유재산을 미군정이 몰수하지 않는다면 결국 일본인의 재산은 조선의 지주·자본가 계급에 귀속됨에 따라서 종래의 불합리한 富益富貧益貧의 현상은 더욱 조장될 것이고, 이것은 자본주의 체제로의 전환에 걸림돌이 될 수 있었다. 넷째, 해방 이후에 식민지 통치 권력이 붕괴되고 미군정에 의한 물리적 강제력이 체계적으로 뒷받침되지 않은 상황에서 적법절차에 의하지 않은 일본인의 재산접수가 각 지방에서 이루어지고 있었기 때문에 이를 통제할 필요가 있었던 것이다.[19]

(3) 귀속농지의 매각과정

1945년 12월 6일 미군정법령 33호('조선 내 소재 일본인 재산권 취득에 관한 건')에 의해서 일본인과 일본정부 및 그 대행기관

---

19) 김종혁, "토지개혁과 제1공화국의 국가성격", 고려대학교 대학원(석사학위논문), 1989, 23면 참조.

의 재산소유권을 조선군정청으로 귀속시켰고, 1945년 12월 19일 관재령 제3호('귀속 농지에 관한 건')에 의해서 남한의 모든 일본인과 일본정부 또는 그 대행기관이 소유하고 육군부대 또는 조선군정청의 대행기관에 접수되지 않고, 1945년 12월 6일 법령 제33호에 의하여 그 소유권수여의 결과 1945년 9월 25일부로 조선군정청의 소유가 된 모든 농지는 신한공사를 당해재산의 보관, 이용 및 회계에 관하여 재산보관장의 책임기관으로 지명하고 이를 관리하도록 하였다.[20] 그런데 1947년 3월에 공산주의 세력의 확대를 저지해야 한다는 트루먼독트린(Truman Doctrine)을 계기로 냉전이 본격적으로 시작되면서, 미군정은 다수를 차지하는 경작농민들의 지지를 학보하기 위한 토지개혁을 마련하였는데, 그것이 귀속농지매각령(1948. 3. 22. 군정법령 제173호)[21]이다. 귀속농지매각령에 의해서 당시에 귀속농지를 관리하고 있던 신한공사는 해산되고, 귀속농지를 분배하기 위한 중앙토지행정처가 설립되었다(제2조). 토지분배의 상한은 2정보로 하였다. 즉 1948년 3월 1일 현재 또는 행정처로부터 土地買收 당시에 소유한 전답이나 소작하는 전답의 합계가 2정보를 초과하게 되는 농민에게는 토지를 더 방매하지 아니한다고 규정하였다(제6조). 귀속농지의 매각순위는 귀속농지를 경작하는 현재의 소작인에게 최우선권을 부여하였다. 이 경우에도 경작규모는 2정보 이내여야 한다. 만일 행정처가 소작인에게 농지구입과 지가를 통보하고서도 30일 내에 승낙서를

---

20) 법원행정처, 앞의 책(『구법령집』(하)), 389면 참조.
21) 이 법령의 서문에는 "남조선과도입법의원이 본건 사항을 심의하여 법률을 제정할 때까지 이에 의한다."고 하여 군정당국이 일방적으로 제정한 잠정조치였음을 명시하였다. 법원행정처, 앞의 책(『구법령집』(하)), 218－226면 참조.

제출하지 않으면 타인에게 방매하고, 현 소작인은 당년수확의 권리만이 인정되었다(제6조 나(1) 및 다항). 현 소작인이 매입하지 않은 토지는 그의 지번·지적 등을 공시해서 제2순위자의 매입신청을 접수했다. 제2순위자는 제1순위 이외에 농민, 농업노동자, 월남한 농민, 해외로부터 귀국한 농민으로서 귀속농지 소재지에 거주하며, 과거에 농사경험이 있는 자를 말한다(제6조 나(2)).[22] 제2순위자 선정을 위해서 행정처는 소작인이나 또는 소자작농이 과반수를 점하는 각급 자문 위원회를 운영·활용한다. 그리고 경합과정에서 탈락된 농가는 행정처장에 訴願할 권리를 부여하였다(제8조 다). 매수가격은 매수토지의 주산물의 1년간 생산물의 3배에 해당하는 양을 현물로 지불하도록 하였다(제9조).[23] 지불방법은 매수토지의 주산물의 1년간 생산량의 100분의 20을 15년간 현물로 지불하도록 하였다(제10조). 그런데 토지대금을 전액 지불하거나 토지를 매수한 때로부터 10년이 경과하지 않고서는 자유매매, 소작계약, 저당권 설정, 지상권 설정 및 선취특권을 설정할 수 없도록 하였다(제13조 가). 토지매입농가와 행정처 사이에 매매계약이 성립되면 그 즉시 행정처는 양도증서를 발부해서 소유권을 이전시키고, 매입자는 지가상환이 완료될 때까지 이 토지를 행정처에 저당권을 설정하도록 하였다(제16조).[24]

<hr>

22) 법원행정처, 앞의 책(『구법령집』(하)), 220면 참조.
23) 법원행정처, 앞의 책(『구법령집』(하)), 221면 참조.
24) 법원행정처, 앞의 책(『구법령집』(하)), 223면 참조.

3. 미군정의 토지소유제도 재편의 평가

(1) 미군정법령의 효력

1945년 8월 14일 일본은 연합국의 포츠담선언에서 제시한 항복조건을 수락함으로써 무조건 항복하였다. 그런데 이러한 일제의 항복으로 한국이 즉시 자주적 독립국가로 변모하였던 것은 아니고, 다시 미군정에 의해서 3년 동안 피점령지역으로 머물게 된다. 이 점령기간 중에 미군정은 일제법령의 효력과 관련한 법령을 제정했는데, 미군정법령 제11호('日政法規一部改正廢棄의 件')와 제21호('法律諸命令의 存續')가 그것이다. 1945년 10월 9일 제정한 미군정법령 제11호는 제1조 '특정법의 폐지'에서 "북위 38도 이남의 점령지역에서 조선인민과 그 통치에 적용할 수 있는 법률로부터, 조선인민에게 차별하거나 한국인에게 억압을 가하는 모든 정책과 주의를 제거하고, 한국인에게 정의의 지배와 법 앞의 평등을 회복시키기 위해 아래의 법률과 법률의 효력을 가지는 명령은 이 법령에 의해 폐지된다."라고 규정한 후, 「정치범처벌법」 등 6개 법령과 경찰의 사법권을 열거하였다. 그리고 제2조(일반적 폐지 조항)에서 "그 사법적 또는 행정적 적용으로 인하여 종족, 국적, 신조 또는 정치적 견해를 이유로 차별을 야기할, 기타의 모든 법률 혹은 법률의 효력을 가지는 명령은 이 법령에 의해 폐지된다."라고 선언하였다.[25] 같은 해 11월 2일에 제정한 미군정법령 제21호는

---

25) 1945년 10월 16일자 장경근 경성지방법원장의 담화에는 "아놀드 군정장관이 9월 21일 일반명령 제5호로서 치안유지법, 보안법, 기타 인종, 국적, 신앙 또는 정치사상을 기초로 한 차별적 법령을 폐지하는 동시에 이외에 종래 법령은 여전히 효력을 가지고 있는 것을 밝히었다."라는 부분이 나온다(김병화, 『한국사법사』, 일조각, 1979, 6면)

제1조(법률의 존속)에서 "1945년 8월 9일에 효력이 있었던 모든 법률과, 한국에서의 이전 정부에 의해 발하여진 법률의 효력을 가지는 규칙, 명령, 고시 기타 문서는, 이미 폐지된 것을 제외하고, 조선군정부의 특별한 명령으로 폐지될 때까지 그 효력이 존속된다."라고 규정하였다.[26]

미군정은 1943년 11월 27일 일본의 점령지 반환과 한국의 독립을 약속한 카이로선언과 카이로선언의 이행과 군대의 무장해제 등을 선언한 1945년 7월 26일의 포츠담선언 그리고 일본의 패전의 결과로 성립된 것이다. 따라서 미군정이 제정한 모든 법령의 내용은 이러한 선언의 취지에 합치되어야 한다. 맥아더가 1945년 9월 7일의 태평양미국육군총사령부 포고 제1호에서 "오랜 기간 동안 조선인이 노예상태에 있었다는 사실과 적당한 시기에 조선을 해방·독립시킬 것이라는 결정을 고려하여 점령의 목적은 항복문서조항을 이행하고 조선인의 인격적·종교적 권리를 보호하는 것으로 한다."라고 선언한 것은 바로 그러한 선언상의 제약을 확인한 것이라고 할 수 있다. 이렇게 본다면, 일제법령의 효력에 관한 미군정법령 제11호 및 제21호 또한 그러한 제약의 범위 내에서만 효력을 가지는 것이므로, 그러한 선언상의 제약을 고려하면서 법령을 해석하여야 한다.[27] 또한 일제강점기의 법령이 미군정시기에 폐지되지 않고, 미군정법령 또한 제헌헌법에 의해서 명

---

26) 미군정의 포고 및 법령에 대해서는 법원행정처, 앞의 책(『구법령집』), 참조. 민족문화 편, 『재조선 미국륙군사령부 군정청법령집』, 도서출판 민족문화, 1986(국문판)·1987(영문판) 참조.

27) 그리고 법 해석의 일반원칙에 따를 때, 법령의 해석은 관련되는 다른 법령과의 관계를 고려한 가운데 체계적으로 이루어져야 한다(김창록, 「4·3 계엄령을 통해 본 일제법령의 효력」, 『법학연구』39권 1호, 부산대학교, 1998, 481면 참조).

시적으로 폐지되지 않았다면, 즉 현행법령이라는 요건이 충족된다고 하더라도 그것이 1948년 제헌헌법에 저촉된다면 무효가 된다.[28] 그렇다면 어떤 법령이 1948년 제헌헌법에 저촉되는 법령인지가 문제가 되는데, 이것은 개개 법령의 내용과 성격을 검토해서 판단하는 수밖에 없다.

제헌헌법 제100조가 헌법적 이념과 제 규정에 반하지 않는 한 구한말의 법령과 일제강점기의 법령 및 미군정법령의 효력을 인정한 이유는 구법의 폐지와 신법의 제정 시까지의 법적 공백상태를 방지하기 위함이었다. 그런데 구법령 특히 일제강점기의 법령을 계속 적용한다는 것은 국민의 법 감정에 반하기 때문에 구법령 정리의 필요성이 제기되었다.[29] 이러한 이유로 1961년 7월 15일 「구법령정리에 관한 특별조치법」이 제정되었다. 이 법은 1948년 7월 16일 이전에 시행된 법령으로서 헌법 제100조의 규정에 의하여 그 효력이 존속되고 있는 구법령을 대상으로 하였다(제1조). 이러한 구법령은 1961년 12월 31일까지 정리하여 이를 헌법의 규정에 의한 법률 또는 명령으로 대치하도록 하였고(제2조), 정리되지 아니한 구법령은 1962년 1월 20일로써 폐지한 것으로 간주하였다(제3조). 따라서 1962년 이후에는 제100조와 관련하여 문제가 되는 일제법령 또는 미군정법령은 더 이상 존재하지 않게 되었다.

---

28) 1948년 제헌헌법에 저촉되지 않아야 한다는 요건을 충족시키지 못했다는 이유로 일제 법령의 효력이 부인된 판례가 있다. 대법원은 주지의 취임에 행정관청의 인가를 요건으로 하는 사찰령시행규칙(폐) 제2조의 규정은 구헌법(제헌헌법) 제12조 소정 신앙의 자유 보장규정에 위배하는 일제시대의 규칙이므로 구헌법(제헌헌법) 제100조에 의하여 무효라고 하였다 (대법원 1956. 3. 30. 선고 4288행상21 판결).

29) 조기안, 앞의 글("미군정기 정치행정체제의 구조분석 ─ 조직, 법령 및 자원을 중심으로"), 123면 참조.

(2) 토지소유제도 재편의 유효성

미군정 기간 동안에 제정된 법령도 일제강점기와 동일하게 實力에 의해서 그 효력이 유지되었던 것이므로 그 實力이 사라진 시점에 소멸된다고 하여야 한다. 미군정의 점령목적이 한반도의 독립국가 건설이므로 그 實力이 사라진 시점은 카이로선언과 포츠담선언에서 밝힌 한국의 독립이 실질적으로 이루어진 날, 즉 미군정이 공식적으로 군정의 폐지를 선포하고 이승만 대통령이 대한민국의 정부수립을 선포한 날인 1948년 8월 15일이라고 하여야 한다. 그리고 1948년 9월 11일에 한미 간에 체결한 '정권이양협정'은 통치권의 이양에 대한 문서적 확인의 의미만 있는 것이다. 그런데 '정권이양협정' 제5조에 의하면 "사유재산에 관하여 이미 실시한 처리를 승인 및 인준한다."고 양국이 합의하였다. 그렇다면 미군정 기간 동안에 이루어진 사유재산의 처분행위가 모두 유효한지 검토할 필요성이 있다.

제헌헌법은 종래의 법규범인 일제강점기의 법령과 미군정시기의 법령이 제헌헌법에 반하지 않는 범위 내에서 그 유효성을 인정하였다. 그리고 일제강점기와 미군정시기의 토지소유제도 재편에 대해서 현행 대법원은 그 유효성을 인정하고 있다. 대법원은 미군정기관인 중앙토지행정처의 처분행위에 대하여 "미군정법령 제4조(가)항 후단 및 제11조 등의 규정에 의하면 중앙토지행정처[30]는 농지 이외에도 그에게 이관된 재산이 있으면 이를 처분할 권한이

---

30) 미군정법령 제173호에 의하여 설치된 중앙토지행정처는 같은 법령 제1조, 제2조, 제4조(가)항 전단 및 제5조(가)항 규정 등에 비추어 볼 때, 미군정법령 제33호에 의하여 미군정청에 귀속된 농지를 소작농민에게 방매하여 자립농가가 되도록 하기 위하여 모든 귀속농지를 미군정청으로부터 이관받아 이를 관리 · 처분하는 것을 목적으로 하여 설치된 군정기관이다.

있다고 되어 있다. 그런데 여기에서 규정된 농지 이외의 재산이란 중앙토지행정처의 설립목적이나 또는 같은 법령의 기타 관련조항 등에 비추어 볼 때 귀속농지의 경영에 필요한 시설 등을 말하는 것이다. 따라서 임야와 같은 토지는 이에 포함되지 않는다고 보아야 한다. 만약 중앙토지행정처가 귀속농지의 경영에 직접 필요한 시설이 아닌 임야를 처분하였다면 비록 그 임야가 미군정청에 귀속된 임야라고 하더라도 그 처분행위는 권한 없는 기관에 의한 것이므로 효력이 없는 것이다. 따라서 중앙토지행정처가 처분한 토지 중 농지 부분에 관한 처분은 유효하지만, 임야 부분에 관한 처분은 무효이다."라는 입장을 취하고 있다.[31] 또한 1949년 6월 21일 제정된 농지개혁법 제28조는 "본 법에 저촉되는 법령은 그 저촉되는 부분의 효력을 상실한다. 남조선과도정부법령 173호는 본 법 시행과 동시에 폐지한다. 동령에 의하여 이미 처분된 농지에 대하여는 본 법에 의하여 일률적으로 적용된다."고 규정하였다. 이후 1950년 3월 10일 제정한 농지개혁법 제27조의2는 "남조선과도정부법령 제173호에 의하여 분배한 농지는 본 법 제6조 제1항 제1호의 면적을 합하여 3정보를 초과하지 아니하는 부분은 이를 변경하지 아니한다."고 규정하여 그 부분에서 유효성을 추인하였다. 이것은 경자유전의 원칙을 천명한 헌법정신과 이에 근거하여 제정된 농지개혁법의 입법목적에도 합치되므로 타당하다고 생각된다.

---

31) 대법원 1970. 2. 10. 선고 69다1863 판결; 대법원 1976. 4. 27. 선고 76다88 판결 참조.

4. 논의의 정리

해방 당시의 남한은 이념적·경제적 문제로 인하여 사회적 갈등이 심화되고 있었다. 특히 불합리한 토지소유제도의 개혁은 고율의 소작료를 부담하고 있었던 소작인들에 의해서 강하게 요청되고 있었다. 이에 따라서 남한에 진주한 미군은 군정법령 제9호(1945. 10. 5.)에 의하여 소작료를 강제인하시킴으로써 당시의 농민들의 요구에 적절히 대응하는 조치를 우선적으로 취하였다. 이후 미군정은 남한에 민주주의 국가를 수립하기 위해서는 다수 농민들의 토지소유욕을 보다 근본적으로 충족시켜 주어야 한다고 생각하여 1946년 2월부터 미국무성을 중심으로 하여 남한의 농지개혁에 대한 기본정책을 수립하기 시작하였다.[32] 이 시기 북한에서는 1946년 3월 5일에 무상몰수·무상분배라는 농지개혁이 단기간에 완료됨에 따라서 남한에서도 이러한 농지개혁요구가 급증하게 되었다. 그러나 미군정은 당시에 현상유지정책을 취하고 있었기 때문에 일제강점기의 기득권세력은 여전히 권력을 유지하고 있었다. 따라서 농지개혁에 대해서는 소극적인 입장에 있었다. 결국 미군정은 일본인들의 재산을 귀속시켜 관리하고 있던 신한공사의 귀속농지를 귀속농지매각령(1945. 3. 22. 군정법령 제173호)에 의하여 제헌의회구성을 위한 총선거(1948. 5. 10.) 직전에 분배하였다. 이러한 미군정의 농지개혁은 결과적으로 토지소유의 집중

---

32) 농지개혁사편찬위원회 편, 앞의 책(『농지개혁사』상), 357면; 미국무성에서는 A. C. Burnce를 책임자로 하여 R. A. Kinney와 Anderson을 미군정당국에 파견하여 남한에 있어서의 토지개혁에 대한 기본정책수립을 위한 연구조사와 법안기초작업을 담당하도록 하였다.

현상을 해소하고, 경자유전의 원칙을 실현시켰다는 점에서 정부수립 이후의 농지개혁법에 상당한 영향을 주었다고 할 수 있다. 물론 미군정시기의 토지소유제도 재편도 우리 국민의 의사와 상관없이 독자적으로 시행된 것이므로 정당하다고 볼 수는 없다. 그렇다고 이민족에 의해서 이미 형성된 법률관계를 사후에 모두 실효시키는 것은 법적 안정성을 심각하게 해치는 것이므로, 1948년 제헌헌법은 그 이념과 규정에 반하지 않는 범위 내에서 일제강점기의 법령과 미군정시기의 법령의 효력을 제한적으로 인정하는 경과규정을 두었던 것이다. 특히 남한정부는 미군정의 토지소유제도의 재편에 대해서는 한미 간에 체결된 '정권이양협정'(1948. 9. 11.) 제5조와 농지개혁법(1950. 3. 10.) 제27조의2에서 명시적으로 그 유효성을 인정하였다. 이렇게 남한정부가 미군정시기의 토지소유제도의 재편행위를 유효하다고 인정한 이유는 그러한 행위가 결국 남한정부에 의해서도 동일하게 이루어질 수밖에 없는 행위였기 때문이다.

Ⅲ. 남한정부에 의한 반민족행위자의 재산몰수

1. 반민족행위와 관련한 입법경과

해방이 우리 민족에게 요구한 것은 과거청산이었다. 이민족에 의해서 지배받았던 국가들이 대부분 그러하듯이 우리 국민들도 새로운 국가정립을 위해서는 반민족행위자에 대한 역사적 심판과 단절이 선행될 것을 요구하였다. 이러한 국민적 염원이 제헌헌법에 반영되어 「반민족행위처벌법」(1948. 9. 22. 법률 제3호)이 제정 되었다. 이 법률은 일제강점기에 반민족행위를 한 자를 대상으로 하면서, 이들에 대한 형사적 처벌과 재산몰수라는 민사적 제재를 할 수 있도록 규정한 특별법이다. 그런데 남한의 경우에는 「반민 족행위처벌법」이 제정되었지만 반민족행위자의 재산몰수 및 처벌 등이 거의 이루어지지 못하고 폐지되었다는 점에서, 북한이 「토지 개혁에 대한 법령」에 근거하여 신속하게 일제청산을 한 것과는 차 이가 난다. 더구나 종래의 법원은 반민족행위자의 후손들이 제기 한 토지소유권 반환소송에서 헌법상의 재판청구권과 당해 특별법 의 폐지를 근거로 들어 청구인용판결을 내리고 있다. 따라서 통일 이후에 반민족행위자인 월남인들이 제기하는 원상회복청구의 소 송에서도 동일한 판결이 내려질 것으로 예상된다. 결국 반민족행 위자의 재산몰수와 관련한 문제는 과거가 아닌 통일한국의 토지 소유제도 재편과 연결되는 문제라는 점에서 논의의 실익이 있다.

2. 반민족행위처벌법의 제정

(1) 내용

이 법은 반민족행위자의 인적 범위에 대해서 다음과 같이 규정 하고 있다. 첫째, 일본정부와 通謀하여 한일합병에 적극 협력한 자, 한국의 주권을 침해하는 조약 또는 문서에 조인한 자 및 모의한 자는 사형 또는 무기 징역에 처하고, 그 재산과 유산의 전부 혹은 2분지 1 이상을 몰수할 수 있도록 규정되었다(법 제1조). 둘째, 일 본정부로부터 작위를 받은 자 또는 일본 제국의회의 의원이 되었던 자의 경우에는 무기 또는 5년 이상의 징역에 처하고, 그 재산과 유산의 전부 혹은 2분지 1 이상을 몰수할 수 있도록 규정되었다(법 제2조). 셋째, 일본 치하 독립운동자나 그 가족을 악의로 살상·박해한 자 또는 이를 지휘한 자는 사형·무기 또는 5년 이상의 징역에 처하고 그 재산의 전부 혹은 일부를 몰수할 수 있도록 규정되었다(법 제3조). 넷째, 작위를 받거나 일제정부에 협력하였던 일정한 자[33]는 10년 이하의 징역에 처하거나 15년 이하의 공민권을 정지하고 그 재산의 전부 혹은 일부를 몰수할 수 있도록 규정되었다(법 제4조, 제5조).[34]

재산몰수의 범위[35]에 대해서는 다음과 같이 규정하고 있다. 첫째, 일본정부와 통모하여 한일합병에 적극 협력한 자, 한국의 주권을 침해하는 조약 또는 문서에 조인한 자 및 모의한 자는 사형 또는 무기 징역에 처하고, 그 재산과 유산의 전부 혹은 2분지 1 이상을 몰수한다(법 제1조). 둘째, 일본정부로부터 작위를 받은 자 또

---

33) 1. 습작(襲爵 : 父祖의 작위를 이어받은 것)한 자, 2. 중추원 부의장 고문 또는 참의 되었던 자, 3. 칙임관 이상의 관리 되었던 자, 4. 밀정행위로 독립운동을 방해한 자, 5. 독립을 방해할 목적으로 단체를 조직했거나 또는 그 단체의 수뇌간부로 활동하였던 자, 6. 군, 경찰의 관리로서 악질적인 행위로 민족에게 해를 가한 자, 7. 비행기·병기, 탄약 등 군수공업을 책임 경영한 자, 8. 도(道)·부(府)의 자문 또는 결의기관의 의원이 되었던 자로서 일제에 아부하여 그 반민족 죄적(罪跡)이 현저한 자, 9. 관공리 되었던 자로서 그 직위를 악용하여 민족에게 해를 가한 악질적 죄적이 현저한 자, 10. 일본국책을 추진시킬 목적으로 설립된 각 단체 본부의 수뇌간부로 서 악질적인 지도적 행동을 한 자, 11. 종교·사회·문화·경제 기타 각 부문에 있어서 민족적인 정신과 신념을 배반하고 일본 침략주의와 그 시책을 수행하는 데 협력하기 위하여 악질적인 반민족적, 12. 언론 저작 및 기타 방법으로써 지도한 자, 13. 개인으로서 악질적인 행위로 일제에 아부하여 민족에게 해를 가한 자.
34) 법령으로 공포되지는 않았지만 과도입법의회에서 1947년 7월에 정한 「민족반역자, 부일협력자, 간상배에 대한 특별법안」에서도 민족반역자의 개념규정이 있었다. 동 법안에서는 민족반역자를 "일본 또는 기타 외국과 통모하여 국가와 민족에 화해(禍害)를 끼치거나 독립을 방해한 자"로, 부일협력자를 "일본 통치시대에 일본세력에 아부하여 비적(匪敵)행위로 동포에게 해를 가한 자"로 규정하였다.
35) 몰수의 대상이 되는 토지는 북한의 「토지개혁법에 대한 법령」 제2조 제2항과 흡사하다.

는 일본 제국의회의 의원이 되었던 자는 무기 또는 5년 이상의 징역에 처하고, 그 재산과 유산의 전부 혹은 2분지 1 이상을 몰수한다(법 제2조). 셋째, 일본 치하 독립운동자나 그 가족을 악의로 살상 박해한 자 또는 이를 지휘한 자는 사형·무기 또는 5년 이상의 징역에 처하고 그 재산의 전부 혹은 일부를 몰수한다(법 제3조).

(2) 시행결과

1948년 9월 7일 국회에서 통과되어 동년 9월 22일 법률 제3호로 공포된 「반민족행위처벌법」은 전문 32조로 구성되어 있었는데, 그 골자는 특별조사위원회가 반민족행위자를 조사하여 특별검찰부에 송치하고, 특별검찰부의 공소로 특별재판부가 심판하는 것이었다. 특별조사위원회가 반민족행위자를 조사하여 특별검찰부에 송치한 건수는 총 559건 중에서 기소건수는 221건이었다.[36] 특별재판부는 1949년 3월 28일 첫 공판 이후 반민법의 공소시효가 완료된 1949년 8월 31일까지 사형 1건, 무기징역 1건, 징역 13건, 공민권정지 18건, 형 면제 2건, 무죄 6건 등 총 41건을 처리하였다. 특별재판부에 회부된 41명 중에서 신체형은 15명뿐이었고, 이 중에서 고등계형사이었던 2명만이 각각 사형과 무기징역을 선고받았다. 나머지 13명 중 고등계형사가 7명, 경부가 1명 등 경찰관계자가 총 8명으로 가장 많았고 이외에 수작자, 습작자, 중추참의, 면직원 등이다. 이들은 대부분 1년형과 집행유예로 석방되었다. 이 중에서 재산몰수형은 이기용이 2년 6개월 및 재산몰수형(8,000평의 전답)과 이완용의 양자인 이병길이 징역 2년에 집행유예 5년

---

36) 이에 관한 자세한 내용은, 이강수, "반민족행위특별위원회(1948-50) 연구", 국민대대학원 (박사학위논문), 2002, '別表'(만민피의자 현황)를 참조

및 재산몰수형이 선고되었다.[37] 1949년 8월 31일 「반민족행위처벌법」의 공소시효가 완료된 이후에 1949년 12월 19일 「반민족행위재판기관임시조직법」을 제정하여 특별재판부의 업무가 대법원의 임시특별부로 이전되고 1950년까지 소극적인 재판이 진행되었다.[38] 그런데 1951년 2월 14일 「반민족행위처벌법」은 전격적으로 폐지되면서, 그 부칙에 "폐지된 법률에 의하여 공소 계속 중의 사건은 본 법 시행일에 공소취소된 것으로 본다. 폐지된 법률에 의한 판결은 본 법 시행일로부터 그 언도의 효력을 상실한다."라고 규정함으로써 반민족행위자의 처벌과 그 재산에 대한 처리문제는 종결되었다.

3. 반민족행위자 후손의 소유권반환소송

(1) 법원의 입장

반민족행위자 후손의 재산환수소송은 1980년대 후반부터 제기되기 시작하였고, 90년대 후반 이후부터는 반민족행위자들의 후손들이 적극적으로 재산환수소송을 제기하여 현재까지도 일부 사건이 법원에 계류 중에 있다. 이들 사건 외에도 친일행적이 잘 알려져 있지 않은 사람들의 후손들이 제기하는 재산환수소송의 경

---

37) 이에 위기감에 빠진 친일분자들은 국회 내 반민특위 추진세력인 소장파의원들을 제거하기 위한 음모로 '국회프락치사건' 등을 공작하게 된다. 반민특위는 이러한 사건으로 말미암아 큰 타격을 입게 되었고, 김구 선생이 암살되는 사건이 일어나(6월 26일), 그 활동이 더욱 위축되게 되었다. 이러한 분위기 속에서 친정부계 의원들에 의해 공소시효를 단축하는 개정안이 통과되어 1950년 6월 20일까지로 된 반민법공소 시효를 49년 8월 31일로 단축시킴으로써 사실상 반민족행위자에 대한 처리는 실효성를 거두지 못하고 폐지되었다.
38) 이강수, 「반민특위 특별재판부의 조직과 활동」, 『한국근현대사 연구』제25집, 2003, 554면 참조.

우에는 원고승소로 판결되는 경우도 있었을 것이다.

이 중에서 이재극 후손이 제기한 소송[39]을 살펴보면 다음과 같다. 1심 법원은 "당사자의 소권 행사가 법의 목적이나 정의에 현저하게 반하는 경우에는 신의칙 위반에 해당되어 부적법한 권리행사가 된다. 현행 헌법전문을 살펴보면, 대한민국은 3·1운동 및 대한민국임시정부가 추구한 자주독립, 민족자결주의적 성격과 이념을 계승하고 있음을 명시하고 있다. 그리고 이러한 헌법전문의 내용은 헌법을 비롯한 모든 법령의 해석지침이 될 뿐만 아니라 나아가 각 헌법기관과 국민이 존중하고 지켜가야 할 가치규범으로서 작용하고 있다. 3·1운동과 대한민국 임시정부의 법통을 계승하고 있는 우리 헌법정신에 비추어 보면, 반민족행위는 헌정질서 파괴행위에 해당하고, 비록 「반민족행위처벌법」이 그 후 폐지되었다고 하여 반민족행위의 위헌성, 위법성까지 소멸되었다고 할 수는 없는 것이다. 한일합방 전후로부터 1945년 8월 15일까지의 시대적 상황 및 「반민족행위처벌법」의 몰수규정 등에 비추어 볼 때, 반민족행위자의 재산은 특별한 사정이 없는 한 반민족행위로 인하여 취득한 것으로 추인할 수 있다. 그렇다면, 우리 민족의 자주독립과 자결을 스스로 부정하고 일제에 협력한 반민족행위자 또는 그 권리·의무를 포괄적으로 승계한 자가, 헌법정신을 구현하고 헌정질서를 수호하는 헌법기관으로서 반민족행위자에 대한

---

39) 원고는 다음과 같이 주장하였다. 파주시 문산읍 내포리 371-2 도로 321㎡의 토지는 1913년경 토지조사 당시 이재극이 사정받은 토지에서 분할 및 지목변경된 것으로, 원고(이재극의 손자며느리) 자신이 이를 상속한 적법한 소유자이기 때문에 1996년 6월 20일(접수 제22509호)에 국유재산법상 무주부동산 공고절차에 의한 피고(대한민국) 명의의 소유권보존등기는 부적법하다고 주장하였다. 따라서 당해 소유권보존등기의 말소등기절차를 이행하라는 판결을 구하였다(서울고법 제20 민사부 2003. 4. 25. 선고 2001나11194 판결 참조).

청산의무를 지는 법원에 대하여, 반민족행위를 통하여 직접 또는 간접적으로 취득한 재산에 대해서 법의 보호를 요구하는 행위는 현저히 정의에 반하는 부적법한 행위로 평가되어야 한다. 따라서 이러한 訴에 대해서 부적법 각하의 판결을 내린다고 하여, 법치국가의 원리에서 도출되는 법적 안정성을 해치는 것은 아니다."라고 판결하였다.

항소심법원은 헌법상의 재산권보호조항(제23조1항), 국민의 재판청구권(제27조1항) 등의 규정에 근거하여 1심 법원의 재판의무를 인정하였다. 그리고 이완용 후손의 환수소송에 대한 서울고법의 판결을 인용하면서 국가가 반민족행위자들의 재산을 몰수 또는 보호 거부하기 위해서는 헌법과 법률에 의한 제도적 뒷받침이 선행되어야 하는데, 만약 그러한 장치 없이 막연히 국민감정만을 내세워 재산권을 박탈하는 것은 법치국가의 이념을 훼손하고 그 근간을 위협하는 결과를 초래하는 것이라고 하였다. 또한 계쟁의 토지가 반민족행위로 인하여 취득한 재산인지 아닌지의 여부 및 현재의 명의인의 부동산취득행위에 대한 심리가 미진하다는 등을 이유로 하여, 1심 판결을 파기환송하였다.[40] 환송된 사건은 다시 서울지법 제12민사부에 의하여 본안심리에 들어갔는데, 법원은 원고의 시조부인 이재극과 그 상속인들은 농지개혁 이전에 이미 이 사건 분할 전 토지를 처분하여 그 소유권을 상실하였기 때문에 상속인인 원고가 이 사건 토지의 소유자임을 전제로 하는 이 사건 청구는 이유가 없다고 하여 기각하였다.[41]

---

40) 서울고법 제20민사부 2003. 4. 25. 선고 2001나11194 판결 참조.
41) 서울지법 제12민사부 2003. 11. 28. 선고 2003가합36794 판결 참조. 이 사건은 1심의 경우에는 소 자체를 인용하지 않아서 부적법 각하하였지만, 2심은 소 자체는 인용하면서

(2) 법원의 입장에 대한 평가

친일행위자들의 후손들이 제기하고 있는 소유권 회복주장에 대해 현재의 법원은 "반민족행위를 한 사람들을 역사적으로 단죄해야 한다는 것에는 異論이 있을 수 없으나 국가가 친일파 후손의 재산권 보호를 거부하기 위해서는 헌법과 법률에 의한 제도적 뒷받침이 있어야 한다."라는 입장[42]을 취하고 있다. 그런데 친일행위자의 재산권이 헌법상에 보호받아야 하는 재산권의 범주에 포함되어야 하는지 검토할 필요성이 있다. 왜냐하면 이미 제헌헌법에 기초하여 제정된 1948년의 「반민족행위처벌법」은 일제강점기에 일정한 지위에 있었던 자체를 친일행위로 판단하면서, 그러한 친일행위는 범죄행위라고 명시하고 있다. 또한 이러한 범죄행위자들의 재산을 전부 '몰수'할 수 있다고 규정하였다.[43] 재산몰수는 유죄판결을 함에 있어 他刑에 부가하여 과하는 것을 원칙으로 하는 재산형으로서, 일정한 물건의 소유권을 국고에 귀속시키는 형벌이다.[44] 몰수제도를 인정하고 있는 취지는 범죄의 반복을 막거나, 범죄로부터 이득을 얻지 못하게 할 목적으로 범죄행위와 관련

본안판단의 결과 이유가 없어서 원고의 청구를 기각한 것이다.

42) 서울고법 제20 민사부 2003. 4. 25. 선고 2001나11194 판결.

43) 반민족행위처벌법(1948. 9. 22. 법률 제3호) 제1조는 "일본정부와 통모하여 한일합병에 적극협력한 자, 한국의 주권을 침해하는 조약 또는 문서에 조인한 자와 모의한 자는 사형 또는 무기징역에 처하고 그 재산과 유산의 전부 혹은 2분지 1 이상을 몰수한다."라고 하여 필요적 몰수를 규정하였고, 또한 제4조는 일제강점기에 일정한 지위에 있었던 자체가 친일행위가 됨을 명시하면서 이러한 친일행위를 범죄행위로 판단하여 이들의 모든 재산을 국가가 몰수할 수 있다고 하여 임의적 몰수를 할 수 있음을 명백히 밝히고 있다.

44) 형법 제49조 본문에 의하면 몰수는 타형에 부가하여 과한다고 하여 몰수형의 부가성을 명정하고 있으나, 단서에 의하면 행위자에게 유의의 재판을 아니 할 때에도 몰수의 요건이 있는 때에는 몰수만을 선고할 수 있다고 규정함으로써 일정한 경우에 몰수의 부가형성에 대한 예외를 인정하고 있는 점으로 보아 형법 제59조에 의하여 형의 선고를 유예하는 경우에도 몰수의 요건이 있는 때에는 몰수형만의 선고를 할 수도 있다(대법원 1973. 12. 11.선고 73도1133 전원합의체 판결).

된 재산을 박탈하기 위해서이다. 반민족행위자의 재산을 몰수하기 위해서는 우선 법원의 몰수 및 몰수범위를 특정하는 판결이 선행되어야 한다. 만약 반민족행위자에 대하여 유죄판결 및 몰수판결이 내려지지 않았다면, 당해 재산의 소유권은 국가에 귀속됨이 없이 여전히 친일행위자에게 현존하게 된다. 또한 이들이 사망한 경우에는 당해 재산은 상속인에게 그대로 상속되는 것이다. 결국 보호받아서는 되지 않는 재산권이 과거에는 실질적인 법 집행의 미비에 의해서 그리고 현재에는 입법의 不備에 의해서 보호받게 되는 불합리한 결과가 발생한 것이다. 따라서 반민족행위자의 재산몰수와 관련한 특별법의 제정이 요구되었다.

4. 재산귀속에 관한 특별법 제정

(1) 소급입법의 타당성

현행 헌법은 "모든 국민은 소급입법에 의하여 재산권을 박탈당하지 아니한다."라고 규정하여 소급입법에 의한 재산권의 박탈을 금지하고 있다. 소급입법은 일반적으로 과거의 사실 또는 법률관계를 규율하기 위하여 제정하는 것인데, 헌법재판소는 이러한 소급입법을 진정소급효의 입법과 부진정소급효의 입법으로 구별하여 판단하고 있다. '진정소급효의 입법'은 이미 과거에 완성된 사실 또는 법률관계를 규율의 대상으로 하는 소급입법을 말하고, '부진정소급효의 입법'은 이미 과거에 시작하였으나 아직 완성되지 아니하고 진행과정에 있는 사실 또는 법률관계를 규율의 대상으로 하는 소급입법을 말한다. 헌법재판소는 소급입법에 의한 재산권의 박탈이 금지되는 것은 전자인 진정소급효의 입법이고 소위 부진정소급효의 입법의 경우에는 원칙적으로 허용이 되는 것으로 판단하고 있다.

생각건대, 기존의 법에 의하여 이미 굳어진 개인의 법적 지위는 입법권자의 입법형성권보다 우선하는 것으로 평가하여야 한다. 사후입법을 통하여 구법에 의하여 이미 얻은 자격 또는 권리를 박탈하는 것 등을 내용으로 하는 진정소급효의 입법은 원칙적으로 허용될 수 없다. 왜냐하면 진정소급효의 입법은 개인의 신뢰보호와 법적 안정성을 내용으로 하는 법치국가의 원리에 정면으로 배치되기 때문이다. 따라서 특단의 사정이 없는 한 구법에 의하여 이미 얻은 자격 또는 권리는 그대로 존중되어야 할 필요가 있다. 그러나 진정소급입법이라도 일반적으로 국민이 소급입법을 예상할 수 있었거나 법적 상태가 불확실하고 혼란스러웠거나 하여 보호할 만한 신뢰의 이익이 적은 경우와 소급입법에 의한 당사자의 손실이 없거나 아주 경미한 경우, 그리고 신뢰보호의 요청에 우선하는 심히 중대한 공익상의 사유가 있을 경우에는 예외적으로 허용될 수 있다. 그렇다면 반민족행위자의 재산을 몰수하기 위한 소급입법의 제정은 현행 헌법상의 재산권보호원칙 및 사후입법금지의 원칙에 반하여 허용될 수 없는 진정소급의 입법인지, 아니면 예외적으로 허용되는 진정소급효의 입법인지 검토할 필요가 있다. 해방 이전의 일제치하에서 일본정부에 협력하고 독립군을 탄압한 반민족행위자들의 행위는 그 당시의 법령에 의한다면 규제의 대상이 되지 않는 적법행위였다. 그러나 반민족행위는 행위 시의 처벌규정의 여부와 상관없이 언제나 정의에 반하는 범죄행위로 평가받아야 한다. 또한 동일한 역사가 반복되지 않기 위해서 그리고 과거를 청산하고 새로운 국가건설의 희망을 국민에게 주기 위해서도 반민족행위는 소급입법에 의해서 심판받아야 한다. 일제치하에서 반민족행위자들의 규제는 사실상 불가능하다는 점도 진정소급입법의 예외적 허용사유가 된다. 민족정기를 확립시키고 실질적 정의를 실현하여야 한다는 가치적 측면에서도 반민족행위자를 처벌하기 위한 사후입법은 예외적으로 허용되는 진정소급효의 입법으로 평가받아야 한다. 그리고 반민족행위자에 대한 소급입법의 제정에 대해 이미 국민적 합의가 형성되어 있다는 것도 고려되어야 한다. 이러한 모든 점을 고려한다면 반민족행위처벌을 위한 소급입법은 친일세력의 기형성된 권리에 대한 신뢰보호보다 더 우선하는 중대한 공익상의 사유가 있을 경우에 해당되는 것이므로 예외적으로 허용될 수 있는 것이다.

독일의 경우를 살펴보면, 독일연방의회는 1969년 형법을 개정하여 민족학살죄의 공소시효를 폐지하였고, 다시 1979년의 개정을 통하여 나치처벌의 특례를 인정하였다. 그런데 이러한 조치가 소급입법(사후입법)에 의한 처벌로서 헌법위반에 해당되는지의 논란이 있었다. 그러나 독일 헌법재판소는 다음과 같은 결정을 하였다. "…기본법(독일연방공화국 헌법) 103조 2항은 어떠한 행위가 형벌이 되는가를 정하고 있다. (이에 대해) 시효규정은 가벌적이라고 하는 행위가 언제까지 소추되는가를 정하고 있는 것이다. 그것은 소추가능성에 관한 것에 지나지 않는 것이고 가벌성의 문제에 관한 것은 아니기 때문에 기본법 103조 2항의 규율범위 밖에 있다. 따라서 시효기간의 연장 또는 폐지는 이 헌법의 조항에 위반되지 않는다. ……법치국가원리에 포함되는 법적 안정성의 요청은 국민이 자기에게 일어날 수 있는 국가의 개입을 예견하여 그 대책을 세우려는 것을 필요로 한다. ……그러나 법치국가라고 하는 것은 법적 안정성이 준수될 뿐만 아니라 실질적 정의가 시행되는 것도 포함된다. 입법자는 법치국가원리의 이 두 개 측면을 고르게 고려할 수 있는 것은 아니다. 법적 안정성과 정의가 모순될 때 그 어느 것을 택하는가 하는 것을 결정하는 것은 무엇보다도 입법자의 책무이다. 입법자의 결정이 자의적이지 아니한 한은 여기에 이의를 제기할 만한 헌법상의 이유는 없다."라고 합헌결정을 하였다.[45] 결국 실질적 정의가 법적 안정성에 우선할 수 있다는 것을 보여 주는 것이다.

(2) 특별법의 주요내용

최근에 과거청산에 대한 논의가 국민적 공감대를 얻으면서 이와 관련한 특별법이 제정되고 있다. 그 최초의 법률이 2004년 3월 22일 제정된 「일제강점하 반민족행위 진상규명에 관한 특별법」이다. 이 법률 제1조는 "일본제국주의의 국권침탈 전후로부터 1945년 8월 14일까지 일본제국주의를 위하여 행한 친일반민족행위의 진상을 정부 차원에서 규명하여 역사의 진실과 민족의 정통성을 확인하고 후세의 교훈으로 삼으로써 항구적 자주민주국가의 구현에 이바지하기 위해서 제정된 것이다."라고 규정하여 과거청산의 필요성을 부각시켰다.[46] 이 법률은 친일반민족행위진상규명위원

---

45) 한상범, 「반민족행위자 재산처리에 관한 특별법 제정의 필요성」, 『아 · 태공법연구』2집, 아세아 · 태평양공법학회, 1993, 13면 참조.
46) 이 법의 주요한 내용은 다음과 같다. ① 이 법에 의해 진상규명의 대상이 되는 친일반민족

회가 실질적이고 효과적으로 활동할 수 있도록 조사범위를 확대하고, 조사대상자와 참고인에 대한 실질적 조사가 가능하도록 동행명령제 등의 조사방법을 보완하기 위하여 2005년 1월 27일 개정되었다.[47] 그런데 이 법률은 친일반민족행위의 진상을 규명하여

행위를 일본제국주의의 국권침탈 전후로부터 1945년 8월 14일까지 행하여진 행위로서, 독립운동가 및 그 가족을 살상·처형·학대 또는 체포하거나 이를 지시 또는 명령한 행위, 일본제국주의에 고용되어 행한 밀정행위, 학병·지원병·징병 또는 징용을 선전(宣傳) 또는 선동하거나 강요한 행위 등으로 함(제2조). ② 친일반민족행위의 진상을 규명하기 위하여 대통령소속하에 친일반민족행위진상규명위원회를 두도록 하고, 동 위원회의 위원은 외부의 어떠한 지시나 간섭을 받지 아니하고 독립하여 그 직무를 수행하도록 함(제3조 및 제9조). ③ 친일반민족행위진상규명위원회는 그 구성을 마친 날부터 3년 이내에 활동을 완료하도록 함(제7조). ④ 친일반민족행위진상규명위원회는 친일반민족행위자에 해당한다고 인정할 만한 상당한 근거가 있고 그 내용이 중대하다고 인정하는 때에는 의결로써 조사대상자를 선정하여 필요한 조사를 할 수 있도록 함(제18조). ⑤ 친일반민족행위진상규명위원회는 조사를 수행함에 있어서 조사대상자 및 참고인으로부터의 진술청취, 국가기관·지방자치단체 등에 조사대상자에 대한 사실조회 및 관련자료의 제출요구 등의 조치를 할 수 있도록 함(제20조). ⑥ 친일반민족행위진상규명위원회는 활동기간의 중간 및 종료 전에 위원회 활동을 조사보고서로 작성하여 대통령 및 국회에 보고하도록 하고, 조사대상자의 친일반민족행위를 조사함에 있어서 선정된 조사대상자, 그 배우자와 직계비속 또는 이해관계인에게 의견을 진술할 기회를 주도록 함(법 제24조). ⑦ 친일반민족행위진상규명위원회는 활동기간 이내에 친일반민족행위에 관한 사료를 편찬하고, 조사보고서 및 친일반민족행위에 관한 사료를 공개하도록 함(제25조 및 제26조).

47) 개정된 부분을 소개하면 다음과 같다. ① 친일반민족행위의 판단시기를 한일합병조약 전후라는 모호한 기간에서 러·일 전쟁개시 시(1904년 2월 10일)부터라고 분명히 하였다(제1조). ② 친일반민족행위의 조사범위를 확대하였다(제2조). 즉 이 법에 의하여 조사대상이 되는 친일반민족행위를 한 자 중 일본군대 군인의 경우 종전 '중좌(중위)' 이상의 장교를 '소위(소위)' 이상의 장교로 하고, 일본제국주의와 일본인에 의한 민족문화의 파괴·말살과 문화유산의 훼손·반출에 적극 협력한 행위를 추가하는 등 친일반민족행위에 해당하는 경우의 조사범위를 확대하였다. ③ 친일반민족행위진상규명위원회의 구성방법을 변경하였다(제5조). 종전의 규정에서는 위원회를 9인으로 구성하되, 위원은 국회의장의 추천을 받아 임명하도록 하였으나, 개정법상의 위원회는 위원장 1인과 상임위원 1인을 포함한 11인의 위원으로 구성하고, 위원은 국회가 선출하는 4인, 대통령이 지명하는 4인, 대법원장이 지명하는 3인을 대통령이 임명하며 위원장과 상임위원 1인은 정무직으로 보하도록 하였다. ④ 친일반민족행위진상규명위원회의 활동기간을 조정하였다(제8조). 종전의 규정에서는 위원회의 구성을 마친 날부터 3년 이내에 활동을 완료하도록 하였으나, 개정법의 경우에 위원회는 그 구성을 마친 날부터 4년 이내에 친일반민족행위에 대한 조사를 완료하도록 하고, 재적위원 3분의 2 이상의 찬성으로 그 기간을 1회에 한하여 6개월 연장할 수 있도록 하였다. ⑤ 동행명령제도를 도입하였다(제21조 제8항·제35조 제1항 제3호). 위원회의 친일반민족행위에 대한 진상규명을 보다 효율적으로 수행하도록 하기 위하여 동행명령제도를 도입하고, 동행명령장은 위원장이 출석요구를 받은 자 중 친일반민족행위에 관한 결정적 증거자

역사의 실체적 진실과 민족의 정통성을 '확인'하는 것에만 머물렀다는 점에서 문제가 있다. 즉 실질적인 사회정의를 구현하기 위해서는 보다 실효성 있는 규정들이 신설될 필요가 있었다.

이러한 목적으로 2005년 12월 29일 「친일반민족행위자 재산의 국가귀속에 관한 특별법」이 제정되었다. 이 법은 제1조에서 실질적인 과거청산을 위해서는 반민족행위와 관련한 재산권은 국가에 귀속되어야 한다고 명시하였다.[48] 그 주요한 내용은 다음과 같다. 첫째, 재산이 국가에 귀속되는 대상인 친일반민족행위자는 「일제강점하 반민족행위 진상규명에 관한 특별법」 제2조 제6호 내지 제9호의 행위를 한 자,[49] 「일제강점하 반민족행위 진상규명에 관한 특별법」 제2조의 규정에 따른 친일반민족행위를 한 자 중 제4조의 규정에 따른 친일반민족행위자재산조사위원회의 결정에 따라 독립운동 또는 항일운동에 참여한 자 및 그 가족을 살상·처형·학대 또는 체포하거나 이를 지시 또는 명령한 자 등 친일의 정도가 지극히 중대하다고 인정된 자이다(제2조 1호). 둘째, 친일반민족행위자의 재산이란 친일반민족행위자가 국권침탈이 시작된 러일전쟁 개전 시부터 1945년 8월 15일까지 일본제국주의에 협력

료를 보유하거나 정보를 가진 자가 정당한 사유 없이 3회 이상 출석요구에 응하지 아니하는 때에 위원회의 의결로 발부할 수 있도록 하였다. 그리고 이를 거부한 자에 대하여는 1천만 원 이하의 과태료에 처하도록 하였다. ⑥ 위원회는 위원회 활동을 조사보고서로 작성하여 매년 대통령 및 정기국회 기간 중에 국회에 보고하고, 이를 공개하도록 하였다(제25조·제27조).

48) 제1조는 "일본 제국주의의 식민통치에 협력한 반민족행위자가 당시의 친일반민족행위로 축재한 재산을 국가에 귀속시킴으로써 정의를 구현하고, 이를 통하여 민족정기를 바로 세우며 일본제국주의에 저항한 3·1운동의 헌법이념을 구현하기 위해서 제정되었다."라고 규정하고 있다.

49) 다만, 이에 해당하는 자라 하더라도 작위(작위)를 거부·반납하거나 후에 독립운동에 적극 참여한 자 등으로 제4조의 규정에 따른 친일반민족행위자재산조사위원회가 결정한 자는 예외로 한다.

한 대가로 취득하거나 이를 상속받은 재산 또는 친일재산임을 알면서 유증·증여를 받은 재산을 말한다. 이 경우 러일전쟁 개전시부터 1945년 8월 15일까지 친일반민족행위자가 취득한 재산은 친일행위의 대가로 취득한 재산으로 추정한다(제2조 2호). 셋째, 친일재산50)은 그 취득·증여 등 원인행위 시에 이를 국가의 소유로 한다. 그러나 제3자가 선의로 취득하거나 정당한 대가를 지급하고 취득한 권리를 해하지 못한다(제3조). 넷째, 친일재산의 조사 및 처리 등에 관한 사항을 심의·의결하기 위하여 대통령 소속하에 친일반민족행위자재산조사위원회를 두고, 위원은 국회의 동의를 얻어 대통령이 임명하도록 한다(제4조 및 제6조). 다섯째, 위원회는 그 구성을 마친 날부터 4년 이내에 활동을 완료하되 대통령의 승인을 얻어 1회에 한하여 2년 연장할 수 있도록 한다(제9조). 여섯째, 이 법에 따라 국가에 귀속되는 친일재산은 「독립유공자예우에 관한 법률」 제30조의 규정에 의한 용도에 우선적으로 사용하도록 하여야 한다(제25조). 따라서 독립유공자와 그 유족의 예우를 위한 지원금의 지급, 독립운동관련 기념사업 등의 용도에 우선적으로 사용하도록 하였다.

법무부는 친일재산에 대한 국가귀속의 절차·방법 등을 규정한 「친일반민족행위자 재산의 국가귀속에 관한 특별법」의 시행령을 2006년 5월 1일 입법예고하였다.51) 이 시행령에 따르면 신설되는 친일반민족행위자 재산조사위원회 사무국은 파견 검사 3명을 포함해 감사원·재정경제부·행정자치부·경찰청 등 10여 개 관련

---

50) 국제협약 또는 협정 등에 의하여 외국 대사관이나 군대가 사용·점유 또는 관리하고 있는 친일재산 및 친일재산 중 국가가 사용하거나 점유 또는 관리하고 있는 재산도 포함한다.
51) 법률신문 2006. 5. 4. 참조.

부처의 전문인력 90여 명으로 구성된다고 하였다. 이 사무국에는 위원회의 활동을 기획하고 지원하는 기획단, 친일재산과 관련한 조사업무를 담당하는 조사단, 위원회의 법률문제를 전담하는 법무 담당관을 두기로 하였다. 또한 친일재산에 대한 전문적인 조사·연구 업무를 수행하기 위해 전문위원제도를 도입하였다. 친일반민족행위자 재산조사위원회의 위원 9명(위원장·사무국장·상임위원 각 1명, 비상임 6명)은 국회의 동의를 얻어 대통령이 임명하도록 법률에 규정되어 있는데, 이번 특별법과 시행령에 따라 위원회가 구성되고 구체적인 조사활동 등을 담당할 사무국이 구성되면 남아있는 친일재산을 추적해 국가에 귀속시키는 작업이 본격화될 것이라고 한다. 법무부는 법 시행 후 친일파 후손들이 친일재산 환수특별법에 대해 위헌을 주장하면서 헌법소원 등을 제기하는 것에 대비하여 학계 등에 헌법적 법리연구의 용역을 의뢰하기로 하였다고 한다. 그리고 법무부는 현재까지 제기된 친일파 후손의 토지반환소송은 모두 30건으로 소송계속 중인 13건에 대해서는 이미 소송중지를 신청했으며 국가가 패소한 5건은 소유자 등을 상대로 처분금지가처분을 신청한 상태라고 한다. 이렇게 반민족행위자의 재산을 국가에 귀속시키기 위하여, 대통령 소속하에 친일재산의 조사 및 처리 등에 관한 사항을 심의·의결하는 기관이 친일반민족행위자재산조사위원회인데(제4조), 이 위원회의 활동기간은 무한한 것이 아니고 4년 이내에 완료해야 한다.[52] 그런데 이러한 기간은 부동산전산화작업이 완료되고, 친일인명사전이 편찬된 지금이라면 친일반민족행위자의 재산몰수를 거래안전과 관련하여

---

52) 1회에 한하여 2년 연장할 수 있도록 하였다(제9조).

충분하게 고려할 수 있을 정도의 기간이라고 생각된다.

(3) 친일재산의 귀속절차

친일반민족행위자의 재산을 국가로 귀속시키는 절차는 5단계의 과정을 통하여 이루어진다.

첫째, 기초조사단계이다. 이 단계에서는 특별법 제2조에 근거한 친일반민족행위자의 명단을 확정하고, 그 가계도를 파악하기 위하여 공부(公簿)를 활용하는 작업이 이루어진다. 가계도 작성은 친일반민족행위자의 후손을 용이하게 파악할 수 있는 기초 자료인 동시에, 이에 근거하여 지적전산망을 통한 재산 흐름을 추적할 수 있게 된다. 이러한 과정을 통하여 친일재산으로 상당한 이유가 있는 재산을 파악하게 된다. 실무적으로는 특별법 제2조 제1호 가목에 해당하는 친일행위자 450명[53]의 명단을 우선 조사대상자로 선정하였고, 나목에 해당하는 친일의 정도가 지극히 중대하다고 인정된 자 등에 대하여는 그 판단기준에 신중을 기하기 위하여 명단확정이 유보된 상태이다.[54]

둘째, 조사개시결정단계이다. 이 단계에서는 기초조사단계에서 수집된 재산이 친일행위의 대가인지의 여부를 전원위원회 의결로 결정하고 조사개시결정을 하게 된다. 조사개시결정을 하게 되면

---

53) 그 인적 구성을 살펴보면 제국의회 귀족원·중의원 등이 7명, 수작·습작이 123명, 중추원 부의장·고문·참의 등이 306명, 을사오적·정미칠적·합병조약 등의 매국인사가 14명이다(친일반민족행위자재산조사위원회, 제2차 친일재산 국가귀속결정 현황 자료, 2007. 8. 13., 20면); 2007년 5월 2일 제1차 친일재산국가귀속결정 현황자료에 의하면 조사대상자가 452명이었지만, 이 중에서 수작 및 습작자 125명 중에서 2명은 수작거부자로 판명되어 조사대상자에서 제외되었고, 이에 따라서 2차 현황자료에는 총 450명이 우선 조사대상자로 확정되었다.

54) 친일반민족행위자재산조사위원회, 제2차 친일재산 국가귀속결정 현황 자료, 2007. 8. 13., 20면.

당해 재산권에 대하여 법원에 보전처분(처분금지가처분) 신청을 하고, 이와 동시에 당사자 및 이해관계인에게 조사개시결정에 대한 사실을 통지한다. 만약 조사개시 결정에 대하여 이의가 있는 경우에는 이의신청을 60일 이내에 서면으로 할 수 있도록 하였고, 친일재산조사위원회는 30일 이내에 서면으로 그 결과를 통지를 하여야 한다(친일재산귀속법 제19조). 실무적으로는 조사개시결정에 대하여 2007년 5월 현재까지 조사대상자 기준 99명 중 68명(68.68%)이 이의신청하였다. 필지수를 기준으로 하면 1,977필지 중 1,554필지(78.6%)이고, 접수건수로는 230건이 접수되어 173건이 처리(164건 기각, 7건 일부인용 일부기각, 2건 인용)되었고 41건이 진행 중에 있다. 이의신청의 내용은 대부분 조사개시대상 재산이 친일재산이 아니라는 주장이다.[55] 이후 2007년 7월 현재까지 23차에 걸쳐서 친일반민족행위자 109명의 2,293필지, 1,314만 ㎡, 공시지가 979억 원 상당의 토지에 대한 조사개시결정을 하였고, 당해 재산에 대하여 관할 법원에 보전처분(처분금지가처분)이 완료된 상태이다.[56]

셋째, 조사활동단계이다. 이 단계에서는 조사개시결정을 한 재산에 대하여 실지조사를 하고, 당사자 및 이해관계인에게 자료제출 등을 요구할 수 있도록 하였다. 또한 조사와 관련한 진술을 청

---

55) 총 230건의 이의신청을 유형별로 살펴보면 조사개시대상 재산이 친일재산이 아니라는 주장이 89건, 선조가 친일반민족행위자가 아니라는 주장이 16건, 조사대상자가 친일행위자가 아니고, 친일행위자라고 하더라도 대상재산이 친일재산이 아니라는 주장이 97건, 선의의 제3자라는 주장이 28건이다(친일반민족행위자재산조사위원회, 제2차 친일재산 국가귀속결정 현황 자료, 2007. 8. 13., 21면).
56) 친일반민족행위자재산조사위원회, 제2차 친일재산 국가귀속결정 현황 자료(2007. 8. 13), 20면.

취하고, 감정의뢰 등도 할 수 있다. 이러한 조사활동에 대하여 이의가 있는 경우에는 이의신청을 60일 이내에 서면으로 할 수 있도록 하였고, 친일재산조사위원회는 30일 이내에 서면으로 그 결과를 통지를 하여야 한다(친일재산귀속법 제20조).

넷째, 국가귀속결정단계이다. 이 단계에서는 조사활동단계에서 수집한 자료에 근거하여 재적의원 과반수의 찬성으로 전원위원회가 국가귀속을 의결하게 된다. 귀속결정이 있게 되면 대상재산을 관리, 소유하고 있는 자에게 그 사실을 통지하고, 만약 귀속결정에 이의가 있을 경우 행정심판·행정소송 등을 제기할 수 있도록 하고 있다(친일재산귀속법 제23조). 행정심판의 청구는 행정처분이 있음을 안 날로부터 60일 이내, 행정처분이 있은 날로부터 180일 이내에 할 수 있다(행정심판법 2005. 12. 29. 법률 7796호, 제18조). 그리고 행정소송을 제기하는 경우에 취소소송은 처분 등이 있음을 안 날부터 90일 이내, 처분 등이 있은 날부터 1년을 경과하면 이를 제기하지 못하도록 하고 있다(행정소송법 2002. 1. 26. 법률 제6627호 제20조). 실무적으로는 제1차 국가귀속결정에 대하여 친일반민족행위자 조중응 후손이 친일재산위원회를 재결청으로 하여 2007년 8월 1일 행정심판을 청구하였다. 대상재산은 총 3필지, 6,625㎡(시가 351,282,000원)이며, 청구취지는 대상재산이 선산으로 개인소유의 재산이라는 주장이다.

다섯째, 국가귀속단계이다. 친일재산조사위원회 전원위원회에서 재적 과반수의 찬성으로 국가귀속을 결정하게 되면 그 사실을 재정경제부장관에게 통지하여야 한다. 통지받은 재경부장관은 즉시 관리청 지정하고, 지정받은 관리청은 '국' 명의 촉탁등기를 통하여 최종적으로 국가로 귀속되게 된다. 실무적으로는 제1차 국가귀속결정에 의하여 총 154필지 중에서 49필지 14,045㎡(도로, 하천, 구거 등 공공용재산)은 건설교통부를 해당관리청으로 하여 등기가 진행 중에 있고, 105필지 240,861㎡(전, 답, 임야, 잡종지 등)은 국가보훈처를 해당관리청으로 하여 '국' 명의의 등기가 완료된 상태이다.

5. 논의의 정리

이민족에 의해서 지배를 받았던 국가들은 대부분 해방이 되면 국가의 정체성을 회복하기 위하여 과거청산작업을 한다. 따라서 남한정부수립 직후에 「반민족행위처벌법」이 제정된 것은 자연스러운 결과라고 할 수 있다. 그런데 친일세력들은 미군정의 현상유지정책으로 인하여 종래의 기득권을 변함없이 유지하고 있었고, 남한정부 수립 당시에도 여전히 정치권력의 경제적·정치적 협력자로서 잔존하면서 영향력을 행사하고 있었다. 그 결과 반민족행위처벌법은 실효를 거두지 못하고, 공소시효까지 단축시키는 개정을 통하여 결국 폐지되어 미해결상태로 오늘에 이르고 있다. 그런데 현재의 법원은 「반민족행위처벌법」의 폐지를 근거로 하여 반민족행위자의 후손이 제기하는 소유권반환소송에 대하여 청구인용의 판결을 하고 있다. 따라서 반민족행위자의 재산권을 소급입법에 의해서 박탈할 수 있는 특별법의 제정이 요구된다. 물론 기존의 법령에 의하여 이미 일정하게 형성되어 버린 개인의 법적 지위나 재산권은 원칙적으로 보장받아야 한다. 왜냐하면 이미 형성된 법적 지위나 재산권을 박탈하는 진정소급입법을 사후에 제정하는 것은 개인의 신뢰보호와 법적 안정성을 내용을 하는 법치국가의 원리 및 법률불소급의 원칙에 반하기 때문이다. 이러한 이유로 우리 헌법은 입법자에게 사회질서의 안정을 위해서 특단의 사정이 없는 한 구법에 의하여 이미 형성된 법적 지위 또는 재산권을 존중할 의무를 부과하고 있다(제13조 제2항). 그런데 소급입법의 제정을 국민들이 요구하고 있거나 예상할 수 있으면서 또한 신뢰보호의 요청에 우선하는 중대한 공익상의 사유가 있는 경우에는 예외적으로 허용될 수 있다.[57] 이러한 전제에 선다면 반민족행위자의 재산을 국가에 귀속시키는 법률은 예외적으로 허용되는 진정소급의 입법에 해당된다고 할 수 있다. 따라서 "모든 국민은 소급입법에 의해서 재산권을 박탈당하지 않는다(제13조 제2항)." 라고 하는 헌법적 요구는 이에 해당되지 않는 것이다. 이에 따라서 「친일반민족행위자 재산의 국가귀속에 관한 특별법」(2005. 12. 29.)이 제정된 것이다.

Ⅳ. 정부수립과 적정한 사적 소유를 위한 재편

1. 의의

해방 직후의 한국의 토지소유제도는 일제강점기의 토지조사사업의 결과로 확립된 불합리한 토지소유관계가 유지되고 있는 상

---

57) 헌법재판소 1998. 9. 30. 97헌바38 결정 참조.

황이었다. 따라서 불합리한 소작계약으로 인하여 경작자인 농민은 과중한 소작료를 부담하고 있었다. 이러한 토지소유제도에 대해서 국민의 대부분을 차지하고 있었던 농민들은 강한 불만을 가지고 있었다. 이러한 불만의 표출은 단지 시간의 문제에 지나지 않는 것이었다. 이러한 상황에서 해방을 맞게 된 농민들은 자연스럽게 토지소유제도의 개혁을 요구하게 된다. 해방 당시의 농민들의 토지개혁 요구는 민주주의 국가를 정립하려는 정치세력은 물론이고, 공산주의 국가를 정립하려는 정치세력에 있어서도 수용될 수밖에 없었다. 왜냐하면 당시에 유입된 이데올로기는 국가권력의 형성 주체를 국민(인민)으로 하고 있었기 때문이다. 따라서 농지개혁의 문제는 농업생산성을 향상시키기 위한 경제적인 목적뿐만 아니라 대다수를 차지하고 있는 국민(농민)들의 정치적 지지를 얻기 위한 목적에서도 시급히 해결하여야 할 문제이었다. 이러한 이유에서 남한정부는 제헌헌법(1948. 7. 17.)에 농지분배에 관한 규정을 명시하였던 것이다.

남한의 농지개혁법은 토지소유의 집중현상을 해소하고 경자유전의 원칙을 실현하였다는 점에서 그 의의가 있지만, 보다 궁극적으로는 이것이 통일한국의 토지소유제도를 재편함에 있어서 중요한 참고가 될 수 있다는 점에서 검토의 필요성이 있다. 왜냐하면 사회가 발전하기 위해서는 어떠한 제도가 시행되는 과정에서 발생한 문제점들을 파악하고 새롭게 보완하는 과정이 수반되어야 하기 때문이다. 북한은 여전히 농업국가이고, 남한의 농지개혁법이 시행될 당시와 유사하다는 점에서 더욱 그러하다. 따라서 남한의 농지개혁법의 전개과정과 시행과정에서의 문제점들을 검토해 보는 것은 통일 이후 북한의 토지소유제도를 재편하기 위한 立法論的 實例가 된다는 점에서 검토의 실익이 있다.

2. 농지개혁법의 주요내용

농지개혁법의 가장 중요한 성과는 3정보 이상을 소유하고 있었던 지주계급과 부재지주의 농지를 몰수하여 이를 소작농에게 분배함으로써 일제강점기 이후에 존속되고 있었던 불합리한 토지소유제도를 폐지시켰다는 점이다. 그 결과 소작농은 지주에 대한 경제적인 종속관계에서 해방됨으로써 토지소유의 근대화를 실질적으로 이루었다고 할 수 있다.[58] 그 중요한 내용들을 1950년 농지개혁법에 근거하여 살펴보면 다음과 같다. 첫째, 매수의 범위와 관련하여, 정부는 적정한 사적 소유를 지향하기 위하여 농가 아닌 자의 농지, 자경하지 않는 자의 농지, 소유한도인 3정보를 초과하는 농지, 과수원·종묘포·상전(桑田:뽕나무 밭) 등 다년성식물재배 농지를 3정보 이상 자영하는 자가 일반농지를 소유하고 있다면 그 일반농지를 매수하였다(제5조).둘째, 분배순위와 관련하여, 1순위는 현재 당해 농지의 경작농가이고, 2순위는 경작능력에 비하여 과소한 농지를 경작하는 이른바 영세한 농가이며, 3순위는 농업경영에 경험을 가진 순국선열의 유가족이고, 4순위는 영농능력을 가진 피고용농가이며, 5순위는 국외에서 귀환한 농가로 하였다(제11조).셋째, 買收地價와 관련하여, 일반농지의 경우에는 중급농지를 선정하여 그 평년작 주생산물 생산량의 15할로 하였고, 자경하지

---

58) 이희봉, 「농지개혁법의 효능」, 『현민유진오박사고희기념논문집』, 일조각, 1975. 11., 352면 참조.

않는 다년성재배농지의 경우에는 시가를 기준으로 하였다. 그리고 미완성된 개간 및 간척농지는 매수하지 않지만, 이미 농지로서 완성된 부분은 특별보상으로 매수할 수 있었다(제7조). 넷째, 매수농지의 지가보상방법과 관련하여, 평년작 주생산물 생산량의 15할을 보상액으로 하여 지가증권을 발급하였다. 증권액면은 제7조에서 결정된 보상액을 환산한 당해연도 당해농지 주산물수량으로 표시하였다. 5년간 均分年賦로 보상하는데, 매년 액면농산물의 결정가격으로 산출한 금액을 지주에게 지급하여야 하였다(제8조). 농지를 매수당한 지주에게 정부는 국가경제 발전에 필요한 사업에의 우선 참여를 알선해 주었다(제10조). 다섯째, 분배농지의 지가상환방법과 관련하여, 평년작 주생 산물의 생산량의 15할을 5년간 均分年賦로 상환하는데, 매년 정부가 지정하는 현품 또는 대금을 분배농민이 납입하여야 한다. 농민이 희망하든지, 국가가 인정하는 사유에 해당되는 경우에는 일시상환 또는 상환기간을 연장하거나 단축시킬 수 있었다(제13조). 여섯째, 분배농지의 보존관리와 관련하여, 분배받은 농지는 그 농가의 대표자의 명의로 등록하고 家産으로서 상속되었다(제15조). 분배받은 농지는 상환완료 시까지, 매매·증여 기타 소유권의 처분과 저당권·지상권 등 담보권의 설정행위를 할 수 없도록 하였다(제16조). 정부는 농업경영의 능률화·합리화를 위하여 농지의 개량·교환·분합정리·용도변경 등 적절한 조치를 취할 수 있었다(제21조). 일곱째, 이의신청방법과 관련하여, 본 법 실시에 관한 사항에 이의 있는 이해관계자는 소재지 농지위원회에 再査를 신청할 수 있었다(제22조). 再査 決定에 대해서는 순차로 상급 위원회에 최종으로 시도위원회까지에 항고할 수 있었다. 異議 또는 신청기간은 결정통지서를 받은 익일로부터 20일 이내에 하여야 하였다.

3. 농지의 매수 및 분배와 관련한 문제

(1) 농지의 판단기준

농지개혁법은 농지를 실질적으로 파악하고 있다. 즉 "전, 답, 과수원, 잡종지 기타 국가공부에 기록되어 있는 法的 地目과 상관없이 실제 경작에 사용하는 토지"를 의미한다고 규정하고 있다(제2조). 이 규정에 의하면 公簿上의 地目이 농지로 되어 있어도 실제로는 농작물의 경작에 사용되는 토지가 아닌 경우에는 농지법상의 농지에 해당되지 않는다. 결국 '실제 경작에 사용한다.'는 것이 농지의 판단기준이 되는 것이다. 그런데 농지개혁법은 농지를 농민에게 적절히 분배함으로써 농가경제의 자립과 농업생산력의 증진으로 인한 농민생활의 향상 내지 국민경제의 균형과 발전을 기하기 위하여 제정된 강행법규이다. 따라서 농지개혁법의 입법목적을 고려해 본다면, 현실적으로 경작하고 있는지의 사실 상태와 그 토지에 가하여진 工作 또는 그 토지의 주위환경 등 여러 가지의 객관적 사실들을 종합해서, 일반적인 평균인의 건전한 관찰을 통하여 경자유전의 원칙에 부합될 수 있는 토지인지를 결정하여야 한다.[59] 예를 들어, 야생대로 방치해서 수확하는 갈대밭은 원칙적으로 농지에 해당되지 않지만, 수확을 위해 移植, 排水, 관수(灌水)와 같은 인위적인 노력이 있었던 경우에는 농지로 취급될 수 있다.

---

59) 대법원 1962. 5. 3. 선고 62다43 판결 참조.

또한 농지개혁법이 시행될 당시에 특별한 사정으로 인하여 일시적으로 경작을 하지 않고 있었던 일시적 휴경지의 경우에도 통상적인 경우라면 당해 휴경지가 경작되고 있어야 할 토지이고 또한 언제든지 경작지로 복구될 수 있는 토지라면 이러한 경우의 일시적 휴경지는 농지법상의 농지에 해당된다.[60]

농지개혁법에 의하여 매수, 분배된 토지는 농지에 한정되었다. 그런데 분배된 농지를 모두 정부가 매수한 것은 아니었다. 즉 정부는 농지를 매수의 방법과 매수 이외의 방법으로 취득하여 이를 분배하였다. 정부가 매수에 의하여 취득한 농지는 제5조 2호에 해당하는 농지이고, 정부가 매수 이외의 방법으로 취득한 농지에는 제5조 1호에 의하여 정부에 귀속하는 농지와 제25조[61]에 의하여 취득하는 농지이다.[62] 농지개혁법 제5조 1호는 '법령 및 조약에 의하여 몰수 또는 국유로 된 농지'와 '소유권자의 명의가 분명하지 않은 농지'[63]는 정부에 귀속한다고 규정하였다. '법령 및 조약에 의하여 몰수 또는 국유로 된 농지'에는 광복 이전에 일본인 및 일본법인의 소유이었던 것으로 대한민국정부와 미국정부 간에 체결된 '재정 및 재산에 관한 최초협정'(1948. 9. 11.) 제5조의 규정

---

60) 대법원 1962. 4. 12. 선고 4294민상1462 판결 참조.
61) 1950년 농지개혁법 제25조는 "본법 시행 후 此를 거부, 기만 또는 위반한 자는 그 농지를 무상몰수 또는 그 농지의 경작권을 상실케 하고 백만 원 이하의 벌금을 병과할 수 있다."라고 규정하였다.
62) 김성호 외 3인, 앞의 책(『농지개혁사연구』), 628면 참조.
63) 제5조 1호 (나)의 '소유권의 명의가 분명하지 않은 농지'는 정부에 귀속된다고 하였는데, 그것이 무엇을 의미하는지 문제가 된다. 만약 소유권자의 등기명의가 분명치 않은 경우나 소유권자가 누구인지 분명치 않은 농지를 의미한다면, 이를 국가에 귀속시키는 것은 부당한 재산권의 침해가 되므로 재산권을 보호하고 있는 헌법에 위반될 수 있다. 그리고 소유권자가 없는 농지를 의미한다면, 이것은 민법 제252조에 의해서 국유로 되는 농지이므로 결국 제5조 1호 (가)와 중복되는 문제가 있다.

에 의하여 대한민국 정부에 이양된 이른바 귀속농지와 기존의 국유농지 중에서 재무부장관이 공공용 또는 공용으로 필요하지 않다고 결정하여 농림부장관에게 인계한 농지[64]가 포함된다. 그리고 '법률에 의하여 국유로 된 농지'로는 민법 제252조 2항[65]에 의하여 無主의 농지가 이에 포함이 된다. 이러한 농지에 대하여 정부가 소유권을 취득하는 것은 이미 그 법령 및 조약에 의하여 소유권이 귀속된 것이므로 농지개혁법 실시에 의하여 비로소 그 소유권을 취득하는 것은 아니다.

(2) 정부의 매수농지

매수의 대상이 되는 농지는 제5조 2호에 해당하는 농지로서 제6조에 의하여 제외되지 않는 농지이다. 여기에는 '農家 아닌 자의 농지', '자경하지 않는 자의 농지', '한도를 초과하는 부분의 농지'가 해당이 된다. 그 구체적 내용은 다음과 같다. 첫째, '농가 아닌 자의 농지'란 그 마을에 살았거나 살지 않았거나 비농가가 소유하는 농지를 말한다. 따라서 家主가 동거하지 아니하는 가족소유의 농지를 경작하는 경우에 그 농지는 이에 포함된다.[66] 둘째, '자경하지 않는 자의 농지'란 당해 농지의 소유자가 타인으로 하여금 그 농지를 경작게 하고 자기 스스로 이를 경작하지 않는 경우의 농지를 말한다. 소작계약을 통하여 타인이 자신의 농지를 경작하는 경우가 이에 해당된다.[67] 이 경우에 경작권포기의 약정이 있었

---

64) 1950년 농지개혁법시행령 제10조 참조.
65) 1958년 제정민법 제252조(無主物의 귀속) 제2항은 "無主의 부동산은 국유로 한다."고 규정하였다.
66) 대법원 1963. 9. 5. 선고 63다311 판결 참조.
67) 위탁경영, 임대차, 사용대차에 의한 경우도 이에 포함된다. 대법원 1955. 4. 2. 선고 4287

거나, 소작계약의 기간만료 또는 계약해제가 있었다는 사실만으로 당해 농지가 자경지가 되는 것은 아니다.[68] 자경지라고 하기 위해서는 그 소유자가 그 농지를 반환받아서 실제로 경작하여야 한다.[69] 그런데 자유의사가 아니고 외부적 사정으로 부득이 자경하지 못한 경우는 이에 포함되지 않는다.[70] 다만 자경하지 않는 농지라도 병원·공무·취학·기타 부득이한 사유로 인하여 일시 離農한 자의 농지는 정부에 매수되지 않는다.[71] 셋째, '한도를 초과하는 부분의 농지'란 농가의 자경농지라고 하더라도 자경면적이 3정보를 초과하면 이 초과된 부분은 매수대상이 된다. 농지개혁법은 법 제6조 1항 1호, 제12조 등에서 농지소유의 한도를 규정하고 있다. 그 한도는 일반지역의 경우에는 3정보 이내이고 특수지, 역 즉 그 지역의 평년작 생산량이 당해 도 평년작 생산량의 1/2에 미달하는 농지의 경우에는 5정보 이내이다.[72] 넷째, 과수원, 종묘포 (種苗圃),[73] 상전(桑田) 등 다년성식물재배 토지를 3정보 이상 자영하는 자가 일반농지를 소유하고 있다면 그 일반농지는 정부에 매수된다.[74]

매수대상 농지인지를 판단하는 기준은 농지개혁법상의 분배규정을 한시적인 규정으로 볼 것인가의 문제와 관련이 된다. 이것은

민상182 총람 690면.
68) 대법원 1955. 9. 8. 선고 4288민상39 총람 690면.
69) 다만 법시행령(1950. 3. 25) 제33조 단서는 그 예외를 규정하고 있다. 즉 "법 제11조 1호에 규정한 현재 당해 농지를 경작하는 농가는 법 공포일 현재에 의한다. 단, 법 공포 전에 경작권의 반환조정 또는 판정에 의하여 확정된 것은 예외로 한다."고 규정하고 있다.
70) 대법원 1965. 11. 11. 선고65다1527, 1528, 1529 판결 참조.
71) 농지개혁법 제5조 2호 (나) 단서 참조.
72) 1950년 농지개혁법시행령 제8조 참조.
73) 식물의 싹이나 어린 나무(모종, 묘목)를 기르는 밭.
74) 과수원인 여부를 결정하는 표준에 관하여는 대법원 1964. 5. 16. 선고 63다566 판결.

농지개혁법의 입법취지를 어떻게 해석하여야 하는지와 직결되는 문제이다. 판례는 매수대상 농지인지 여부는 농지개혁법 공포 당시를 표준으로 하여 판단하여야 한다는 입장이다.[75] 생각건대 농지개혁법 공포 이후에 다시 매수대상의 범위에 포함되는 농지가 발생한 경우에 이를 정부가 다시 매수·분배할 수 없다고 한다면 농지개혁법은 그 입법취지를 상실하게 되는 것이다. 따라서 이러한 경우에는 농지개혁법에 의하여 다시 매수·분배하는 것이 그 입법목적과 공공성이 내재된 사회법적 성질에 비추어 볼 때 타당하다고 생각된다.

(3) 분배의 원칙

농지개혁은 소작농지를 농민에서 적정하게 분배하여 소유경작하도록 하는 데 그 목적이 있다(법1조). 따라서 분배받을 농민이 누구인지를 결정하는 것은 중요한 문제가 된다. 농지개혁법은 제3조에 분배대상 농가를 규정하고 있다. 농지개혁법상의 농가란 家主 또는 동거가족이 농경을 주업으로 하여 독립생계를 영위하는 합법적 사회단위를 말한다(제3조). 여기서 주업이란 家主 또는 그 동거가족 중의 1명이라도 그 노동력의 절반 이상을 투입하여 직접 농경에 종사하거나 또는 농경을 사실상 지도·감독하여 그 가족의 생계를 유지하는 경우를 말하고, 합법적 사회단위란 家主와 사실상 동거생활을 영위하는 가구의 단위, 즉 世帶를 말한다(법 시행령 제2조). 이렇게 농가의 범위를 확대하는 것은 농지개혁의 입법취지에 위배되지 않는 한 가급적 현재의 경작자에게 그 농지를 분

---

75) 대법원 1955. 9. 8. 선고 4288민상39 판결.

배하기 위해서이다. 가족이거나 이에 준하는 자에 한하며 타인이 우연하게 동일 가족 내에 있다고 해서 이를 동거 가족으로의 일원으로 보지는 않는다. 그런데 농민이나 농가는 법률상 모두 대한민국의 국민(헌법 제86조)을 전제로 하는 개념이기 때문에 외국인은 포함되지 않는다.

농지개혁과 관련하여 일반 농지와는 다르게 취급한 것이 다년성식물재배농지이다. 다년성식물재배농지[76]에는 과수원, 종묘포(種苗圃), 뽕밭 외에 당시만 해도 특정지역에만 있는 人蔘圃, 저마전(苧麻田) 등도 포함되었다. 이때의 다년성 농지는 등기상 표시와 상관없이 실제로 다년성식물이 60% 이상 되어야 하고, 만약 60% 이하이면 일반농지로 취급되었다.[77] 소작을 하는 다년성 농지로 판정되면 그 농지의 분배 및 평가는 보통작물을 재배하는 일반농지(논·밭)와 다르게 특례규정의 적용을 받았다. 즉 다년성 농지는 時價로 보상되는데(제7조 3호), 시가의 산정방법은 입찰, 경매 방식에 따랐다.[78] 다년성 농지를 낙찰받는 우선순위(우선매수권)[79]는 당해 농지의 관리인이 최우선자이다. 그리고 자영하고자 하는 그 농지의 소유자, 농지를 매수당하는 지주, 기타 자영하고자 하는 자의 순서로 결정된다.[80] 여기서 '자영하고자 하는 당해농지

---

76) 1950년 3월 법개정 이전에는 宿根性作物地라고 하였다.

77) 김성호 외 3인, 앞의 책(『농지개혁사연구』), 662면 참조.

78) 1950년 농지개혁법시행령 제21조 "과수원, 종묘포, 상전 등 다년성식물재배 농지를 시가에 의하여 사정하는 방법은 입찰경매방식에 의한다."

79) 1950년 농지개혁법시행령 제21조 참조.

80) 전문기술, 경험, 자금력 등 경영능력을 확인하기 위해 경매입찰신청서에는 신청자의 경력 및 가족상황을 상세히 기술하고 시·읍·면장이 발급하는 자산증명서를 첨부하게 했다. 특히 ③, ④ 순위자의 입찰자격은 그 다년성식물재배 경험이 3년 이상이고 그 식물에 대한 학식이 풍부하고 직접 영농하는 자이어야 했다. 이렇게 해서 신청하면 시장, 군수는 신청서 접수일로부터 10일 이내에 특별 사정위원회의 의결을 거쳐 입찰자격의 유무를 결정하여

의 소유자', 즉 경매대상농지의 소유자(지주)에게 2위의 우선순위를 주는 것은 문제가 있었다. 왜냐하면 낙찰가격이 곧 지주에 대한 보상액이 되므로 자신이 낙찰받기 위해서 다른 입찰자보다 훨씬 높은 가격에 입찰할 가능성이 있었고, 낙찰되지 않더라도 보통의 평가액보다 훨씬 많은 보상액을 받을 수 있기 때문이다. 물론 입찰 가격에 대해 부적당하다고 정부가 인정할 때에는 매각을 거부하고 따로 사정한 가격에 의해서 처분할 수 있었다.[81] 그런데 이 경우에 입찰가격이 부정당한지 여부는 그것이 정부 사정가격보다 낮은 경우에만 해당되었다. 따라서 사정가격 이상의 입찰가격에 대해서는 부적당한 가격이라 하더라도 이에 대한 법적 장치가 없었다.[82]

(4) 매수의 효과

매수로 인하여 종래의 소유자는 그 농지의 소유권을 상실하고, 정부가 그 농지의 소유권을 취득하게 된다. 즉 농지개혁법의 공포와 동시에 전 소유권은 상실되고, 정부가 소유권을 당연히 취득하게 된다. 정부의 소유권취득은 원시취득이기 때문에 대항요건으로서의 등기를 필요로 하지 아니한다.[83] 그런데 판례와 같이 정부가 법 공포일에 소유권을 취득한다고 할 경우에 제27조 단서의 증여[84] 또는 법시행령 제7조 소유상한 초과농지 선택 등의 경우[85]

신청자에게 통지했다

81) 1950년 농지개혁법시행령 제21조 2항 참조.
82) 김성호 외 3인, 앞의 책(『농지개혁사연구』), 663면 참조.
83) 대법원 2003. 10. 10. 선고 2002다56666 판결 참조.
84) 1950년 농지개혁법 제27조 "본법 공포일 이후의 좌기행위를 금지한다. 단, 본 법 시행상 필요한 행위는 예외로 한다. 1. 자경하지 않는 농지의 매매와 증여."
85) 농지개혁법 시행령 제7조 "3정보 이상 농지를 자경 또는 자영할 경우에 법 제6조 제1항

를 어떻게 해석하여야 하는지 문제가 된다. 농지개혁법 제5조 제2호가 농가 아닌 자의 농지를 정부가 매수한다고 규정한 취지는 동법 제1조가 밝히고 있는 것처럼 농지를 농민에게 적절히 분배하려는 데 그 목적이 있는 것이다. 따라서 정부의 농지에 대한 당연매수취득은 나중에 그 매수된 농지가 분배되지 않을 것을 해제조건으로 하는 것이라고 보아야 한다. 만일 그렇게 보지 않는다면 농지개혁법의 시행으로 정부가 매수취득한 농지가 그 뒤에 시행된 법률(예를 들어 도시계획법)에 의하여 분배할 수 없게 된 경우에는, 결과적으로는 정부는 농지분배를 가장하여 분배도 하지 않고 농지의 소유권을 취득하게 되는 현상이 발생한다. 이것은 농지개혁법 제1조나 제20조의 입법취지에 반하는 것이다.

법 제5조 2호의 매수농지에 대하여는 그 소유자에게 보상하여야 한다. 보상절차는 다음과 같다. "소작을 준 농지에 대하여 보상을 받고자 하는 자는 보상받은 농지를 실제 소유하고 있다는 사실을 증명하는 소재지위원회 및 구청장, 시장 또는 읍·면장의 확인을 얻은 후에 일정한 서식에 의한 서면을 본령 공포일부터 기산하여 40일 이내에 그 거주하는 지방의 지방장관에게 제출하여야 한다(농지개혁법시행령 제13조)." 매수농지에 대한 보상액의 산정은 법 제7조가 규정한다. 다만 과수원·상전·종묘포 기타 다년성식물을 재배하는 농지에 대하여는 경매입찰방법에 의해 분배하는데, 그 보상액은 그 경매입찰가격이 된다. 보상방법은 정부가 지가증권을 발급하여 하는데 법 제8조가 규정하고 있다.

제1호의 규정에 의하여 매수되는 농지는 그 소유자의 선택에 의한다."

4. 농지분배 및 상환방법

정부는 분배대상농지를 수분배적격자에게 분배하게 되는데, 이러한 농지분배행위는 행정 주체가 구체적 사실에 관한 법집행행위로서 행하는 행정처분이라고 할 수 있다.[86] 여기서 분배대상농지란 법 제5조 1호의 귀속농지와 2호의 매수농지이다. 그리고 법제18조와 제19조에 의해서 정부가 취득하는 농지도 이에 해당된다.[87]

법 제11조는 일반농지에 대한 수분배적격자의 순위를 규정하고있다. 현재 당해 농지를 경작하는 농가는 1순위의 수분배자가 된다. '현재' 당해 농지를 경작하는 농가란 '법 공포일' 현재 경작하는 농가를 말한다. 현재 당해농지를 '경작하는 농가'란 실제로 경작하는 것을 의미한다.[88] 법 공포 당시 당해 농지를 경작하는 농가는 그 농지에 대한 분배가 있을 때까지는 그에 대한 경작권을가지기 때문에 경작권에 기초하여 방해배제청구를 할 수 있으며, 경작권의 확인을 구할 수도 있다. 그리고 법 공포 당시 당해 농지를 경작하는 자는 당해 농지를 국가로부터 분배받을 수 있는 권리를 가진다. 당해 농지가 법 제12조의 일가당 최대경영면적을 초과할 경우에는 분배 시까지 경작권은 있으나 분배받을 권리는 없

---

86) 박윤흔, 『행정법강의』(상), 박영사, 1997, 288면 참조.
87) 제18조 "농지의 분배받은 자가 정당한 이유 없이 상환금을 납입하지 아니하는 경우에는 정부는 당해 농지의 반환을 요구하기 위하여 소할법원에 제소할 수 있다." 제19조 "상환을 완료하지 아니한 농지수분배자가 絶家轉業移居(절가전업이거)로 인하여 이농하거나 또는 농지의 전부 혹은 일부를 반환할 때에는 정부는 기상 환액의 전액 혹은 일부, 지상물 또는 농지의 개량시설이 있을 때에는 전액을 보상하여야 한다." 제20조 "전 2조 또는 기타에 의하여 정부가 취득한 농지는 본 법에 의하여 분배한다."
88) 다만 법시행령 제33조 단서의 법 공포일 전에 경작권의 반환조정 또는 판결이 확정된 것일 경우에는 경작하고 있지 않아도 된다.

다. 그리고 경작능력에 비하여 과소한 농지를 경작하는 농가, 농업경영에 경험을 가진 순국열사의 유가족, 영농력을 가진 피고용농가, 국외에서 귀환한 농가의 순으로 수분배적격자가 된다. 법 시행령 제21조는 특수농지, 즉 과수원·種苗圃·桑田 등 다년성식물재배 농지를 입찰경매방식에 의하여 분배하도록 정하고 그 최고 경매입찰 가격으로써 매수할 수 있는 자의 순위를 정하고 있다. 즉 제1순위는 당해 농지의 관리인(귀속농지는 그 임차인), 제2순위는 자영하고자 하는 당해 농지의 소유자, 제3순위는 농지를 매수되는 지주, 제4순위는 기타 자영하고자 하는 자이다.

일반 농지의 분배절차와 과수원 등 특수 농지의 분배절차는 서로 다르다. 일반 농지의 분배절차는 다음과 같다. 구청장·시장·읍·면장은 농지소표(農地小票)에 의한 대상지 조사를 행하고 소유지 농지위원회를 거쳐서 농가별 분배농지 일람표를 작성한다. 그리고 10일간의 열람기간을 두고 열람기간이 경과하도록 소재지위원회에 이의신청이 없을 때에는 그 분배가 당연 무효인 경우를 제외하고는 일람표대로 분배가 확정된다. 그 확정은 기재된 농지가 농가에게 분배되는 것으로 확정하는 것이다. 이렇게 농지소표가 작성이 되었다면 특별한 사정이 없는 한 법 시행령 제32조에 의한 대지조사를 한 것으로 추정되고, 상환증서의 발행 또는 상환완료를 원인으로 한 소유권이전 등기가 있으면 적법하게 분배한 사실이 있는 것으로 추정된다. 특수농지의 분배절차는 법 시행령 제21조에 규정되어 있는데, 과수원, 種苗圃, 桑田 등 다년성식물재배 토지는 입찰경매의 방식에 의하여 분배한다. 분배의 효력은 수분배자가 분배받은 농지에 대하여 상환완료를 정지조건으로 하여 소유권을 취득한다.[89] 분배농지에 대한 상환을 완료하였을 때는 수분배자는 도, 구, 읍, 면의 장에 대하여 그 농지에 대한 소유권이전등기를 청구할 수 있다. 판례는 농지의 분배행위(행정처분)에 있어 하자가 명백하고 중대한 경우에는 그 행정처분은 당연히 무효라는 입장이다.[90]

상환액 및 상환방법은 법 제13조가 규정하고 있다. 즉 상환액은 법 제7조에 의하여 결정한 당해농지의 보상액과 동일하다. 상환방법은 분배받은 후 5년간 均分年賦로 매년 정부가 지정하는 대금을 납입해야 한다. 농가의 희망과 정부가 인정하는 사유에 따라서 일시에 상환할 수도 있고 상환기간을 조정할 수도 있다. 다만 이 경우의 상환의 연장 또는 체납으로 미납된 제1, 2, 3년차분의 상환에 대하여는 정부가 지정한 현물 또는 대금으로 최종상환일로부터 3년 이내에 상환하여야 한다. 수분배자가 정당한 이유가 없이 상환금을 납입지 않는 경우에는 국세징수법 체납처분의 예에 의한다 (법 제18조).

5. 농지개혁 시행상의 문제점

농지개혁법에 근거하여 농지개혁이 시행되는 과정에서 다음과 같은 문제가 발생하였다. 먼저 농지개혁 후 지속적으로 3정보 초과농지나 비농민의 소유농지에 대하여 국가가 적극적으로 강제매

---

89) 수분배자가 상환을 완료하여 그 농지에 대한 소유권을 취득하는 것은 법률의 규정에 의한 물권변동으로서 구민법하에서도 대항요건으로서의 등기를 요하지 않고 신민법하에서도 효력요건으로서의 등기를 요하지 않는다. 다만 신민법하에서는 등기를 하지 않으면 이를 처분할 수 없다(민법 제187조 참조).
90) 대법원 1962. 12. 20. 선고 62다676 판결.

수를 하고, 매수된 농지를 실제경작자에게 분배하는 조치를 취하지 아니하였다. 이러한 이유로 농지개혁이 단행된 이후에 다시 3정보를 초과하는 소유자와 부재지주들이 증가하는 현상이 나타나게 되었다.[91] 그리고 동법 제17조는 특수한 경우를 제외하고 농지의 소작, 임대차 또는 위탁경영을 금지하고 있었다.[92] 그런데 농지개혁법의 시행 이후에 경제성장과정에서 농지보유의 엄격성이 일정한 변화를 맞게 되었다.[93] 이것이 법규범의 형태로 나타난 것이 「농지담보법」[94]이다.[95] 그리고 「농지의 보전 및 이용에 관한 법률」 제10조 내지 제11조도 유휴농지와 2년간 기준수확량이 미달되는 농지의 경우에 대리경작을 허용하였고, 「농지확대개발촉진법」 제55조도 개간농지로서 일정한 경우에는 농지의 대리경작

---

91) 고창현, 「농지소유제도와 부재지주」, 『사법행정』, 1989. 6., 17면 참조.

92) 그 특수한 경우로는 몰수 또는 국유화된 농지, 질병・취학・공무 등 부득이한 사유로 일시 이농하는 경우의 농지, 동법 제5조에 규정한 국가의 매수대상이 되지 않는 농지, 예컨대 位土, 공공기관의 토지, 3정보소유제한을 받지 않는 대규모 개간・간척지 등의 토지는 임대가 불가피하게 인정되었다.

93) 이승우, 「구동독의 재산처리원칙에 비춰 본 남북통일 후의 북한지역의 재산처리문제」, 『성곡논총』25집 상권, 성곡학술문화재단, 1994. 6., 627면 참조.

94) 농지담보법은 1966년 8월 3일 법률 1813호로 제정되었다. 이 법은 1993년 6월 11일 농어촌발전특별조치법(법률 제4552호)의 제정으로 폐지되었다.

95) 이 법은 농지를 담보로 제공하여 농업자금을 원활히 조달하게 함으로써 농가경제를 향상시키기 위하여 제정되었다. 농지저당권자는 저당권설정자가 변제기에 채무를 이행하지 않을 경우에 자신이 보유하고 있는 농지저당권을 실행하여 경매를 실행시킬 수 있는데, 경매를 2회 실시하여도 경락자가 없을 경우에는 농지저당권자가 농지개혁법의 규정에도 불구하고 그 담보농지를 인수할 수 있도록 하였다(제4조 1항). 그리고 농지저당권자가 될 수 있는 자는 농업협동조합 및 대통령령이 정하는 법인과 민법상의 저당권자가 이에 해당된다. 농업협동조합 등인 농지저당권자가 인수한 농지는 대통령령이 정하는 바에 의하여 농가에 공매하여야 되는데, 농지를 매수할 수 있는 자를 法定하고 있었다. 즉 적격농가(適格農家) 또는 적격농가가 될 수 있는 자만이 공매에 참여하여 농지를 매수할 수 있도록 하였다(동조 2항). 여기서 농지란 농지개혁법 제2조의 규정에 의한 농지를, 적격농가란 3정보(町步) 이하의 농지를 가진 농가를 말한다. 민법상의 농지저당권자는 인수한 농지를 농가 또는 농가가 될 수 있는 자에 임대 또는 위탁 경영시킬 수 있다. 이 경우 경매개시 당시의 담보농지소유자에게 우선권을 주도록 하였다(동조 2항).

을 허용하고 있다.[96] 또한 「홍삼전매법」 제5조에 의하여 連作이 불가능한 인삼경작의 경우에도 농지임대 또는 위탁경영을 허용하고 있다. 이것은 더 이상 경자유전의 원칙만을 절대적으로 고수할 수 없게 되었다는 것을 의미한다.[97]

6. 논의의 정리

국가에 의한 인위적인 토지소유제도의 재편이 없이는 불합리한 소작·지주제의 문제를 해결할 수 없다는 고려에서 농지개혁법 (1949. 6. 21. 법률 제31호)이 제정되었다.[98] 이 법은 경자유전의 원칙을 정립하기 위하여 정부가 농지를 지주로부터 유상취득하여 소작농민에게 유상분배하는 형식을 취하고 있었다. 따라서 자작농을 육성하기 위하여 자경하는 농지라 할지라도 농가당 총면적이 3정보를 초과하여 소유할 수 없도록 하였다.[99] 그리고 분배농지의 한도도 농지의 종목, 등급 및 농가능력을 기준으로 한 점삭제에 기초하여 일농가당 총경영면적이 3정보를 초과하지 못하도록 하였다.[100] 뿐만 아니라 농지소유권의 이전과 소작 및 이에 유사한 행위를 금지함으로써 소유권의 공공성을 확립하려고 하였다. 이러한 점에서 본다면 농지개혁법은 사회일반의 공공성을 고려한 사

---

96) 시장·군수는 재해 기타 불가항력의 사유 없이 대통령령이 정하는 농지에 대하여는 1년 이상 3년 이내의 기간을 정하여 타인(대리경작자)으로 하여금 대신하여 경작하게 할 수 있도록 하였다(제4항). 이 경우 대리경작자는 당해 연도 수확량의 1할을 토지소유자에게 임차료로 지불하여야 한다(제5항).
97) 고창현, 앞의 글(「농지소유제도와 부재지주」), 17면 이하 참조
98) 권병탁, 「농지개혁의 과정과 경제적 기여」, 『농업정책연구』제11권 제1호 1984, 191면.
99) 농지개혁법 제6조 제1호 및 제5조 제2호 참조.
100) 농지개혁법 제12조 제1항 참조.

회법적 성질의 법률이라고 할 수 있다. 물론 농지개혁법의 시행과정에서 문제가 전혀 없었던 것은 아니었다. 먼저 매수대상농지의 판단기준을 법 공포 시로 하였기 때문에 농지개혁 이후에 다시 3정보를 초과하는 소유자와 부재지주들이 증가하는 현상이 나타나게 되었다. 그리고 경제성장 및 도시화가 가속되어 가는 과정에서 농업기피현상이 발생하게 됨에 따라서 경자유전의 원칙만을 절대적으로 고수할 수 없게 되었다. 이에 따라서 현행 헌법도 경자유전의 원칙에 따라 농지의 소작제도를 금지하면서도, 농업생산성의 제고와 농지의 합리적인 이용을 위하여 임대차 및 위탁경영을 허용한다고 규정하고 있다(제121조). 이러한 남한의 농지개혁법의 규정과 시행상의 문제점은 통일 이후 북한의 농지개혁과정에서 중요한 참고가 될 수 있다. 통일 이후 북한의 경우에 특히 문제가 되는 것이 농지소유의 한도라고 할 수 있다. 그런데 획일적으로 농지의 상한을 3정보 내지 5정보 결정할 것은 아니라고 생각한다. 현재 협동농장의 생산량과 남한의 농업기술력이 이식되었을 경우의 농업생산성의 향상 정도를 고려하여 그 소유상한을 합리적으로 결정하는 것이 타당하다. 특히 북한의 농업생산력이 향상이 되지 않았던 이유는 토지의 사용권만을 국가가 인정하고, 수익권을 인정하지 않았기 때문에 농업의욕이 고취될 수 없었다. 따라서 농지소유권의 분배를 전제로 하여 현재의 협동농장체제를 존속시키는 방향에서 대규모의 기업농을 집중적으로 육성한다면 조속한 시기에 농업생산성이 향상될 것으로 기대된다.

제3절 북한의 경우

Ⅰ. 문제상황

북한의 사회주의적 소유제도는 해방 직후의 토지개혁부터 3단계의 과정을 거쳐서 확립되었다. 즉 해방 이후에 북한정권은 다수의 농민들의 정치적 지지를 확보하기 위해서 1946년 3월 5일부터 3월 31일 사이에 신속하게 토지개혁을 단행하였다. 그 내용은 일본국 및 일본인, 민족반역자 및 도주자, 상당수의 지주 그리고 종교단체의 소유토지를 무상으로 몰수하여 소작농, 빈농, 고용농민 등에게 무상분배하는 것이었다.[101] 또한 동년 8월 10일 일제하에 있던 중요산업의 1,034개 대기업을 무상으로 국유화하였다. 해방 직후의 이러한 토지개혁과 대기업의 국유화조치에 의해서 기존의

---

101) 당시 몰수당하지 않은 농민은 311,586戶(811,920정보의 토지) 정도 존재하였고 임야는 대부분 국유화(7,724,424정보)하였으나 민간소유로 2,012,448정보를 인정하였다(북한경제통계자료집, 한림대학교아시아문화연구소, 1994, 47면, 135면 참조).

지배계급의 경제적 토대는 박탈되었다. 이것이 사회주의 소유권을 확립하기 위한 1단계라고 할 수 있다. 2단계는 1953년부터 1958년까지 농업협동화 과정을 통하여 생산수단의 사적 소유를 철폐하는 단계이고, 3단계는 1972년 헌법에 사회주의적 국유 및 협동단체소유를 명시함으로써 사회주의적 소유제도가 확립되는 단계라고 할 수 있다. 그런데 이렇게 북한에서 사회주의적 소유제도를 확립하는 과정에서 몰수된 재산권을 통일 이후에 원소유자가 반환받을 수 있는지 문제가 된다. 이 재산권문제는 해방 직후에 북한지역에서 소련점령기간 동안에 시행한 사유재산의 무상몰수를 어떻게 처리하여야 하는지, 그리고 정부수립 이후에 국유화조치를 어떻게 해결하여야 하는지 등 매우 복잡한 문제라고 할 수 있다.[102]

이하에서는 통일 이후에 원소유권의 회복문제가 어떠한 과정을 통하여 발생되었는지를 구체적으로 살펴볼 필요가 있다. 이를 위해서는 일제강점기에 이식된 토지소유제도가 해방 이후에 북한지역에서 재편된 배경을 우선 살펴볼 필요가 있다. 그리고 해방 직후에 「토지개혁에 대한 법령」에 근거하여 무상몰수, 무상분배의 토지개혁이 어떠한 과정을 통하여 진행되었는지, 그리고 그 결과

---

102) 통일 이후 북한의 재산권문제는 일차적으로 해방 직후에 소련점령시기에 행해진 재산권몰수의 토지개혁과 중요산업의 대기업 무상몰수 등 조치가 있고, 이후의 1948년 9월 9일 북한정권수립 이후에 행해진 이차적인 국유화조치가 있다. 그런데 합의통일의 경우에는 북한을 대등한 정부로서 인정하기 때문에, 그리고 흡수통일의 경우에도 북한을 대등한 정부로 인정할 경우에는 후자의 국유화조치는 논의범위를 벗어나게 된다. 따라서 흡수통일을 하고 북한정권을 반국가적 불법단체로 인정할 때, 비로소 재산권문제는 가장 넓은 범위로 전개된다. 이 연구에서 다루는 재산권문제는 합의통일과 흡수통일의 두 가지 경우를 전제로 하되, 북한을 대등한 정부로서 인정하는 입장에서 논의하기 때문에 소련점령군의 대규모몰수 조치가 그 핵심이 된다. 이에 대해서는 제4장에서 상세하게 다룬다.

를 어떻게 평가하여야 하는지도 검토의 필요성이 있다. 또한 북한 정권이 수립된 이후에 협동화과정을 거치면서 개인의 사적 소유 가 사실상 부인되면서 1972년 헌법에 의해서 사회주의 토지소유 제도가 확립되어 가는 과정을 검토하고, 마지막으로 1990년 경제 개방 이후에 북한의 토지소유제도 변화과정을 이해하기 위하여 최근에 개정된 「토지임대법」(1999. 2. 26. 최고인민회의 상임위원 회 정령 제484호)의 내용을 소개하고자 한다.

Ⅱ. 해방과 일본인 소유재산의 몰수

1. 의 의

북한정권은 해방 이듬해인 1946년 3월 5일 북한지역에 「토지개 혁에 대한 법령」을 제정·공포한다. 이 법령의 핵심은 '무상몰수 와 무상분배'에 의한 토지개혁이었고, 이 토지개혁으로 인하여 김 일성은 국민의 절대다수를 차지하고 있었던 농민들의 지지를 받 게 된다. 왜냐하면 당시의 토지개혁은 북조선임시인민위원회(위원 장: 김일성)의 명의로 진행되었기 때문이다.[103] 이 법령에 따르면 기존에 형성되어 있었던 토지소유제도를 전면적으로 부정하여, 일 본국가·일본인·민족반역자 소유의 토지와 면적이 5정보 이상 인 조선인 소유의 토지 등[104]을 무상으로 몰수하여 무산농민들에

---

103) 토지개혁을 위하여 북조선임시인민위원회는 김일성의 이름으로 1946년 3월 5일 「토지개 혁에 대한 법령」을 제정·공포하였다 이 법령의 구체적 내용에 대해서는 정경모·최달 곤, 『북한법령집』제2권, 대륙연구소, 1990, 273 - 274면 참조.
104) 몰수대상인 토지에 대해서는 「토지개혁에 대한 법령」 제2조 및 제3조 참조.

게 무상으로 분배하고, 이들에게 분배되지 않은 나머지 토지에 대해서는 북조선임시인민위원회에 그 처리를 위임하는 것으로 하였다.[105] 그리고 1947년 3월 22일에는 '산림에 관한 결정서'가 공포되어 묘지 등을 제외한 전 산림이 국유화되었다. 또한 같은 일자로 공포된 '대지 및 잡종지에 관한 결정서'에 의하면 타인에게 임대한 대지는 몰수하여 그 대지의 점유자인 임차인의 소유로 무상분배함과 동시에 주택의 임대차제도를 금지하고 타인에게 임대한 공장, 기업소, 광산, 병원, 학교, 사무실 등은 모두 무상으로 국유화하였다. 그리고 일체의 잡종지 역시 무상몰수되었다.[106] 북한정권은 이러한 무상몰수, 무상분배의 토지개혁 이후에 중요 생산시설 등을 몰수하여 국가에 점진적으로 귀속시킴으로써 국유화의 범위를 확대시켜 나갔다.

2. 북한정권의 토지소유제도 재편

(1) 토지소유제도 재편의 필요성

해방 후 북한정권은 반제반봉건적 민주주의 혁명을 수행하기 위해서는 첫째 과업으로 토지개혁이 이루어져야 한다고 강조하였다.[107] 그 이유는 다음과 같이 설명하고 있다. 북한지역에 민주주의·자주독립 국가를 건설하기 위해서는 우선 일제잔재세력과 봉건세력이 청산될 필요가 있다.[108] 이들은 새로운 민주조선의 건설

---

105) 무상몰수된 토지의 규모는 1,000,325町步이고 그중 98.1%인 981,390町步가 농민에게 무상분배되어 사적 소유권이 인정되었다(법원행정처, 『북한의 부동산제도』, 1997, 324면).
106) 배병일, 「통일한국의 토지소유제도 개편방향」, 『북한연구』제4권 제3호, 195면 참조.
107) 손전후, 『우리나라 토지개혁사』, 과학백과사전출판사, 1983, 69면 참조.

에 반대하고 있을 뿐만 아니라 봉건적 착취관계를 회생시키려고 한다. 따라서 토지개혁을 통하여 반동세력의 경제적 기반을 없애고, 농민들을 봉건적 착취에서 해방시켜야 한다. 그런데 봉건적 예속과 착취를 청산하는 과업은 반제반봉건의 민주주의 혁명단계에서 토지개혁[109)]에 의해서만 해결될 수 있다.[110)]

해방 직후 북한지역의 토지개혁배경을 보다 구체적으로 이해하기 위해서는 토지개혁 당시의 토지소유관계와 농민구성을 정확히 파악할 필요가 있다. 1943년 말의 통계에 따르면, 북한의 총 경지면적은 1,982,431정보이고, 총 경지면적의 58.2%인 1.154.838정보가 전체 농가호수의 4%에 불과한 지주의 소유였다. 이 중에서 논의 72.4%, 밭의 53.8%가 지주의 소유였던 것이다. 그리고 농민구성에 있어서는 완전자작농이 전체 농가호수의 25%, 반자작농이 30.8%, 완전소작농이 43.38%, 농촌고용자가 0.95%였다. 평양시 주변 농촌의 경우를 살펴보면, 전체 농가호수의 4.5%에 불과한 지주가 총경지면적의 80.5%를 차지하고 있었다.[111)] 강원도 이천군의 경우에는 두 명의 지주가 전체 경지면적의 80%를 차지하고 있었다.[112)] 이러한 통계수치에 따르면 남한과 마찬가지로 농촌사회의 계급분화현상과 토지소유의 집중화가 심각하였다고 할 수 있

---

108) 손전후, 앞의 책(『우리나라 토지개혁사』), 70면 참조.
109) 북한은 토지개혁을 "농민들을 봉건적 착취와 압박에서 해방하기 위한 민주주의적 경제개혁" 또는 "봉건적 토지소유관계와 착취관계를 청산하고 새로운 토지소유 및 이용관계를 확립하는 경제개혁"이라고 정의하고 있다(사회과학원 경제연구소, 『경제사전 2』, 사회과학출판사, 1970, 663면).
110) 손전후, 앞의 책(『우리나라 토지개혁사』), 71면 참조.
111) 국립출판사, 『평양지』, 1958, 585면; 손전후, 앞의 책(『우리나라 토지개혁사』), 72면 참조.
112) 강원일보 1949년 7월 26일자, 손전후, 앞의 책(『우리나라 토지개혁사』), 72면 참조.

다.[113]

(2) 해방 직후의 토지개혁에 대한 논의

1) 각 정치세력의 토지개혁논의

해방 이후에 북한지역에서도 토지개혁에 대한 필요성은 공통적으로 인식하고 있었다. 그러나 토지개혁의 범위와 관련해서는 각 정치세력의 견해가 상이하게 나타났다.

조선공산당의 토지개혁론은 다음과 같다. 해방이 되자 즉시 박헌영은 8월 20일 조선공산당 재건준비위원회를 결성하면서 '현정세와 우리의 임무'라는 테제[114]를 내부적으로 제시하고, 이를 잠정적인 정치노선으로 채택하였다. 이른바 '8월 테제'로 불리는 이 정치노선은 조선공산당의 토지개혁에 대한 원칙이 포함되어 있다.[115] 박헌영은 한국사회에서 자본주의적·봉건적 잔재를 일소하고 자유발전의 길을 열어 주기 위해서는 토지문제를 혁명적으로 해결하여야 한다고 하면서, 다섯 가지의 원칙을 제시하였다. 그 내용은 일제반역자와 대지주의 경우에는 토지를 무상몰수하고, 중소지주의 경우에는 경작지 이외의 토지를 몰수하며, 노동력과 가족인구수에 비례하여 몰수한 토지를 분배하고, 조선의 전 토지를 국유화하여야 하며, 국유화될 때까지 농민위원회·인민위원회에 의하여 몰수한 토지를 관리하여야 한다는 것이었다. 이 '8월 테

---

113) 유인호, 「해방후 농지개혁의 전개과정과 성격」, 『해방전후사의 인식 1』, 한길사, 1989, 407면 참조.
114) 정치적·사회적 운동에서 그 기본 방침을 규정한 綱領 또는 운동 방침을 독일어로 These 라고 한다.
115) 김남식, 『남노당' 연구』 II, 돌베개(서울), 1988, 22면.

제' 이후 조선공산당이 공식적으로 제시한 토지정책은 1945년 10월 3일의 '조선공산당 토지문제에 대한 결의'이다.[116] 그 내용은 일본제국주의자·민족반역자·대지주·고리대를 하는 사람의 토지와 중소지주의 토지 중에서 경작하지 않는 토지는 몰수해야 된다는 것이다. 당면투쟁의 목표로는 소작료의 3·7 금납제를 실시하여야 한다고 제시하면서, 이러한 소작료인하 투쟁을 통하여 지주 대 농민 간의 계급적 투쟁을 조직적으로 할 것을 주장하였다. 그리고 3할 이상의 소작료를 지주가 요구할 경우에는 소작농들이 단결하여 불납투쟁이라는 계급투쟁하여야 한다고 강조하였다.[117] 이렇게 조선공산당의 토지개혁론은 전 국토의 국유화를 상정하면서도 몰수토지의 사적 분배와 지주를 전제로 한 소작료 인하투쟁을 또한 강조한 것을 보면 논리적 모순으로 보일 수 있다. 그러나 정치기반을 공고히 하기 위해서는 절대다수인 농민의 지지를 얻어야 하였기 때문에 전면적인 토지의 국유화를 주장하기보다는, 이러한 과도기적인 조치를 할 수밖에 없었을 것으로 생각된다.

조선신민당의 토지개혁론은 다음과 같다. 조선신민당은 중국의 화북지방에서 항일전에 참가했던 사람들이 1941년에 결성한 독립동맹을 모체로 결성되었다. 독립동맹원들은 1945년 11월 말에 북한에 귀국한 이후 1946년 2월 16일 김두봉을 주석으로 해서 결성이 되었다. 조선신민당은 지식인계층과 사무직의 근로자로 구성되

---

116) 해방일보, 1945년 10월 3일자.
117) 3·7금납제는 여전히 지주제가 존속하는 것을 전제로 한 것이지 때문에, 이 결의는 아직 완전한 사회주의식 토지개혁을 목표로 하는 것은 아니다(고준석, 『민족통일투쟁과 조선혁명』, 힘(서울), 1988, 20면; 이대근, "북한의 토지개혁에 관한 연구", 고려대학교 대학원 (석사학위논문), 1989, 26면 참조).

었다.[118] 조선신민당의 토지개혁의 내용은 다음과 같다.[119] 일본 제국주의자 및 친일분자의 토지는 몰수하고, 몰수한 토지는 경작하는 농민에게 분배되어야 한다. 그리고 소작제도는 폐지한다. 조선신민당의 토지개혁은 친일세력들의 토지를 유상으로 몰수하여야 하는지 아니면 무상으로 몰수하여야 하는지에 대하여 불명확하지만, 다른 정치세력과 구별되는 가장 중요한 특징은 소작제를 폐지한다는 점을 명백히 하고 있다는 것이다.

평남인민정치위원회의 토지개혁론은 다음과 같다. 평남인민정치위원회의 기본적인 토지개혁에 대한 구상은 1945년 10월 16일의 평남인민정치위원회의 '施政大綱領'에 구체적으로 나타나 있다.[120] 그 내용은 일본제국주의자 및 친일분자가 소유한 토지·회사·금융기관·공장·탄광·운수·교통·상업소·기타 일체의 생산기관과 재산을 몰수하여 국유로 하고(제1조 참조), 소작료는 3·7제로 한다는 것이었다(제6조 참조).[121] 즉 개인의 사적 소유와 사유재산은 존중되어야 하고, 일본제국주의자 및 친일세력들의 토지만을 몰수하여 농민에게 분배하는 토지개혁이 실시되어야 한다는 것이다. 또한 농민의 소작료는 고율이기 때문에 최소한 3·7제로 해야만 농민들이 빈곤에서 벗어날 수 있다고 생각하였다.[122]

2) 1946년 토지개혁에 대한 북한정권의 입장

북한지역에서 시행된 1946년의 토지개혁에 대해서 북한정권은

118) 사쿠라이 히토시 외, 『한국 현대사의 재조명』, 돌베개(서울), 1982, 391면.
119) 조선통신사, 『조선연감』, 1947, 331면.
120) 이대근, 앞의 글("북한의 토지개혁에 관한 연구"), 26면 참조.
121) 김남식, 『조선노동당연구』, 통일원조사연구실(서울), 1976, 40면 참조.
122) 해방일보, 1945년 10월 31일자.

다음과 같이 주장하고 있다. 일제강점기의 항일혁명투쟁시기에 김일성은 두만강연안에 유격근거지를 창설하였는데, 이 지역에서 실시한 토지개혁의 혁명전통을 계승·발전시킨 것이 바로 1946년의 토지개혁이라고 한다.[123] 이러한 주장을 보다 구체적으로 살펴보면 다음과 같다. 김일성은 1931년 12월 연길현 명월구에서 진행된 당 및 공청간부회의에서 제시한 '유격근거지 창설방침'에 따라서 두만강연안의 지역에 유격근거지를 창설하였다. 이 유격근거지에서 김일성은 인민혁명정부를 수립하고, 식민지적 및 봉건적 예속에서 인민들을 해방시키기 위한 민주주의적 개혁을 실시하기 위한 방침을 제시하였다.[124] 이러한 유격근거지에서 시행한 민주개혁조치는 장차 해방된 조국에서 세워야 할 사회제도의 원형으로 매우 중요한 일이었다.[125] 1930년 두만강연안의 간도일대에는 약 42만 명의 조선인이 이주해서 살고 있었고, 그 지역 주민의 80%를 차지하고 있었다. 당시에 시행한 경제적 개혁조치의 대표적인 것이 토지개혁이었다. 유격근거지에서는 농업이 경제의 기본을 이루고 있었기 때문에 절대다수가 농민이었다. 전체 농가의 35%가 소작농이었고, 자작 겸 소작농은 23%, 자작농은 33%이었다. 당시에 이주한 빈농들은 그곳에서도 일제와 지주들의 가혹한 착취를 당하고 있었다. 그들이 지주에게 바치는 소작료는 수확고의 80%에서 심지어 90%에 달하였다. 그리고 잡세도 무려 90여 종이나 되었다. 이러한 조건에서 토지개혁을 실시하지 않고는 농민들을 봉건적 예속에서 해방시킬 수 없으며, 농민들의 생활수준을 근본

---

123) 손전후, 앞의 책(『우리나라 토지개혁사』), 68면 참조.
124) 손전후, 앞의 책(『우리나라 토지개혁사』), 61–67면 참조.
125) 손전후, 앞의 책(『우리나라 토지개혁사』), 61면 참조.

적으로 개선시킬 수 없는 상황이었다.[126]

유격근거지에서의 토지개혁은 김일성이 제시한 토지강령에 기초하여 실시되었다. 즉 '토지는 밭갈이하는 농민들에게'라는 구호 하에서 일제와 친일주구, 친일지주들의 토지를 무상으로 몰수하여 토지가 없거나 적은 농민들에게 무상으로 분배한다는 것이 토지개혁의 방침이었다. 인민혁명정부는 김일성이 제시한 토지개혁방침에 기초하여 토지문제를 해결한 구체적인 세칙을 작성하였다. 세칙에는 토지몰수의 대상과 분여대상, 토지분여의 기준과 절차 및 방법들을 규정하였다. 이를 구체적으로 살펴보면 다음과 같다.[127] 첫째, 지주계급 및 주구(중국인, 일본인, 조선인을 가리지 않는다)의 소유재산만을 몰수한다. 둘째, 토지분배는 노동력을 기준으로 하여 평균적으로 분배한다.[128] 그러나 항상 빈농의 이익을 중심으로 한다. 셋째, 여자들에게도 토지를 분배하며, 또 철저한 봉건잔재의 소멸을 도모한다. 넷째, 분여하고 남은 토지가 있는 경우에는 혁명정부가 관리한다. 이러한 토지개혁을 위해서 토지개혁 준비위원회가 조직되었다. 북한은 유격근거지에서의 토지개혁에 대하여, 전체 농민의 희망의 등대로 조국이 해방된 이후에 실시될 토지개혁의 역사적 뿌리가 되었다고 평가하고 있다.[129]

3) 토지개혁논의의 한계: 소련 점령기

해방 이후에 불합리한 토지소유제도를 청산하기 위한 토지개혁

---

126) 손전후, 앞의 책(『우리나라 토지개혁사』), 62면 참조.
127) 손전후, 앞의 책(『우리나라 토지개혁사』), 63면 참조.
128) 남자는 15세 이상 50세 이하, 여자는 15세 이상 40세 이하의 사람을 하나의 노동력(1점)으로 한다.
129) 손전후, 앞의 책(『우리나라 토지개혁사』), 67면 참조.

논의는 남한뿐만 아니라 북한지역에서도 중요한 문제로 인식되고 있었다. 북한지역의 각 정치세력들은 그 구성원의 성분과 정치노선에 따라서 다양한 토지개혁론을 주장하였지만, 공통된 부분도 있었다. 각 정치세력들은 일본제국주의자 및 친일세력들의 토지를 몰수하여 농민에게 분배하여야 한다는 점에서는 일치하였던 것이다. 그런데 유념할 것은 이러한 북한지역에서의 토지개혁론은 처음부터 일정한 한계가 설정될 수밖에 없었다. 왜냐하면 당시 북한지역에 주둔하고 있었던 소련군정당국은 군사력을 기반으로 한 점령고권에 의해서 사회질서를 실질적으로 통제하고 있었기 때문이다. 이러한 사실은 북한지역에서 각 정치세력에 의한 자발적인 토지개혁논의와 상관없이, 소련군정당국의 토지개혁방향에 따라서 북한지역의 토지소유제도가 재편되어야 한다는 것을 의미하는 것이다. 따라서 소련군정당국의 입장과 배치되는 토지개혁논의는 처음부터 無用한 것이다.

(3) 토지개혁의 주체

북한의 토지소유제도의 역사적 형성과정을 살펴보면 유의하여야 될 측면을 내포하고 있다. 북한지역에서 토지개혁이 시작된 것이 1946년이고, 북한정부가 성립된 것은 1948년 9월 9일이다. 이것은 해방 이후 북한지역에서 시행된 토지개혁은 소련군정이 점령하고 있었던 시기에 시작되었던 것이고,[130] 그 완성은 북한정부가 성립된 이후에 이루어졌다는 것을 의미한다. 소련군이 북한을

---

130) 소련군은 해방 이전인 1945년 8월 10일 일본해군기지가 있는 경흥을 시작으로 11일 웅기, 12일 나진을 차례로 공격하면서 북한지역을 점령해 나갔다(기광서, 「해방후 소련의 대한반도정책과 스티코프의 활동」, 한양대아태지역연구센터, 2002, 165면 참조).

점령하고 있었던 1946년은 현재 북한의 토지소유제도의 근간이 마련된 시점이라고 할 수 있다. 즉 1946년에 「토지개혁에 대한 법령」이 제정되었고, 1947년에는 '산림에 관한 결정서' 및 '대지 및 잡종지에 관한 결정서' 등이 제정 및 공포되었기 때문이다. 그런데 1946년과 1947년의 이들 조치는 소련군이 점령고권[131]에 의해서 북한지역의 사회질서를 사실상 통제하고 있었던 시기에 진행되었는데, 토지개혁의 주체는 소련군정당국이 아닌 김일성이 위원장으로 있던 '북조선임시인민위원회'의 명의로 행하여졌다는 점이다. 만일 이 당시에 북한지역에서 이루어진 토지개혁의 주체를 '북조선임시인민위원회'라고 본다면, 해방 이후에 소련군정시기뿐만 아니라 그 이후에 북한지역에서 이루어진 토지소유제도의 재편도 동일한 주체에 의해서, 즉 북한정부가 주체가 되어 행한 것

---

131) 토지개혁실시 이전에 제정된 '북조선임시인민위원회의 구성에 관한 규정'을 살펴보면 북조선임시인민위원회가 '북조선 최고행정주권기관'이라고 명시하고 있다(제1조). 그리고 제2조는 북조선림시인민위원회의 당면과업(임무)을 열거하고 있다. 1. 친일분자 급(及) 반민주적 반동분자를 철저히 숙청하며 유력한 간부를 각 부분 지도사업에 등용하여 각 지방의 행정기구를 강화할 것. 2. 최단기간 내에 일본침략자 급(及) 친일적 반동분자에게서 몰수한 토지와 삼림을 정리하며 적당한 방법으로 조선인 대지주의 토지와 삼림을 국유화시키어 반분소작제(半分小作制)를 철폐하며 무상으로 농민에게 분여하는 토지개혁의 준비기초를 세우기 위하여 노력할 것. 3. 생산기업소를 인민생활 필수품에 수요되는 기업소로 변경하고 그 발전을 도모할 것. 4. 철도, 수운, 통신, 운수 등을 완전히 회복시킬 것. 5. 은행업, 금융기관의 체계를 정리하며 무역, 상업에 대한 정책을 정확히 수립할 것. 6. 중소기업의 개량과 발전을 도모하며 기업가와 상업가들의 창조성을 장려시킬 것. 7. 노동운동을 적극 방조하며 광산기업소와 운수업기관에 공장위원회, 즉 제작소위원회의 광범한 조직망을 설치할 것. 8. 민주주의적 개혁에 적응하도록 인민교육제도를 개혁하며 초등중학교를 확장하며 교원 양성을 재준비하여 국문교과서를 편성할 것. 9. 과거 일본제국주의 교육의 노예화 사상을 청소하기 위하여 진실한 민주주의적 정신으로 인민을 교양하여 각 계층 인민에게 문화계몽사업을 광범히 전개시킬 것. 10. 민주주의적 재판소와 검찰소의 조직과 그 발전을 기할 것. 11. 북조선 인민의 치안을 확보하고 사회의 질서를 방위할 것. 12. 인민들에게 모스크바 3상회의 조선에 관한 결정은 그것이 가장 옳으며 조선인민의 이익을 가장 옳게 해결한 것임을 널리 해설할 것. 13. 붉은군대총사령부가 행하는 모든 행사를 방조할 것(정경모·최달곤, 『북한법령집』제1권, 대륙연구소, 1990, 238면 참조).

으로 볼 수 있다. 1948년 성립된 북한정부는 실질적으로 '북조선임시인민위원회'를 승계한 것으로 양자는 동일성이 인정되기 때문이다.

1946년과 1947년에 실시된 일련의 조치는 그 형식적인 명의에도 불구하고 그 실행 주체를 소련군정당국으로 보아야 한다.[132] 그 이유는 다음과 같다. 첫째, '북조선림시인민위원회 구성에 관한 규정'[133] 제3조는 "북조선림시인민위원회는 북조선에 있어서의 중앙행정주권기관으로서 북조선의 인민 사회단체, 국가기관에 실행할 임시법령을 제정, 발포할 권한을 갖는다."고 규정하고 있었다. 그리고 제8조는 "북조선림시인민위원회가 조직된 날부터 소련군사령부에 속하여 있는 각 국은 북조선림시인민위원회의 지배를 받으며 그 기관으로 편성된다. 각 국장은 북조선림시인민위원회가 북조선림시인민위원 중에서 이를 선임한다. 국장의 해임 또는 전임은 북조선임시인민위원회에서 이를 행한다."라고 규정하고 있었다. 따라서 이 규정에 의한다면 46년의 몰수행위가 북조선림시인민위원회의 주도로 한 것으로 볼 여지도 있다. 그런데 제10는 북조선림시인민위원회의 각 국의 직무에 대해서 규정하고 있는데, 그 직무는 북조선림시인민위원회와 소련군사령부에 제출할 법령과 결정의 초안을 작성하고, 북조선림시인민위원회와 소련군사령부에서 발포한 모든 법령과 결정을 실시하는 것이었다. 이렇게 법형식상으로는 북조선림시인민위원회와 소련군사령부가 同位의 기

---

132) 김병기, 「북한지역 몰수재산권의 원상회복 여부에 관한 고찰」, 『행정법연구』창간호, 1997, 194면 참조.
133) '북조선임시인민위원회의 구성에 관한 규정'에 대해서는 정경모・최달곤, 앞의 책(『북한법령집』제1권), 238면 참조).

관으로 볼 여지가 있지만, 북조선림시인민위원회의 당면과업(임무)이 붉은군대총사령부가 행하는 모든 행사를 방조하는 것이었다 (제2조 13호). 이것은 군사적 실력에 기초하여 북한을 실질적으로 지배·통제하고 있었던 소련군의 점령정책이 그대로 용인되어야 한다는 것을 의미한다. 따라서 북조선림시인민위원회의 법령제정 및 시행은 소련군의 점령정책에 배치되지 않는 범위 내에서만 허용될 수 있는 것이었다. 이러한 전제에 선다면 「토지개혁에 대한 법령」은 소련군정당국의 점령정책의 법적 표현에 지나지 않는 것이다. 그렇다면 북조선림시인민위원회는 소련군사령부의 점령정책을 집행하기 위한 하부조직에 지나지 않으며, 소련군정당국의 용인하에서만 북조선림시인민위원회가 존립할 수 있었다는 점에서 1946년의 토지개혁은 형식명의와 상관없이 실질적 주체는 소련군정당국으로 보아야 한다. 둘째, 최근에 발견된 자료에 의해서도 북한의 46년 토지개혁의 주체는 소련군정당국이라는 것을 알 수 있다.[134] 즉 일본의 항복으로 인하여 북한지역을 점령한 소련군은 점령의 목적을 구현하기 위한 다양한 정책을 수립하였다. 1945년 10월 3일 북한에 주둔하고 있었던 제1극동전선군 예하 제25군 산하에 스티코프[135]의 지휘를 받는 북조선 소련군민정기

---

134) 중앙일보 1992년 6월 26일자에는 "소군정은 일체 의견을 표시하지 않다가 나중에 추인하는 데 그쳤다." 그리고 "소군정은 토지개혁을 연구한 일도 없었다."라고 하면서 북한의 토지개혁은 소군정이 주도한 것이 아니라고 보도하였다. 그러나 이 당시 북한의 토지개혁이 김일성의 주도로 이루어진 것이 아니라는 사실이 최근에 밝혀졌다. 최근 러시아 국방성 문서보관소에서 발견된 당시 소련군 자료에 따르면 토지개혁은 소련군의 치밀한 계획과 모스크바와의 수차례 협의를 거쳐 진행된 것이라고 한다. 북한지역의 토지개혁의 내용은 당시의 소련군, 특히 연해주 군관구 정치담당 부사령관(상장)으로 평양에 있었던 스티코프에 의해서 이루어졌으며, 토지개혁에 관한 소련군 사령부의 기안은 1945년 11월부터 만들어졌다는 것이다(경향신문 2001. 12. 15자[다시 쓰는 한반도 100년](18) '땅의 재분배' (소련군정이 북한 토지개혁 주도 첫 확인) 참조).

관[136]이 평양에 설치되고, 군 정치기관과 더불어 대민업무를 수행하기 시작하였다.[137] 이 민정기관은 행정·정치부, 산업부, 재경부, 상업·조달부, 농림부, 통산부, 보건부, 사법·검찰부, 교통부, 보안·검열부 등 부서를 설치하고 북한의 대민관련업무를 관장하였다. 이 민정기관은 북한의 각종 상황에 대한 보고를 상부기관인 연해주군관구 군사회의나 정치국으로 보고하였으며, 정책안을 기획하였다. 북한지역의 각 도와 군에는 소련군 경무사령부가 설치되어 하부 정책집행기구로서의 임무를 담당하였다.[138] 경무사령부는 이후 평양에 주재한 민정기관의 지휘를 받으며 각지에 설립된 자치기관인 인민위원회에 대한 지도 및 통제 그리고 지원기관으로서의 역할을 하였다. 토지개혁과 관련하여 살펴보면, 최근 러시아 국방성 문서보관소에서 발견된 당시 소련군 자료에 따르면, 당시 토지개혁은 실질적으로는 소련군정당국이 모스크바와 여러 차례의 협의를 거쳐서 계획되었다고 한다.[139] 토지개혁의 내용은 평양에 있었던 스티코프에 의해서 작성되었다. 1946년 2월 23일 스티코프는 모스크바 국방성에 보낸 보고서에서 5정보 이상 소유한 지주토지의 무상몰수를 주장하였다. 그는 1946년 2월 말 북조선 농민연맹 회의를 소집한 자리에서 소련당국의 의사를 전달했다.

---

135) 스티코프는 소련군의 3년간 북한주둔기간 동안에 소련의 대한반도정책의 수립과 집행과정에서 실질적인 책임자역할을 한 정치군인으로 계급은 소련군, 특히 연해주 군관구 정치담당 부사령관(상장)이었다.

136) 이것은 1947년 5월에 민정국으로 개편된다.

137) 기광서, 앞의 글(「해방 후 소련의 대한반도정책과 스티코프의 활동」), 161면 참조.

138) 경무사령부는 1945년 9월 말에 우선 54곳에 설치되었고, 나중에 북한 전 지역으로 확장되어 6개도 85개 군, 7개 시(평양, 진남포, 청진, 함흥, 신의주, 해주, 원산)에서 활동하였다(기광서, 앞의 글(「해방 후 소련의 대한반도정책과 스티코프의 활동」), 167면 참조).

139) 토지개혁에 관한 소련군 사령부의 기안은 1945년 11월부터 만들어진 것으로 보인다(기광서, 앞의 글(「해방 후 소련의 대한반도정책과 스티코프의 활동」), 177면 참조).

다만 그는 김일성 등 북한 지도부의 의견을 받아들여 몰수된 토지
는 국유화한 후 농민에게 경작을 맡긴다는 자신의 안을 수정, 토
지 명의를 농민에게 이전하는 것으로 변경하였다. 그러나 소군정
은 자기 명의의 땅이라도 일체의 매매, 양도 등을 금지시킴으로써
사실상 국유화의 효과와 동일하도록 하였던 것이다.140) 이러한 사
실로 미루어 본다면, 1946년과 1947년에 실시된 일련의 토지개혁
조치의 실행 주체는 형식적 명의에도 불구하고 소련군정당국으로
보아야 한다. 그런데 이들 토지개혁조치의 실행 주체를 소련군정
당국으로 보든 '북조선임시인민위원회'로 보든 실제상의 차이는
없다고 보아야 한다.141) 왜냐하면 1948년의 북한헌법은 이들 조치
들을 모두 추인하였기 때문이다.142)

(4) 토지개혁의 전개과정

1) 법적 근거

1945년 11월 7일 서울에서 결성된 전국농민조합총연맹은 북한
에 전국농민조합북부분맹을 설치하기로 결정하였다. 이에 따라
1946년 1월 31일 북한농민연맹이 결성되었다. 북한농민연맹은 3
월 3일 대표회의에서 채택한 토지개혁에 관한 농민들의 요구를 북

---

140) 소련이 이처럼 토지개혁을 서두른 것은 1917년 볼셰비키 혁명 후 토지개혁을 단행한 경
    험을 가지고 있을 뿐만 아니라, 그 당시의 전체 조선인 중에서 80%가 농민이었고 그 농민
    중에서 80%가 소작인이었던 당시의 한반도 현실에서 보면, 식민지 반봉건 사회구조를 깨
    뜨리는 데는 무엇보다 토지개혁이 절실할 수밖에 없음을 잘 인식하고 있었기 때문이다.
141) 명순구, 「통일 후 토지소유권의 재편방향」, 『통일논총』제21호, 숙명여대통일문제연구소,
    2003, 9면 참조.
142) 1948년 9월 8일에 제정된 북한헌법 제5조 내지 제7조 참조. 1948년 9월 8일에 제정된
    북한헌법에 대해서는 정경모 · 최달곤, 앞의 책(『북한법령집』제1권), 2면 참조.

조선임시인민위원회에 제출하였다. 그 내용은 다음과 같다.[143) 첫째, 지주의 토지를 몰수하여 고용노동자·토지 없는 농민·토지 적은 농민에게 무상 분배할 것, 둘째, 농민의 지주에 대한 부채를 취소할 것, 셋째, 관계시설·산림 등을 몰수하여 국유화할 것 등이었다.[144) 북조선임시인민위원회는 농민들의 요구를 반영하여 1946년 3월 5일에 북조선임시인민위원회의 명의로 「토지개혁에 대한 법령」을 공포 및 시행하였다. 이 법령이 북한지역에서 시행된 토지개혁의 법적 근거가 되었다. 이 법령은 "토지개혁의 과업이 일본인 토지소유와 조선인 지주들의 토지소유 및 소작제를 철폐하고 토지이용권은 밭갈이하는 농민에게 있다."라고 하여 입법의 배경을 명시하였다(제1조).[145) 그리고 토지개혁을 효율적으로 실시하기 위하여 토지개혁에 장애가 되는 일체의 행위를 금지하기 위한 형사법을 제정하였는데, 그 법이 「토지개혁 실시에 대한 임시조치법」이다. 이 법의 구체적 내용은 다음과 같다.[146) 첫째, 토지개혁법령이 공포된 그때부터 축력(우마)과 농업기구를 매각·은닉·훼손 기타 처분하는 지주는 인민의 적으로 인정하는 동시에 5년 이하의 징역 또는 10만 원 이하의 벌금형에 처하도록 하였다(제1조). 둘째, 토지개혁법령이 공포된 때부터 주택·창고·기타 건축물을 매각·훼손 기타 처분을 하는 지주는 인민의 적으로 인정하는 동시에 10년 이하의 징역 또는 20만 원 이하의 벌금형에

143) 민주주의 민족전선, 『조선해방연보』, 1946, 252면 ; 이대근, 앞의 글("북한의 토지개혁에 관한 연구"), 48면 참조).
144) 민주주의 민족전선, 앞의 책(『조선해방연보』), 252면.
145) 정경모·최달곤, 앞의 책(『북한법령집』제2권), 273면 참조.
146) 정경모·최달곤, 앞의 책(『북한법령집』제2권), 275면 참조.

처하도록 하였다(제2조). 셋째, 제1조와 제2조에 해당한 지주의 축력·농업기계·주택·창고 기타 건축물을 매수하는 자는 3년 이하의 징역 또는 5만 원 이하의 벌금형에 처하도록 하였다(제3조). 3월 7일에는 토지개혁을 성공하기 위해서 도·군·면 인민위원회와 토지개혁실시위원회의 임무와 의견조정의 절차를 규정한 '북조선 토지개혁에 대한 법령에 관한 결정서'가 임시인민위원회 결정 제4호로 공포되었다.[147] 3월 8일에는 토지개혁의 실시조직과 실시과정을 구체적으로 규정한 '토지개혁법령에 관한 세칙'이 공포되었다. 이 세칙에는 토지개혁을 실시할 농촌위원회의 조직과 그 임무(제1장), 몰수될 토지(제2장), 토지분배(제3장), 과수원과 과목(제4장), 산림(제5장), 관개시설 및 건물(제6장) 등에 대해서 상세하게 규정하고 있다.[148]

2) 토지개혁의 실시기관

1946년 3월 5일 「토지개혁에 대한 법령」 제15조는 토지개혁의 실시기관에 관한 법적 근거규정이다. 이 규정은 북한지역에서의 토지개혁은 북조선림시인민위원회의 지도하에서 실시된다고 하였다. 그리고 지방에서 토지개혁을 실시할 책임은 도·군·면 인민위원회에 맡기고, 토지개혁의 실시는 농촌에서 고용농민·토지없는 소작인·토지 적은 소작인들의 총회에서 선거된 농촌위원회가 담당하도록 하였다.[149] 이 규정에 따라서 토지개혁의 총괄적인

---

147) 정경모·최달곤, 앞의 책(『북한법령집』제2권), 276면 참조.
148) 이에 대해서는 정경모·최달곤, 앞의 책(『북한법령집』제2권), 277-281면 참조.
149) 1946년 3월 5일 「북조선토지개혁에 대한 법령」 제15조; 정경모·최달곤, 앞의 책(『북한법령집』제2권), 273면 참조.

지도기관인 북조선임시인민위원회는 동년 3월 7일 임

시인민위원회 결정 제4호인 「토지개혁에 대한 법령에 대한 결정서」를 공포하였다.

「토지개혁에 대한 법령에 대한 결정서」는 토지개혁의 실시책임기관인 도・군・면 인민위원회의 임무에 대해서 다음과 같이 규정하고 있다. 도・군・면 인민위원회의 임무는 각각 다음과 같다.[150] 첫째, 도・군 인민위원회는 1946년 3월 8일부터 12일 사이에 각각 확대위원회를 소집하여야 한다. 확대위원회를 소집하는 목적은 토지개혁에 대한 법령을 토의하고 토지개혁을 실생활에 적용하기 위한 대책안을 강구하기 위해서이다. 인민위원회의 확대위원회에는 상부위원회 대표가 반드시 참가하도록 하여 그 진행상황을 지도・감독하도록 하였다(결정서 제1조 (ㄱ)). 둘째, 농민・노동자・사무원에게 토지개혁과 그의 실시가 자유적・민주주의적 조선신경제건설의 중요한 시초로서 중대한 의의가 있다는 것을 알려야 한다(결정서 제1조 (ㄴ)). 셋째, 각 村・洞에서는 면인민위원회의 대표자가 참석하여 농민회의를 소집하고 토지개혁에 대한 법령을 토의하고 각 촌・동에 5인에서 9인으로 토지개혁실시위원회를 조직하도록 하였다(결정서 제1조 (ㄷ)).

「토지개혁에 대한 법령에 대한 결정서」는 토지개혁실시위원회의 임무에 대해서 다음과 같이 규정하고 있다.[151] 첫째, 토지개혁실시위원회는 몰수범위에 속한 지주의 재산이 橫取 또는 파손되는

---

150) 1946년 3월 7일 「토지개혁에 대한 법령에 대한 결정서」 제1조 참조. 정경모・최달곤, 앞의 책(『북한법령집』제2권), 276면 참조.
151) 1946년 3월 7일 「토지개혁에 대한 법령에 대한 결정서」 제2조 참조.

일이 없도록 하기 위하여 법령에 의하여 토지 전체를 몰수당한 지주의 건물, 가구, 종자, 인력우마, 자동차 등, 관개건물(灌漑建物), 산림, 임야 등을 등록하여 임시로 지주에게 보관책임을 부과하였다(결정서 제2조 (ㄱ)). 둘째, 몰수당한 재산을 橫取 또는 고의로 파손할 경우에는 토지개혁법령에 의하여 범인을 엄중 처벌케 될 것이라는 것을 주의시켰다(결정서 제2조 (ㄴ)). 셋째, 토지개혁에 대한 법령에 기초하여 누구에게 어느 정도의 토지를 몰수할지를 결정하여 해당명부를 작성하고, 그 토지면적을 확정하여 몰수한 토지를 농민에게 분배할 계획을 토의하였다(결정서 제2조 (ㄷ)). 농민위원회가 작성한 토지개혁실시안은 면인인위원회의 승인이 있어야 실행될 수 있었다. 만약 면인민위원회와 농민위원회 간에 의사 차이가 발생할 경우에는 토지개혁실시계획안을 군인민위원회의 토의에 전달하고, 부득이한 경우에는 최종적으로 도인민위원회에 송부한다. 따라서 도인민위원회가 최종결정권을 갖는다(결정서 제3조).

1946년 3월 8일 제정된 '토지개혁법령에 관한 세칙'에는 동년 3월 5일에 결정한 「토지개혁에 대한 법령」에 근거하여 이루어지는 토지개혁의 실시기관과 실시과정이 보다 상세하게 규정되어 있다.[152] 이 세칙 제1조는 「토지개혁에 대한 법령」 제15조에 근거하여 토지개혁을 준비하고 토지개혁을 실시하기 위한 기관으로 농촌위원회를 조직하여야 한다고 규정하고 있다. 그리고 농촌위원회의 조직방법은 각 농촌의 고용자, 토지 없는 소작인, 토지 적은

---

152) 1946년 「토지개혁에 관한 세칙」에 대해서는 정경모·최달곤, 앞의 책(『북한법령집』제2권), 277면 참조.

소작인의 총회에서 거수의 다수로 그 농촌의 인원수에 따라서 5인 내지 9인의 농촌위원을 선거하여 조직된다고 규정하고 있다. 면인 민위원회는 각 농촌위원회의 구성원을 승인하여야 하며 농촌위원 회는 면인민위원회의 지도하에서 토지개혁을 실시하여야 한다.[153] 농촌위원회의 실시임무는 다음과 같다.[154] 첫째, 「토지개혁에 대 한 법령」 제3조 (ㄱ) 항에 의하여 토지를 몰수당한 지주에게 소속 된 건물, 농기구, 축력, 種穀, 관개시설 및 건물, 과수원 등을 신속 하게 조사하여 상세하게 대장에 기록하고 이 모든 것을 몰수하기 까지 완전히 보관하겠다는 증서를 받고, 그 지주에게 임치시킨다. 이와 동시에 몰수될 물건을 손상하거나 盜取하는 경우에는 지주가 법적 책임을 지게 된다는 것을 주의시켜야 한다(세칙 제2조 1항). 둘째, 토지개혁에 대한 법령 제2조와 제3조에 의하여 몰수될 일체 토지를 조사하여야 한다(세칙 제2조 2항). 셋째, 토지개혁에 대한 법령에 의하여 토지를 가지게 될 고용자, 토지 없는 농민 및 토지 적은 농민들을 조사하여 통계를 내야 한다. 그리고 그들의 소유지, 인구수 및 연령별 등을 조사하여야 하며, 그들이 소작하던 지주의 토지면적을 조사하여야 한다(세칙 제2조 3항). 넷째, 몰수된 토지 를 고용자, 토지 없는 농민 및 토지 적은 농민 등에게 분여할 案을 작성하여 면인민위원회의 승인을 받아야 한다. 만약 면인민위원회 의 결정과 합치되지 않는 경우에는 농촌위원회에는 토지분여안을 군인민위원회의 심의에 붙여야 하고, 만약 군인민위원회의 결정과 합치되지 않는 경우에는 도인민위원의 심의에 붙여서 도인민위원

---

153) 「토지개혁에 관한 세칙」 제1조 참조.
154) 「토지개혁에 관한 세칙」 제2조 참조.

회의 최종결정을 받아야 한다. 인민위원회는 20일 내로 농촌위원 회의 참가하에서 토지분여안을 심의·결정하여야 한다(세칙 제2 조 4항). 다섯째, 인민위원회다 토지분여를 승인한 후에는 곧 그 안의 실시에 착수할 수 있으며, 또 농민에게 토지를 분여할 수 있 다(세칙 제2조 5항). 여섯째,「토지개혁에 대한 법령」제7조에 의 하여 토지소유권에 대한 증명서를 교부하기 위하여 토지분여를 필한 후에 토지를 가지는 고용자 및 농민의 명부를 곧 면인민위원 회에 제출할 것이며, 토지개혁을 실시한 후 10일 이내에 면인민위 원회는 군인민위원회를 경유하여 이 명부를 도인민위원회에 제출 하여야 한다(세칙 제2조 6항).

농촌위원회를 선거하는 농민대회는 리(동)단위로 진행되었다. 농민대회에서 조직된 농촌위원회는 농가호수에 따라서 5인에서 9 인으로 구성되었으며, 이 위원회에서 위원장과 1인에서 2인의 부 위원장이 선거되었다. 농촌위원회는 한 개 리에 농가호수가 얼마 되지 않는 경우에는 인접한 리(동)와 합쳐서 진행된 농민대회에서 선거되었다. 그리고 한 개 리에 농가호수가 많고 매우 분산되어 있는 경우에는 몇 개의 농촌위원회를 조직하였다.[155] 농촌위원회 는 빈농과 고용농을 중심으로 구성되었는데, 평안남도 강동군 농 촌위원회의 경우에 위원 1,103명 중에서 95% 이상이 빈농과 고용 농이었고, 거기에는 96명의 농민여성도 포함되었다.[156] 이렇게 북 한의 농촌위원회는 지난날 굶주림과 가난으로 시달린 빈농과 고 용농들이 토지개혁과정에서 주동적인 역할을 할 수 있도록 조직

---

155) 손전후, 앞의 책(『우리나라 토지개혁사』), 139면 참조.
156) 손전후, 앞의 책(『우리나라 토지개혁사』), 141면 참조.

되었던 것이다. 북한은 농촌위원회가 건전한 계급구성으로 조직되었다고 한다.[157] 이렇게 북한은 빈농과 고용농을 중심으로 구성된 농촌위원회를 토지개혁의 실시기관으로 구성함으로써 농민들의 정치적 지지를 확보하고 지주에 대한 투쟁을 통하여 자신감을 가질 수 있도록 하였던 것이다. 남한과 다르게 북한의 토지개혁 특징은 기존의 행정기관이 아닌 경작자인 농민으로 구성된 농촌위원회가 토지개혁의 실시기관이었다는 점이다.

3) 토지 및 농촌인구의 실태조사

북한은 토지개혁을 실시하기 이전에 그 준비과정으로서 토지 및 농촌인구의 실태조사를 하였고, 이에 근거하여 새로운 '토지실태조사대장'과 '농업인구조사대장'이 작성되었다. 이러한 토지와 농촌인구에 대한 실태조사의 배경과 결과에 대해서 다음과 같이 설명하고 있다.[158] 토지혁명은 봉건적 토지소유관계에 엉킨 계급적 모순을 해결하는 사회경제개혁이다.[159] 토지개혁은 토지소유관계에 대한 과학적인 자료에 근거하여 전개되어야 한다. 따라서 성공적인 토지개혁이 이루어지기 위해서는 토지와 농촌인구의 실태조사가 선행되어야 한다. 그런데 토지대장에는 토지 없는 농민들에게도 경작지가 아닌 땅이 경작지로 등록되어 있었다. 뿐만 아니라 일제와 지주들이 소유한 토지까지 농민들의 소유로 되어 있었다. 이와는 반대로 지주들의 개별적인 토지문서에는 자신의 토지뿐만 아니라 농민들이 개간한 토지까지 자신의 토지로 등록되어

---

157) 손전후, 앞의 책(『우리나라 토지개혁사』), 141면 참조.
158) 손전후, 앞의 책(『우리나라 토지개혁사』), 162 - 165면 참조.
159) 손전후, 앞의 책(『우리나라 토지개혁사』), 162면 참조.

있었다. 그리고 지주들의 소작계약문서에 반영된 토지소유면적은 실지면적과 엄청난 차이가 있었다. 게다가 토지이용자와 토지소유자가 끊임없이 변동되어 동일한 토지에 대해서 소유자와 이용자가 이중삼중으로 토지대장에 등록되어 있었다. 그래서 총경지면적에 대한 정확한 수자조차 파악할 수 없었다.[160] 따라서 이 모든 사실은 일제가 남긴 토지문건으로는 토지소유관계에 대한 정확한 자료를 얻을 수 없다는 것을 보여 준다. 농촌인구수에 대한 조사자료도 마찬가지다. 일제강점자들이 농민수탈을 위하여 마련한 농촌인구에 대한 자료는 비과학적이서 참고할 수 있는 근거자료가 되지 못한다. 이 모든 사실은 토지와 농촌인구에 대한 구체적인 조사가 필요함을 보여 주는 것이다.[161]

토지와 농촌인구에 대한 조사사업은 군을 단위로 하여 조직되고 리를 말단단위로 설정하였다. 군들에서는 조사방법과 절차, 측정수단을 통일적으로 규정하고 농촌실태조사대를 조직하여 그들을 농촌에 파견하였다. 이러한 과정을 거쳐서 농촌실태조사사업이 전국적인 범위에서 일제히 진행되었으며, 토지의 지목과 지적, 지번들이 새롭게 밝혀지고 필지별로 그 질적 상태가 확정되었다. 이와 함께 과수원, 산림 등에 대한 구체적인 자료들이 조사되었다. 그리고 농촌인구조사사업도 동시에 진행되었는데 농가호수, 성별, 연령별, 노동능력, 가족구성 등에 대한 모든 자료들이 집계되어 토지실태조사대장과 농촌인구조사대장이 작성되었다. 조사

---

160) 1942년의 토지대장에는 북반부의 총 경지면적이 230만 7,333정보하고 되어 있지만, 조사한 실제자료에 의하면 그보다 매우 적었다(손전후, 앞의 책(『우리나라 토지개혁사』), 162면 참조).
161) 손전후, 앞의 책(『우리나라 토지개혁사』), 164면 참조.

한 자료들은 리, 면 단위로 집계되고 군, 도를 거쳐서 전국적 범위에서 종합되었다.

  4) 토지분배의 절차

  농민에게 토지를 분배하는 절차는 도인민위원회가 토지소유권에 관한 증명서를 교부하여 이를 토지대장에 등록함으로써 완료되도록 하였다(토지개혁에 대한 법령 제7조). 5월 22일 발표된 '토지소유권증명서 교부에 관한 세칙'은 토지소유권증명서의 교부절차에 대해서 상세하게 규정하고 있다.[162] 이 세칙은 「토지개혁에 대한 법령」에 의하여 토지를 소유한 농민과 토지개혁 이전의 소유지로 현재에도 소유한 농민에게 토지소유권증명서를 교부한다고 규정하였다(제1조). 그리고 증명서나 증명서 교부에 관한 대장(증명서교부대장) 2통은 면인민위원회가 이를 기록하도록 하였다(제3조). 면인민위원회는 증명서와 증명서 교부대장에 기재를 완료한 이후에 그 기재한 증명서와 증명서교부대장 2통 및 당해서류를 정확하게 기재하였다고 보증하는 公文을 군인민위원회에 제출하여야 한다(제5조). 군인민위원회는 증명서와 증명서교부대장의 기재를 엄밀하게 조사한 후에 이상 서류제출의 선후에 의하여 증명서교부대장의 번호를 각 面順으로 정한 다음 증명서 번호를 정하여 증명서교부대장에 기입하고 동시에 증명서 표지에 해당번호를 기입하고 동 제2항에 해당번호와 토지증명서교부대장 번호 및 연월일을 각각 當該所에 기입하여야 한다(6조). 군인민위원회는 각 증명서와 증명서교부대장의 번호와 날인을 검사한 다음 후에 이를

---

162) 정경모·최달곤, 앞의 책(『북한법령집』제2권), 289 - 290면 참조.

도인민위원회에 제출하여야 한다. 도인민위원회 위원장은 증명서와 증명서교부대장을 검열한 후에 증명서에 自手로 서명하고 도인민위원회 위원장 날인을 하여 증명서와 증명서교부대장을 군인민위원회에 회송하여야 한다(제8조). 군인민위원회는 도인민위원회 위원장이 날인한 증명서와 증명서교부대장을 면인민위원회에 회송하여야 한다(제9조). 면인민위원회는 증명서를 토지소유자에게 교부하되 증명서교부대장 2통에 그의 날인을 받아서 1통은 면 인민위원회에 보관하고, 다른 1통은 군 인민위원회에 회부하여야 한다(10조). 이 토지증명서는 「토지개혁에 대한 법령」 제17조 제2항에 의하여 1946년 6월 20일 전까지 교부하도록 함으로써 토지개혁의 과정은 법적 절차상으로는 6월 말에 종결되도록 하였다.[163] 토지개혁은 3월 말까지 종료하기로 규정되었기 때문에 조속히 토지개혁이 전개되었다. 북한에서 공식적인 정부를 수립하기 이전에 토지개혁을 실시한 이유는 무엇보다도 일제강점기에 형성된 지주적 토지소유관계로 인하여 토지를 소유하지 못한 농민들에게 빈곤의 근원이었던 토지에 대한 소유욕을 일시적으로 충족시켜 줄 필요가 있었기 때문이다. 사회주의체제를 수립하기 위해서는 국민의 대다수를 차지하고 있는 농민계층의 정치적 지지가 필연적으로 수반되어야 하기 때문이다.[164]

---

163) 토지개혁에 대한 법령은, 토지개혁의 실행은 1946년 3월 말일 전으로 끝내고, 토지소유권증명서는 1946년 6월 20일 전으로 교부하는 것으로 규정하였다(제17조). 정경모·최달곤, 앞의 책(『북한법령집』제2권), 274면 참조.
164) 유인호, 앞의 글(「해방후 농지개혁의 전개과정과 성격」), 409면 참조.

(5) 토지소유권 재편의 결과

1) 몰수된 토지

토지개혁에 있어서 가장 중요한 문제 중의 하나는 몰수토지를 정확하게 규정하는 것이다. 북한정권은 토지의 몰수대상을 올바르게 규정하여야 누구와 동맹하며 어떤 세력을 반대하며 누구를 고립시키겠는가 하는 계급투쟁의 전략전술을 바르게 세울 수 있다고 설명한다.[165] 몰수토지를 확정하는 사업은 「토지개혁에 대한 법령」에 기초하여 농촌위원회가 직접 맡아서 수행하였다. 따라서 토지의 몰수대상은 「토지개혁에 대한 법령」 제2조와 3조에 규정되어 있다. 제2조는 몰수되어 농민소유로 넘어가는 토지에는 일본국가, 일본인 및 일본인단체의 소유지와 조선민족의 반역자, 조선인민의 이익에 손해를 주며 일본제국주의 통치기관에 적극 협력한 자의 소유지와 일제의 압박 밑에서 조선이 해방될 때 자기 지방에서 도주한 자들의 소유지가 몰수의 대상이라고 규정하고 있었다. 그리고 제3조는 몰수하여 무상으로 농민의 소유로 분여하는 토지에는 ㄱ. 한 농호에서 5정보 이상 가지고 있는 조선인지주의 소유지, ㄴ. 자기가 경작하지 않고 모두 소작을 주는 소유자의 토지, ㄷ. 면적에 관계없이 계속적으로 소작을 주는 모든 토지, ㄹ. 5정보 이상을 가지고 있는 성당, 승원 기타 종교단체의 소유지도 몰수된다고 규정하였다. 그런데 5정보 이상의 성당승원, 기타 종교단체의 소유지 5정보 이상을 소유하더라도 토지의 일부분은 자력으로 경작하며 일부분을 소작 주는 토지소유자에게 있어서는

---

165) 손전후, 앞의 책(『우리나라 토지개혁사』), 166면 참조.

소작을 준 토지만을 몰수했다(세칙 2장 5조).

특히 친일반민족행위자의 토지몰수와 관련하여 살펴보면 다음과 같다. 일본 국가와 일본제국주의의 회사, 일본인 개인들이 소유한 토지는 북한에 11만 2천 정보 이상이었다.[166] 이 중 동양척식회사가 5만 정보, 조선흥업주식회사가 1만 9천 정보, 조선신탁회사 5천6백 정보를 비롯하여, 1천 정보 이상을 소유한 회사독점체들은 19개에 달했다.[167] 친일반민족반역자에 대한 처리는 46년 3월 7일 제시된 '친일파, 민족반역자에 대한 규정'을 지침으로 삼았는데 그 내용은 다음과 같다. 조선침략 당시에 조선민족을 일제에 팔아먹은 매국노와 그 관계자의 토지, 일본천왕으로부터 공작·후작·백작·자작·남작 등 귀족칭호를 받은 자의 토지를 몰수대상으로 규정하였다. 그리고 일제통치시대의 고급관료로서 조선총독부 중추원 부의장·고문 및 참의, 일본국회 귀족원과 중의원의 의원, 총독부의 국장·사무관·도지사·도사무관·도참여관 등의 악질고관과 경찰경시·헌병하사관급 이상의 경찰 및 헌병의 고급관리와 사상범 담임 판사와 검사, 군사고등정치경찰의 악질분자, 밀정책임자와 의식적으로 밀정행위를 감행한 자의 토지를 몰수대상으로 설정하였다. 다음으로 민족적 및 계급적 해방운동에 참가한 혁명투사들을 직접 학살 또는 박해한 자와 그에 방조한 자들의 토지, 도회의원, 일진회, 일심회, 방공단체 등 친일단체와 파쇼단체 간부와 그에 관계한 악질적인 분자들의 토지를 몰수대상으로 삼았다. 또한 일제의 행정·사법·경찰 기관과 관계를 가지

---

166) 손전후, 앞의 책(『우리나라 토지개혁사』), 108면 참조.
167) 조선노동당출판사, 『우리나라 민주주의 혁명단계에서의 농촌문제』, 1977, 167면.

고 만행을 감행하여 인민들의 원한의 대상으로 된 악질분자들의 토지, 일제의 관공리로서 인민의 원한의 대상으로 된 악질분자들의 토지, 황국신민화운동을 전개하며 지원병, 학도병, 징용, 징병제도를 실시하는 데서 이론적, 정치적 조종자로서 의식적으로 행동한 악질분자들의 토지를 몰수대상으로 삼았다. 그리고 농촌위원회는 이와 함께 해방 이후 민주주의적 단체들을 파괴하며 그 지도간부들을 암살하기 위하여 음모를 꾸미었거나 테러단을 조직하고 그것을 직접 지도한 자들과 그런 것을 배후에서 조종한 자, 테러행위를 직접 감행한 자들의 토지, 8·15해방 후 민족반역자들이 조직한 반동단체에 의식적으로 가담한 자들의 토지, 민족통일전선 형성을 방해하는 반동단체의 밀정 혹은 선전원으로서 의식적으로 밀정행위를 감행한 자와 사실을 왜곡하여 허위선전을 한 자들의 토지를 몰수대상으로 규정하였다. 그런데 농촌위원회는 이상의 대상에 대하여 몰수하도록 하면서도 그러한 자들이 현재 악의적 행동을 하지 않고 건국사업에 적극 협조하고 있을 경우에는 그 죄상을 덜어 주는 데 신중한 주의를 하였다.[168] 평안남도의 경우를 살펴보면 친일파, 민족반역자 71명, 도주자 82명을 확정하고 이들의 토지 1,735정보를 몰수대상으로 규정하였다.[169]

46년의 토지개혁이 모든 토지를 몰수한 것은 아니었다. 학교와 병원의 소유지, 독립유공자 가족의 소유지, 민족문화발전에 특별한 공이 있는 자와 그 가족의 소유지는 몰수대상에서 제외하였다 (법령 제4조, 세칙 제11조 및 제12조). 그러나 토지 이외에 지주의

---

168) 손전후, 앞의 책(『우리나라 토지개혁사』), 168면 참조.
169) 손전후, 앞의 책(『우리나라 토지개혁사』), 169면 인용.

농업용 가축, 농기구, 주택 등 일체의 건축물 등은 몰수하여 인민위원회의 처리에 일임하였고(법령 제11조), 일본 국가, 일본인 및 일본인단체의 과수원은 이를 몰수해서 지방인민위원회의 처리에 맡겠으며(법령 제12조), 농민이 소유하는 소산림을 제외한 일체의 산림 및 토지몰수의 대상이 된 지주의 관개시설은 북조선인민위원회의 처리에 맡기도록 했다(법령 제13조 및 제14조).

2) 분배된 토지

이렇게 몰수된 토지는 인민위원회에 의해서 고용농민, 토지 없는 농민, 토지 적은 농민에게 무상으로 분배되었고, 분배받은 자들은 당해 토지를 영원히 소유할 수 있다고 규정하였다(법령 제5조, 제6조 참조). 그러나 자기 노력에 의하여 경작하는 농민의 소유지는 몰수되지 않았고 비록 지주라고 하더라도 농지를 자기 노력으로 경작하는 경우에는 농민과 같은 권리를 가질 수 있다고 하였다. 그러나 다른 군에서 토지를 분배받도록 하였다(제6조 참조). 몰수한 토지를 분배하는 데 있어서 고려되어야 할 것은 소작인이 이전에 경작하고 있었던 토지는 반드시 그에게 분배하도록 하였으며, 배당면적을 초과하는 토지의 경우에는 토지 없는 농민에게 분할하도록 하였다(세칙 14조 참조). 토지의 분배는 인구비례로 평등하게 하기 위해 가족 수와 그 가족 내의 노동능력, 소유자 수를 종합적으로 고려하는 원칙에 의거하여 점수제를 채택했다(세칙 15조 참조). 예를 들어 평안남도의 경우에 분배토지총점수는 50만 2,913점이었고, 1점당 평균분배 토지면적은 1,179평이었으며, 1호당 분배토지면적은 3,891평이었다.[170] 분배지역의 범위는 행정구역을 기준으로 하는 것이 아니고, 종래의 경작지역을 포함시키면서 부락단위로 하였다. 또한 토지를 몰수당한 지주에게서 차용한 고용농민과 농민의 모든 부채는 취소되었다(제9조). 분배를 함에 있어서는 당해 토지의 질을 고려하여 공평하게 분배하도록 하였는데, 땅이 없거나 적은 농민에게 토지를 분배할 경우에는 지난 시기에 소작하였던 토지 중에서 수확량이 많은 농지를 우선적으로 분배하였다.

3. 논의의 정리

북한지역에서의 토지개혁은 1946년 3월 5일「북조선토지개혁에 대한 법령」을 공포하고, 동년 3월 8일부터 3월 30일 사이에 전격적으로 실시되었다. 이 법령에 의해서 자경하지 않는 농지, 소작만 주는 농지, 5정보 이상의 농지 등 일정한 농지는 무상으로 몰수되었다. 그런데 이 법령은 소유권을 농민들에게 분배함으로써 개인의 사적 소유를 인정하고 있는 것처럼 보이지만, 매매·저당·소작 등을 금지함으로써 소유권의 권능인 처분권을 근본적으로 제한하였다(제10조).[171] 따라서 북한이 농민에게 분배한 것은 실질적으로 소유권의 분배가 아닌 경작권의 분배라고 할 수 있다. 또한 북한은 1946년 6월 27일 '농업현물세에 관한 결정서'를 제정하여 수확고의 25％를 농업현물세로 징수하였고(제4조), 같은 해 7월 22일 '농업현물세에 관한 결정서 위반자처벌규칙'을 제정하여 고의적으로 그 납부를 하지 않거나 타인의 납부를 방해하는 자는

---

170) 손전후, 앞의 책(『우리나라 토지개혁사』), 181면 참조.
171) 정경모·최달곤, 앞의 책(『북한법령집』제2권), 274면 참조.

2년 이하의 징역 또는 현물 3배 이상에 해당하는 벌금에 처하도록 하였다(제1조). 결국 소유권의 처분권능을 본질적으로 제한한 상태에서 25%의 현물세를 부과한 것을 농민의 입장에서 본다면, 이 것은 지주소작제에서 국가소작제로 단순히 전환된 것에 불과한 것이다.

그런데 북한의 토지소유제도의 재편과정을 면밀하게 검토하여야 하는 이유는 단순히 북한의 토지소유권제도의 재편행위에 대한 불법성을 고찰하기 위함이 아니고, 남북한에서 시행한 토지개혁과정 중에서 양자에게 공통된 부분이 있는 경우에 이를 통일한 국의 토지소유제도의 재편에 합리적으로 반영하기 위해서이다. 예를 들어 북한의 「토지개혁에 대한 법령」과 남한의 「반민족행위처벌법」, 「농지개혁법」 등에 의해서 공통적으로 몰수된 부분은 그 목적이 합리적이므로 설령 흡수통일이 된다고 하더라도 원소유자의 권리회복은 부인될 필요가 있다.

Ⅲ. 정부수립과 단체적 소유를 위한 재편

1. 과도적 사회주의 토지소유권

북한은 정권수립 이전인 1947년 11월 열린 북조선인민위원회 제3차 회의에서 조선임시헌법제정위원회를 구성하여 1947년 12월 헌법초안을 작성하였다. 이 위원회에서 작성된 헌법초안은 1948년 9월 3일 최고인민회의 제1기 제1차 회의에서 총 11장 104조의 조선민주주의인민공화국 헌법으로 정식 채택되었다. 그런데

48년 헌법 제5조는 "조선민주주의인민공화국의 생산수단은 국가 협동단체 또는 개인자연인이나 개인법인의 소유다."라고 규정하여 아직까지는 사회주의 토지소유권을 정립하지 못하고 있었다.[172] 1946년에 북조선임시인민위원회에 의해서 무상몰수·무상분배를 통한 토지소유제도의 재편이 있었지만, 농지의 경우에는 여전히 농민들의 사적 소유를 일시적으로 허용할 수밖에 없었다. 그런데 북한은 농지소유권을 조속히 사회주의적 토지소유권으로 변경하여 사회주의를 완성시킬 필요가 있었다.

2. 농업협동화를 통한 사적 소유의 부정

(1) 농업협동화의 필요성

1946년의 토지개혁을 통하여 불합리한 토지소유제도는 해소되었지만, 북한정권이 확고히 정립될 때까지 농민들의 소유 욕구를 전면적으로 부인하는 데 한계가 있었다. 그런데 1946년 토지개혁에 의해서 북한의 농업생산구조는 불합리한 예속관계를 해체시키는 데에 일정한 기여를 하였지만, 북한의 농업구조는 그 결과 소규모의 개인농 생산구조로 전환되었다. 이러한 연유로 북한정권은 소규모로 분산된 개인농 경영을 계획적으로 발전시키고 확대재생산을 실시할 필요가 있다고 판단하여 사회주의 집단협동화를 추진하게 된다.[173] 더욱이 북한은 1953년 휴전협정 이후에 전후복구사업과 중공업 우선정책을 채택하였기 때문에 이를 위해서는 농촌의

---

172) 이러한 소유권은 생산수단의 사적 소유를 일부 인정하는 과도적 사회주의 토지소유권이라고 할 수 있다.
173) 김영윤, "북한 토지소유제의 전개과정", 『북한』통권 300호, 북한연구소, 1996, 129면.

노동력 동원이 무엇보다도 필요한 상태이었다. 따라서 농지소유권을 그대로 인정한다는 것은 계획경제체제를 기반으로 하는 사회주의 국가 건설에 장애가 될 수밖에 없었다. 또한 당시의 북한농촌도 전쟁으로 인하여 극도로 피폐한 상태였기 때문에 농업구조조정의 필요성이 제기되고 있는 상황이었다. 북한은 인민경제의 계획적 발전과 성장을 위해서는 사회주의 소유제도의 확립이 필요하다고 북한주민들에게 강조하였다. 이러한 농지의 협동소유 필요성이 제기되는 상황에서 1953년 8월 개최된 제6차 전원회의에서 농업협동화의 필연성과 분산된 소규모의 개인경리를 사회주의적으로 개조할 과업이 제시되면서, 농지의 협동소유를 위한 준비단계가 시작되었다.[174] 이처럼 전후복구사업과 농업협동화는 서로 연계되어 발전하였는데, 특히 전후복구사업은 협동화의 기초를 마련하는 계기로 작용하였다. 전쟁으로 파괴되었거나 황폐화된 토지를 복구하는 사업에 인민들을 조직적으로 동원함으로써 휴경지를 조사·파악하였고, 국영·협동조합의 경영 및 개인농민의 경영을 유형화하여 이들 토지의 운영방법에 대하여 구체적인 조치를 마련하도록 하였다.[175] 전후복구건설을 통하여 생산과 건설규모는 급격히 확대되었고, 농업생산을 증대시킬 방안을 강구하게 되었다. 이에 따라서 농업생산 이외의 목적에 농경지를 이용하는 것을 적극 통제하는 대책이 강구되었다.[176]

---

174) 김승준, "우리나라에서 농업 협동화의 결정적 승리", 『근로자』제9호, 76면.
175) 1953년 9월 3일 '농경지의 복구 및 보호 대책 실시에 관하여'.
176) 1956년 1월 26일 '농경지를 농업생산 이외의 용도로 사용하는 것을 엄격히 제한할 데 관하여'.

(2) 농업협동화의 결정: 제6차 전원회의

1953년 8월 5일 개최된 제6차 전원회의는 북한의 농업협동화 배경을 이해하는 데 중요한 참고가 된다. 이 전원회의는 정전협정의 조인과 관련하여 전후 사회주의 경제건설의 방향을 어떻게 할 것인지를 논의하기 위해서 소집된 회의이다. 이 전원회의에 의해서 경제건설의 방향을 중공업 우선 장려와 경공업, 농업의 동시 발전으로 결정하였고, 또한 농업발전을 위해서 농촌의 사회주의적 개조, 즉 농업협동화의 조기 추진도 결정하였다. 이 전원회의에서는 전후 인민경제를 복구 발전시키기 위한 기본방향을 구체적으로 적시하고 있는데,[177] 전후 공업복구 · 발전의 기본 방향을 살펴보면 다음과 같다. 장래 공업화를 위한 기초를 축성하기 위하여 중공업을 선차적으로 복구 확장하며 인민의 생활 안정을 위한 경공업도 신속하게 복구 발전시킨다는 것이다. 그리고 농촌 경리의 복구 · 발전에 관한 기본방향으로 농업협동화를 주장하면서 그 배경을 다음과 같이 설명하고 있다. "전쟁을 통하여 농촌 경리는 막대한 피해를 입었다. 농촌의 노동력은 부족하고, 가축의 수도 매우 감소되었고 폭격으로 저수지와 관개 시설들이 대부분 파괴되어 식량이 부족한 상황이다. 전체 농가의 30%에서 40%가 여전히 영세농민으로, 이들은 일제시대부터 오늘에 이르기까지 계속 빈궁한 처지에 있다. 이들의 생활을 개선하기 위하여 식량을 대여하고 현

---

177) 전후 인민경제를 복구 · 발전시키기 위해서는 세 단계로 구분하여 진행시켜야 한다. 첫 단계는 6개월 또는 1년 동안에 파괴된 인민경제를 복구 건설하기 위한 준비단계이고, 둘째 단계는 인민 경제를 복구하기 위한 3개년 계획을 통하여 인민 경제를 전쟁 이전 수준을 회복하는 단계이고, 셋째 단계는 공업화의 기초를 축성하기 위한 5개년 계획을 작성하고 그것을 실현하는 단계이다.

물세를 면제해 주는 등 여러 가지 혜택을 베풀고 있지만, 토지가 적고 척박하기 때문에 영세농민 문제는 오늘까지 해결되지 못하고 있다. 따라서 전후 농촌 경리를 복구·발전시키는 데 있어서 선차적 임무는 영세농민 문제를 해결하는 것이다. 영세농민들의 생활을 개선하기 위해서는 적절한 국가적 대책이 강구되어야 한다. 우선 이들이 토지를 옳게 이용할 수 있도록 하여야 하며, 농업협동조합을 조직하여 그들의 생활을 개선하도록 하여야 한다. 특히 전쟁으로 인하여 파괴된 현재의 농촌 경리를 신속하게 복구하고, 농업의 생산력을 더욱 발전시키기 위해서는 개인 농민 경리를 협동화하는 작업이 필요하다."[178]

이에 따라서 이 전원회의에서는 우선 1954년부터 토지와 생산도구에 대한 사적 소유를 보존하는 기초 위에서 일부 지역에 농업협동조합을 조직하여 실시할 것을 결정하였고, 이러한 결정에 따라서 농업협동화가 북한지역에서 진행되었다.

(3) 농업협동화의 전개과정

1) 협동화의 초기단계

이 단계는 1953년에 있었던 농업협동화의 첫 단계로서 토지의 사유를 인정하고, 토지·농기구 등을 공동으로 이용하는 형태를 취하면서 추진되었다. 그리고 투입된 노동력의 양에 따라서 수확

---

178) 제6차 전원회의(1953. 8. 5)의 내용에 대해서는 조선일보 통일문제연구소 참조, 〈http://nkchosun.com/original/original.html?ACT=detail&mode=esearch_f&original_id=445&mode=esearch_f&t_flag=1&d_flag=1&c_flag=1&keyword=%C1%A66%C2%F7+%C0%FC%BF%F8%C8%B8%C0%C7&page=1&syear=&eyear=〉(검색일: 2007. 10. 13).

물을 분배하는 노동의 상호 부조적 형태를 취하면서 1953년 말까지 실시되었다.[179] 이러한 농업협동화의 법적 근거는 48년 헌법이다. 이 헌법은 협동단체소유를 생산수단에 대한 소유형태의 하나로 명시하고 있었다(제5조).[180] 48년 헌법규정을 바탕으로 농업협동화작업은 1953년 8월 조선노동당 중앙위원회 제6차 전원회의 이후 1954년부터 본격적으로 진행되었는데, 1954년 1월 '농업협동조합의 조직문제'를, 1954년 3월에는 '농업협동경지의 강화, 발전의 대책에 관하여'를 각각 공포하여 협동농장의 형태, 관리운영 세칙을 규정하였다. 1953년 제6차 전원회의에서 제시된 농업협동화는 1954년부터 토지와 생산도구를 사적 소유로 남겨 두는 원칙 하에 일부지역에서 시험적으로 농업협동조합을 조직하는 방향으로 추진되었다. '농업협동조합의 조직문제'에서는 협동조합의 형태와 관리운영원칙이 제시되었는데, 여기서는 농업협동조합의 형태가 세 가지로 나누어졌다. 즉 작업만을 공동으로 하는 고정적 노력협조형태(제1형태)와 토지를 통합하고 공동경리를 운영하되 노동과 토지의 몫에 의하여 분배하는 반사회주의적(半社會主義的) 형태(제2형태), 토지를 비롯한 기본생산수단을 모두 통합하고 노동에 의하여서만 분배하는 완전한 사회주의 형태(제3형태)이다. 농업협동화 초기에는 토지와 기타 농업용 생산수단에 대한 사적 소유를 배제하지 않은 채 농업협동조합을 조직하였지만, 점차 완

---

179) 김영윤, 앞의 글("북한 토지소유제의 전개과정"), 129면.
180) 이 외에 "국가는 인민의 협동단체의 발전을 장려"하며 "협동단체의 소유는 법적으로 보호하고"(제9조), 공민은 정당, 직업 동맹 기타 단체들과 함께 협동단체를 조직할 수 있으며, 이에 참가할 수 있고(제13조), 협동단체에서 동일한 노력에 대하여 동일한 보수를 받을 공민의 권리(제15조) 등 48년 헌법에는 협동단체와 관련한 수 개의 규정들이 있다.

전한 사회주의 형태로 진행되어 갔다.[181]

1954년 3월 11일 내각결정 제40호로 '농업협동경리의 강화·발전의 대책에 관하여'[182]가 공포되어 협동조합에 대한 본격적인 지원을 하면서, 개인경리를 협동조합에 가입시키려는 유도정책을 시행하였다.[183] 그 내용을 구체적으로 살펴보면 다음과 같다. 우선 농업협동경리들을 조직적으로 공고·발전시키기 위해서 농업상(장관급)은 농업협동경리조직의 합법성과 그들의 경제적 활동을 국가적으로 보장하기 위하여 농업협동경리의 국가등록에 대한 규정초안을 1954년 4월 말까지 내각에 제출해야 한다. 그리고 아직 초창기에 있는 농업협동경리들로 하여금 자체의 조합규약을 올바르게 채택하며 이에 근거하여 내부질서를 확립하고 계획성 있게 사업을 조직·진행하도록 방조하기 위하여 1954년 4월 15일까지 농업협동조합 기준규약 초안을 제정해야 한다. 그리고 농업협동경리들의 경제적 토대를 강화하며 그들의 영농사업을 국가적으로 방조하기 위해서 농업상 및 각 도인민위원회 위원장들은 농기계 임경소와 역마 임경소를 통해서 농업협동경리들의 경지를 우선적으로 기경하여 주어야 하며, 국영 채종농장들에서 생산한 우량종자를 우선적으로 교환하여 주어야 한다. 또한 1954년 인민경제계획에 예견된 도영 목장들에서 농촌에 배부된 종돈과 가금

---

181) 한 걸, 「공화국 농업협동조합법의 발전」, 『우리나라 법의 발전』, 국립출판소, 1960, 91면.

182) '농업협동경리의 강화·발전의 대책에 관하여'에 대해서는 정경모·최달곤, 『북한법령집』제2권, 대륙연구소, 1990, 316-318면.

183) '농업협동경리의 강화·발전의 대책에 관하여'는 공화국 농업을 보다 높은 단계로 발전시키고 농민들의 물질문화생활을 부유하게 하기 위해서는 공화국 농업의 협동화를 장려시킬 목적으로 결정되었던 것이다(정경모·최달곤, 『북한법령집』제2권, 316면).

류를 소정 규정에 의하여 농업협동경리들에 우선적으로 분양하도록 하였으며, 농업협동경리들에서 사육하는 가축에 대하여 정기적으로 예방주사를 실시하며 수의기술자들의 순회 진찰사업을 진행하도록 하였다. 그리고 국가로부터 대부하는 펌프, 원동기 등을 소정 규정에 의하여 농업협동경리에 우선적으로 대여해 주도록 하였다. 조선농민은행 총재는 농업협동경리들에 우선적으로 융자하여 주고, 융자받은 협동경리들의 경제적 형편을 고려하여 융자금을 장기 대부해 주어야 한다.[184]

1954년 5월 4일에는 '농업협동경리의 국가등록에 관한 규정'을 공포하여 농업협동조합에 대한 등록제를 실시하였으며, 같은 해 8월에는 제2형태와 제3형태의 농업협동조합에 관한 '기준규약'을 제정하였다. 이 기준규약들은 조합에 공통된 전체 토지는 조합이 집단적으로 이용하는 통일적 토지단위로 된다는 원칙을 규정하면서도, 조합원들이 통합한 토지의 소유권과 상속권은 이전 소유자, 즉 조합원에게 여전히 보존된다고 규정함으로써 사회주의적 소유관계에로의 과도기적 형태를 보여 주고 있다. 또한 조합원이 조합에서 탈퇴하는 경우에 해당 토지 또는 대토(代土)를 반환받을 수 있다. 이러한 기준규약은 협동화 운동을 촉진하고 조직된 조합들을 경제적으로 강화하는 역할을 한다. 또한 개별적 농업협동조합들이 해당 국가 기관에 등록한 규약들은 조합과 모든 조합원들에 대하여 법적 의무를 가진다.[185]

---

184) 정경모·최달곤, 앞의 책(『북한법령집』제2권), 317면.
185) 한 걸, 앞의 글(「공화국 농업협동조합법의 발전」), 95면.

2) 협동화의 대중화 단계

이 단계는 1954년부터 1957년까지의 농업협동화 단계로 농업의 집단화가 본격적으로 시작된 단계이다. 이 단계에서는 토지에 대한 사적 소유를 인정하면서도 토지를 조합에 출자하여 집단경영하게 하고, 노동의 기여도와 토지를 출자한 양에 기초하여 생산물을 분배하는 半사회주의적인 형태를 취하고 있다.186) 1954년 11월 전원회의가 농업협동조합에 대한 지도사업을 강화하고 농업협동조합에 대한 물질적·기술적 방조를 강화하며 관리일군들을 양성하는 사업을 확충할 대책을 제시함으로써 농업협동화 운동은 대중적 발전단계로 변화하게 된다.187) 더욱이 1955년 당시는 전쟁에 의해서 파괴되었던 농촌경제가 아직 완전하게 회복되지 않은 상태이었기 때문에 협동농장체제로 전환하여 조속히 농업생산성을 향상시킬 필요가 있었다. 특히 1955년 12월 22일에 「농업현물세에 관한 법령」이 개정되어 농업협동조합에 대해서만 현물세율을 5% 감경한 조치는 개인경리를 사라지게 한 원인으로 작용하였다. 또한 이 법령은 농업협동조합원은 개인 농민의 자가용 경작분에 대해서는 각 호당 30평까지 농업현물세를 면제하도록 하였고, 토지가 협박한 지대의 경우에는 50평까지 면제하도록 규정하고 있었다(제5조 1호).188)

대중적 협동화를 효율적으로 전개하기 위해서는 국가의 물질적·기술적 원조가 전제되어야 하는데 이에는 국영 농기계임경소가 중요한 역할을 하였다. 국영 농기계 임경소는 1950년 2월 8일

186) 김영윤, 앞의 글(「북한 토지소유제의 전개과정」), 130면.
187) 김승준, 앞의 글(「우리나라에서 농업 협동화의 결정적 승리」), 77면.
188) 정경모·최달곤, 앞의 책(『북한법령집』제3권), 107면.

'국영 농기계 임경소 설치에 관한 결정서'에 의하여 조직되었고, 같은 해 2월 21일 제정된 「국영 농기계 임경소에 대한 규정」에 의하여 그 법적 지위가 확고해졌다. 그리고 1955년 2월 15일 '농기계 임경소를 증설할 데 관하여'가 채택되어 임경소망이 확장되었다. 국영 농기계 임경소는 선진적 농업기계·기구를 사용하여 로력농가에게 생산적 협조를 줌으로써 농업생산량을 높이기 위한 국영기업소를 말한다.[189] 국영 농기계 임경소는 경지 및 기타 작업에 있어서 소정의 규정 또는 농가들과 체결한 계약에 의하여 모든 작업을 실시하여야 한다.[190]

1955년 6월 24일 내각결정 제57호인 '농촌경리를 급속히 복구, 발전시키기 위한 대책에 관하여'[191]는 농촌경리의 사회주의적 경제조직으로써 발전하고 있는 농업협동조합들을 조직적·경제적으로 더욱 강화하여야 한다고 하였다. 그 구체적 내용을 살펴보면 다음과 같다. 농업상 및 각 도인민위원회 위원장들은 금후 농업협동조합을 조직적·경제적으로 강화하여 그의 경제적 기초를 더욱 튼튼히 하도록 지도사업을 강화하여야 한다. 그리고 각 도위원회 위원장들은 농업협동조합들에 부속되는 축력을 보충하며 우량 가축들을 공급하기 위하여 인민군대에서 군마 1,800두, 몽고인민들이 보내 준 가축 3만 두 및 도영 목장들에서 생산되는 돈 1만 3,500두와 오리 30만 수 이상을 각 농업협동조합에 염가로 판매한다. 농업협동조합에 망라된 인민군 전사·하사관들의 가족들에게

189) 「국영 농기계 임경소에 대한 규정」 제1조 참조. 정경모·최달곤, 앞의 책(『북한법령집』제2권), 344면.
190) 「국영 농기계 임경소에 대한 규정」 제2조 참조.
191) 이에 대해서는 정경모·최달곤, 앞의 책(『북한법령집』제2권), 319 - 322면.

는 '조선인민군 전사, 하사관들의 부양가족 원호에 관하여(1949년 5월 9일 내각결정 제45호)'에 의하여 경제적 지원을 해 준다. 또한 농업상과 각 도인민위원회 위원장들은 농업협동조합들의 관리, 운영사업을 강화하기 위하여 실무적 지도와 그 사업 총화를 방조하기 위하여 중앙과 도에서 유능한 간부 및 부기계산원들을 선발하여 각 농업협동조합에 장기간 파견하도록 한다.[192] 이러한 과정에 의해서 농업협동화는 1956년 영농기에 총 농가호수의 70.5%가 협동경리에 소속되었고, 그중 제3형태(완전한 사회주의 형태)의 농업협동조합이 97% 이상을 차지하게 되었다.[193]

3) 협동화의 완성단계

이 단계는 토지를 비롯한 모든 생산수단이 집단화되는 단계이다. 즉 사회주의의 전형적인 형태를 이루는 집단소유와 집단경영체제를 완성하는 단계이다. 조선로동당 제3차대회(1956. 4. 23.)에서 한 중앙위원회사업총결보고에 의하면, 제1차 5개년 계획기간 동안에 반드시 농업협동화를 완성하여야 한다는 과업이 제시되었고, 이에 따라서 농업협동화는 대중적 발전단계에서 완성단계로 전환을 맞게 되고,[194] 협동화를 완성하기 위하여 농업협동조합의 물질적·기술적 토대를 강화하는 일련의 조치를 취하기 시작하였다.[195] 즉 조합의 공동경리질서를 위반하거나 문란하게 하는 행위

---

192) 정경모·최달곤, 앞의 책(『북한법령집』제2권), 321면.
193) 법원행정처, 『북한의 부동산제도』, 1997, 98면.
194) 한 결, 앞의 글(「공화국 농업협동조합법의 발전」), 99면.
195) 이에 관련된 법령으로는 「판결 판정의 집행에 관한 규정」(1956. 9. 25. 내각 결정 제95호), '농기계 임경소 증설 및 일부 임경소 명칭을 변경할 데 관하여'(1956. 10. 10. 내각 명령 제87호) 등이 있다.

를 근절시키면서 계획적인 경영규율과 재정적 규율을 통하여 농업협동화를 완성하고자 하였던 것이다.[196]

1957년 말에는 총 농가호수의 95.6%가 협동경리에 속하였고, 그중에서 제3형태의 비율은 98.8%를 차지하였다.[197] 이러한 과정을 통하여 농업협동화는 1958년 8월 말경에 거의 완성되었다.[198]

이후 1958년 10월 11일 내각결정 제125호 '농업협동조합을 통합하여 그의 규모를 확장하는데 관하여'를 통하여 협동농장의 규모를 확대 · 재조정하였다.[199] 그 내용을 살펴보면 다음과 같다.[200] 조선로동당의 정확한 경제정책에 의하여 전쟁시기에 파괴되었던 농촌경리의 물질적 · 기술적 토대는 급속히 복구 강화되었고, 농촌경리의 사회주의적 개조를 위한 농업협동화의 력사적 위업은 이미 완성되었다. 현재 농업협동조합들의 조직적 · 경제적 기초는 공고화되었으며, 농민들의 생활형편은 현저히 개선되었다. 농촌경리에 있어서 자연적 · 경제적 조건들을 합리적으로 이용하여 기계화수준을 더욱 제고하며, 선진영농방법을 광범위하게 도입할 뿐만 아니라 농촌경리를 다각화하며 농촌건설사업을 사회주의

---

196) 이에 관련된 법령으로는 '농업협동조합들의 경리 질서를 강화할 데 관하여'(1957. 11. 15. 내각명령 제90호)가 있다.
197) 한 걸, 앞의 글(「공화국 농업협동조합법의 발전」), 102면.
198) 불과 몇 년 사이에 제3형태의 조합이 압도적으로 된 이유는 농업협동조합에 대해서만 세제감면정책을 취하였고, 또한 농민저항에 대비하기 위하여 농민계층을 분화시키는 북한정권의 강제적인 집단화정책 때문이다. 즉 "빈농에게 중농과의 동맹을 통하여 부농을 철폐하고, 이후 중농과의 동맹관계를 다시 농업협동화에 맞게 개조한다."는 계급정책을 통하여 농업의 집단화를 실시하였던 것이다(고승효, 『북한경제의 이해』, 평민사, 1993, 62면).
199) 유해웅, "통일 후 북한의 토지이용과 개발에 대한 기본구상", 『토지연구』(서울: 한국토지공사, 1993. 12) p.122. 북한의 농업협동화 과정에서는 구소련과는 달리 조합설립 과정에서의 '출자금제도'를 취하지는 않았는데, 이에 대하여 북한은 조합제도 자체가 국가적 지원을 받고 정신적으로도 조합과 조합원의 일체성이 강하였기 때문이라고 한다(고승효, 김지관 역, 『조선에서의 사회주의의 건설』, 신일본출판사, 1962, 13면).
200) 이에 대해서는 정경모 · 최달곤, 앞의 책(『북한법령집』제2권), 366 - 368면.

적 요구에 적응하게 계획적으로 진행할 수 있도록 농업협동조합들을 통합하여야 하는 문제는 필요적 요구일 뿐만 아니라 오늘 조선민주주의 인민공화국 현실에 있어서 성숙된 과업으로서 제기되고 있다. 따라서 농업협동조합을 통합하여 그 규모를 확장하기 위해서 농업상 및 각 도인민위원회 위원장들은 현재 리내에 있는 농업협동조합들을 리단위로 한 개의 농업협동조합으로 통합한다.[201] 리단위로 농업협동조합들이 통합되는 실정에 비추어 농업협동조합 관리위원장이 리인민위원회 위원장의 직책을 겸임하게 하고, 리인민위원회에는 통계원을 두어 리행정사무를 취급하도록 한다. 현존 농업협동조합들의 생산수단 및 생산시설, 문화시설, 공동축적금과 채권을 포함한 일체 공동생산을 정확히 평가하여 통합되는 협동조합에 무상으로 이관한다. 읍 및 로동자구(동) 내의 농업협동조합들도 단일하게 통합하며, 인민위원장과 조합관리위원장을 겸임시키지 말고 각각 전임시킨다.

그리고 농업협동조합들의 규모가 전반적으로 확대되는 조건하에서 조합의 생산단위인 작업반 조직을 일반적으로 40명에서 50명 내외로 구성하는 것을 원칙으로 하는데, 실정에 따라서 한 개의 부락에 한 개 또는 수 개의 작업반을 조직하며, 산간지대에서는 지역적 조건에 따라 지역 또는 부락단위로 작업반을 조직하며, 특히 먼 거리에 있는 작업반들에 대하여는 생산책임제를 도입할 수 있도록 한다. 또한 농업협동조합들의 연말결산분배는 종전의 조합별로 해당 관리위원회들이 진행하도록 통합된 조합관리위원회의 지도와 통제 밑에 본 결정에 지적된 기본원칙에 입각하여 정

---

201) 정경모·최달곤, 앞의 책(『북한법령집』제2권), 367면.

확하게 실시하도록 보장한다. 농업협동조합의 통합사업은 1958년 10월부터 11월 20일 전으로, 일체 공동재산의 등록 및 이관사업은 12월 15일까지, 결산분배사업은 12월 말까지 각각 완료하도록 한다. 조선소비협동조합 중앙연맹리사회리사장, 국립농업은행 총재, 조선수산협동조합 중앙연맹조직위원회 위원장은 농촌소비협동조합, 신용협동조합을 해당지역의 통합된 농업협동조합202)에 각각 이관하여야 한다. 따라서 농업협동조합은 그때까지 농촌에 산재해 있던 소비·신용협동조합 등의 기능도 흡수함으로써 里내의 전체 생활체계(정치·경제·사회·문화)를 총괄하는 기구로 발전하였다.203) 각 도인민위원회 위원장들은 농업협동조합 통합사업을 성과적으로 보장하기 위하여 도, 시, 군에 지도위원회와, 리에 준비위원회를 1958년 10월 15일까지 조직하고 통합사업을 지도하여야 하는데, 도지도위원회는 도인민위원회 위원장을 위원장으로 하고 그의 구성원은 7명에서 9명으로 구성하도록 하였다.204) 이와 같은 과정을 통하여 협동조합은 1958년에 그 수는 감소되었지만, 그 규모는 확대·재편성되었다.205)

3. 사회주의 토지소유권의 확립

북한 정부는 농업의 집단화가 완료된 이후에 생산수단의 사적

---

202) 읍 및 로동자구(동)의 농업협동조합은 제외되고 신용협동조합은 포함된다(정경모·최달곤, 앞의 책(『북한법령집』제2권), 368면).
203) 김상용, 앞의 책(『토지소유권의 법사상』), 454면.
204) 정경모·최달곤, 앞의 책(『북한법령집』제2권), 368면.
205) 1961년 10월부터 '농업협동조합'이라는 명칭은 '협동농장'으로 바뀌게 된다(법원행정처, 앞의 책(『북한의 부동산제도』), 101면).

소유를 완전히 폐지하고 사회주의적 토지소유권을 확립하기 위한 근본적인 법규범의 정비작업을 진행시켰다. 이에 따라서 1972년 12월 27일 최고인민회의 제5기 1차 회의에서 헌법을 개정함으로써 이를 실현하게 된다. 이 헌법의 정확한 명칭은 「조선민주주의 인민공화국 사회주의헌법」이다.[206] 이 헌법은 생산수단에 대한 사회주의적 소유형태로서 개인소유권은 부정하고, 국가소유권과 협동단체소유권만을 허용함으로써, 농업협동화를 통하여 확립된 사회주의적 토지소유권만이 인정된다는 것을 명시적으로 규정하였다(제18조). 그리고 개인소유는 근로자들의 개인적 소비를 위한 소유인데 이러한 근로자들의 개인소유는 노동에 의한 사회주의 분배와 국가 및 사회의 추가적 혜택으로 이루어진다고 규정하면서, 협동농장의 구성원들의 텃밭경리를 비롯한 주민의 개인부업경리에서 나오는 생산물에 대해서는 개인소유를 인정하고, 국가는 근로자들의 개인소유를 법적으로 보호하며 그에 대한 상속권을 보장한다고 규정하였다(제22조).

사회주의적 소유관계가 헌법에 규범화된 이후에, 북한정부는 이러한 헌법의 내용을 구체적으로 실현하기 위하여 토지의 보호·관리 및 이용에 관한 구체적이고 종합적인 법률을 제정하기 시작하였다. 그러한 대표적인 법률이 1977년 4월 29일 최고인민회의 제5기 제7차 회의에서 채택된 「조선민주주의인민공화국 토지법」이다. 이 법률을 1977년 토지법 또는 토지법이라고 한다.[207] 토지

---

206) 북한의 1972년 헌법에 대해서는 정경모·최달곤, 앞의 책(『북한법령집』제1권), 27면 이하 참조.
207) 토지법의 제정 이후에 이를 구체화하는 하위법령들이 다수 제정되었다. 예컨대 '농업토지보호관리규정'(1977년 12월 정무원 결정), '산림자원보호규정'(1983년 4월 10일 정무원

법은 토지의 소유, 보호, 건설, 관리 등에 관하여 구체적이고 체계적으로 규정한 종합적인 법률이라는 점에서 종전의 토지관리규정과 1963년 토지법과는 다르다.[208] 토지법은 사회주의건설을 위하여 종래에 시행한 토지정책들과 장래에 시행할 토지정책에 대한 기본구상을 그 내용으로 담고 있기 때문에 토지에 관한 기본법이면서 토지정책의 준거틀로서 중요한 위치를 차지하고 있다.[209] 토지법은 제1장 조선민주주의인민공화국의 토지는 혁명의 고귀한 전취물, 제2장 토지소유권, 제3장 국토건설총계획, 제4장 토지보호, 제5장 토지건설, 제6장 토지관리 등 6장 80조로 구성되어 있다.[210]

제1장에서 "조선민주주의인민공화국에서 토지는 전체농민들이 조선로동당과 인민정권의 현명한 령도 밑에 '밭갈이하는 땅은 밭

결정), '주민지구토지관리규정'(1980년 1일 정무원 결정), '산림자원단속규정'(1984년 2월 정무원 결정), '토지감독에 관한 규정'(1985년 6월 9일 정무원 결정), '국토건설 총계획 작성과 건설물의 위치지정 및 건설허가에 관한 규정'(1985년 12월 11일 중앙 인민위원회 정령), '국토건설총계획과 건설위치 지정에 관한 규정'(1987년 5월 9일 정무원 결정), '토지관리 및 감독에 관한 규정'(1987년 10월 25일 정무원 결정), '강하천관리규정'(1990년 3월 29일 정무원 결정), '공원유원지관리규정'(1990년 7월 13일 정무원 결정), '국가지하자원 보호관리규정'(1991년 8월 20일 정무원 결정), '도로관리규정'(1990년 9월 13일 정무원 결정) 등이 이에 해당한다.

208) 북한은 토지법이 종전과 달리 토지의 보호·관리·건설을 위주로 하는 구성체계를 갖춘 점에서 독창성과 우월성을 가진다고 자랑한다. 서창섭, 『법건설경험』, 사회과학출판사, 1984, 96면.

209) 토지법은 "북한이 수행하여 온 토지정책의 제 성과를 법적으로 고착시키고 국토건설을 보다 힘차게 추진하려는 확고한 법적 보장이 되는 것으로서 사회주의 토지법의 원형이 되는 법률"이라고 한다(金圭昇, 『朝鮮民主主義人民共和國の法と司法制度』, 日本評論社, 1985, 66면; 법원행정처, 앞의 책(『북한의 부동산제도』), 61면 재인용).

210) 77년 토지법의 특징에 대해서는 법원행정처, 앞의 책(『북한의 부동산제도』), 60-67면 참조. 토지법의 구성은 1장을 제외하고 토지의 이용관계와 국토건설총계획으로 이원화되어 있는데, 이는 토지이용의 효율화를 통하여 국토균형개발을 추진함으로써 농업과 공업 사이의 불균형을 조정하고 농업생산성을 향상시키려는 정책전환의 의지를 나타내고 있다고 한다. 신재명, 「북한 토지정책의 전개과정과 그 특징 ― 토지법 변화를 중심으로」, 『북한』 1991. 10., 140면.

갈이하는 농민에게로'라는 원칙으로 실시한 위대한 토지개혁법령에 의하여 민주주의혁명단계에서 이룩한 혁명의 고귀한 전취물이다(제1조)."라고 선언함으로써 토지에 대한 사회주의적 소유관계의 확립이 그들이 수행한 혁명의 중요한 과제였음을 밝히고 있다. 그리고 "조선민주주의인민공화국에선 토지개혁과 농업협동화 방침이 철저히 수행되어 농촌에서 봉건적인 토지소유관계와 온갖 착취관계가 영원히 없어졌으며 사회주의적 토지소유관계가 전면적으로 확립되었다(제2조 1문)."라고 규정하여 그들이 해방 이후 실시한 토지개혁이 사실상 완성되었음을 밝히고 있다.[211] 그리고 "국가는 토지개혁에서 이룩한 성과와 사회주의적 토지소유관계를 법적으로 고착시키고 공고발전시키며 국토를 보호개발하고 국가와 사회가 공동으로 이용하여 사회주의의 물질기술적 토대를 더욱 튼튼히 하며 나라의 사회주의 건설을 힘있게 다그칠 수 있도록 필요한 대책을 강구한다(제4조)."고 규정함으로써 토지법 제정의 목적을 명백히 하고 있다. 또한 토지를 농업토지, 주민지구토지, 산림토지, 수역토지, 특수토지로 구분하고,[212] 각급 인민위원회와 정무원 및 행정위원회의 지도 밑에 국토관리기관을 두어 토지의 관리·이용에 대한 감독통제를 통일적으로 하게 하였다(제7조).

---

211) 북한에 있어서 사회주의적 토지소유관계의 확립이 전 인민을 무산계급화하여 공산당독재를 용이하게 하는 결과를 낳았다는 비판이 있다(법제처, 『북한법제개요』, 법제자료 제157집, 1991, 437면). 그러나 이것은 사회주의 토지소유사상에 기인한 부수적 결과일 뿐 이것이 북한토지제도의 본질이라고 보기는 어렵다. 따라서 이러한 비판은 맹목적 반공주의에 입각한 북한연구시각으로서 바람직한 자세가 아니다(최완규, 「북한연구방법론: 연구시각, 자료, 이론틀」, 『북한연구』 제6권 1호, 1995, 133면).

212) 그런데 토지법 제6장에서는 제7조와 달리 토지를 농업토지(제63조), 주민지구토지(제69조), 산림토지(제70조), 산업토지(제72조), 수역토지(제74조), 특수토지(제75조)로 구분하고 있다.

제2장에서는 토지소유권에 관하여 사회주의헌법과 거의 동일하게 규정하고 있다. 즉 "토지는 국가 및 협동단체의 소유이고, 누구도 팔고 사거나 개인의 것으로 만들 수 없다."고 규정하여 사회주의헌법과 마찬가지로 토지의 사적 소유와 토지의 매매를 금지하고 있다(제9조). 그런데 "토지는 오직 국가만이 지배할 수 있으며, 그것을 인민[213]의 이익과 행복을 위하여 협동농장을 비롯한 기관, 기업소, 단체 및 공민[214]들이 여러 방면으로 이용할 수 있다. 협동농장원들의 터밭 이용은 협동농장 규약에 의하여 20~30평으로 한다(제13조)."고 규정하여 토지의 관리책임이 국가에게 있으며, 이용할 수 있는 텃밭의 면적을 제한한 점이 사회주의헌법과 다르다.

제3장에서는 국토건설총계획[215]에 관하여 규정하고 있다. "국토건설총계획이란 국토를 인민경제발전과 인민들의 복리증진에 맞게 합리적으로 개발이용하고 정리미화하며 나라의 전반적 살림살이를 전망성 있게 계획적으로 꾸려나가기 위한 국토건설의 통일적이며 종합적인 전망계획이다(제14조)."라고 정의하고 있다. 이를 위해서 국토건설총계획의 원칙(제15조), 기간(제16조), 내용(제

---

213) 북한에서 인민이란 사회발전에서 진보적 역할을 하는 계급들과 계층들을 통틀어 가리키는 사회역사적 개념이다. 북한에서는 노동계급을 비롯한 농민과 인텔리 등 광범한 근로대중이 인민이 되고, 남한에서는 노동계급과 농민, 청년학생, 지식인, 도시소자산계급, 일부 민족자본가 등 광범한 반제반봉건세력이 인민에 속한다고 한다(사회과학원, 『정치용어사전』, 사회과학출판사, 1970, 718면).

214) 북한에서 공민이란 일정한 국가의 국적을 가지고 그 나라의 헌법상 공민의 권리와 의무를 가진 사람을 말한다. 북한정권수립 이전에 조선의 국적을 소유하였던 조선사람과 그의 자녀로서 북한국적법을 공포한 날인 1963년 10월 9일까지 국적을 포기하지 않은 사람, 그리고 외국인으로서 종래의 국적을 포기하고 합법적 절차에 의하여 북한 국적을 취득한 만 18세 이상의 사람으로서 북한 사회주의제도를 지지옹호하는 모든 사람이 북한의 공민이 된다. 공민에게는 공민증이, 만 18세 미만의 미성년자에게는 출생증이 발급된다(사회과학원 법학연구소, 『법학사전』, 사회과학출판사, 1971, 32면).

215) 북한의 국토건설총계획은 우리나라의 국토건설종합계획과 유사하지만, 북한의 국토건설총계획은 불과 5개의 조문만으로 이를 실행한다는 점에서 차이가 있다.

17조), 승인절차(제18조) 등이 규정되어 있다.

제4장에서는 국토관리기관, 농업지도기관 및 토지이용기관이 진행하여야 할 토지보호사업의 내용이 규정되어 있다. 토지보호사업은 강하천정리사업(제20조 내지 제29조), 산림건설사업(제30조 내지 제40조), 지하자원개발 시 행할 토지보호사업(제41조, 제42조)으로 구분된다.[216)

제5장에서는 농업의 공업화, 현대화를 통하여 농업생산성을 높이기 위한 토지건설사업의 내용이 규정되어 있다. 토지건설사업의 내용으로는 논의 수리화와 밭의 관개체계 완성(제44조), 저수지의 건설과 보수(제45조), 토지정리사업(제46조), 토지개량사업(제48조), 다락밭 만들기(제49조), 간석지 개간사업(제50조), 해안방조제의 건설(제51조), 도시와 마을의 환경개선사업(제52조 내지 제54조), 도로의 건설·관리사업(제55조 내지 제60조), 항만 건설과 수로 개척(제61조), 수산자원 보호사업(제62조) 등이 규정되어 있다.

제6장에서는 토지를 용도별로 6가지로 구분하고, 각 토지의 관리 주체, 관리방법 및 이용허가 주체 등을 규정하고 있다. 종전의 토지관리규정과 달리 농업토지 이외의 토지들의 관리에 관하여도 상세히 규정하고 있다. 그러나 토지의 목적 외 이용이나 남용행위에 대한 처벌규정은 두고 있지 않다. 먼저 토지의 용도별 구분내용을 살펴보면, 토지는 농업토지(오직 경작할 수 있는 토지, 제64조), 주민지구토지(시, 읍 로동지구의 건축용지와 그 부속지, 공공이용지와 농촌건설대지, 제69조), 산림토지(산림이 조성되어 있거

---

216) 북한의 강하천정리사업은 우리나라의 하천법에, 산림건설사업은 산림법에, 지하자원개발 시 행할 토지보호사업은 광업법과 광산보안법에 규정되어 있는 내용들이다(법제처, 앞의 책(『북한법제개요』), 441 - 442면).

나 조성할 것이 예정된 산야와 그 안에 있는 이용지, 제70조), 산
업토지(산업시설물이 차지하는 토지와 그 부속지, 제72조), 수역토
지(연안, 영해, 강하천, 호소, 저수지, 관개용수로 등이 차지하는
일정한 지역의 토지, 제74조) 및 특수토지(혁명 전적지, 혁명 사적
지, 문화 유적지, 보호구역, 군사용 토지 등 특수목적에 이용되는
토지, 제75조)로 구분된다.[217] 그리고 농업토지는 농업지도기관과
이를 이용하는 해당 협동농장 및 기관, 기업소, 단체가, 주민지구
토지는 중앙의 도시경영기관과 지방행정위원회가, 산림토지는 국
토관리기관과 이를 이용하는 기관, 기업소, 단체가, 산업토지는 이
것을 이용하는 기관, 기업소가, 수역토지는 국토관리기관 또는 농
업지도기관이, 특수토지는 해당 중앙기관과 지방행정위원회 및 이
것을 이용하는 기관, 기업소, 군부대가 이를 각 관리한다.[218] 국토
관리기관은 모든 토지를 통일적으로 장악하고 등록하며(제77조),
농업지도기관과 국영 및 협동농장을 비롯한 해당 기관들도 토지
문건을 철저히 보관·관리하여야 한다(제79조)고 규정하고 있다.

이 토지법은 1999년 6월 16일 최고인민회의 상임위원회 정령
제803 - 1호로 일부조항이 수정되었는데, 대부분이 관계기관의 명
칭변경이었다.[219] 이것은 1998년 9월 5일 최고인민회의 제10기 1

---

217) 토지법에서는 경작하는 토지만이 아니라 도로, 하천, 산림, 간석까지 토지의 개념에 포함시
켜 폭넓게 규정하고 있다(법원행정처, 앞의 책(「북한의 부동산제도」), 66면 참조).
218) 다만 이와 같이 병렬적으로 나열된 각 관리 주체 사이의 관계가 어떠한지, 어떤 기준에
의하여 구체적으로 관리 주체가 결정되는지, 토지관리와 이용에 대한 감독통제기능을 수
행하는 국토관리기관(제7조)이 관리 주체가 되는 경우에는 누가 이를 감독·통제하는지
등에 대한 세부적인 규정이 없다(법원행정처, 앞의 책(「북한의 부동산제도」), 66면 참조).
이러한 점에서 토지법의 규정이 북한의 다른 법률과 마찬가지로 구체성과 정확성이 결여
되었다 할 것이고, 나아가 북한에서 진정한 법치주의가 실현되기에는 요원하다는 비판이
있다(법제처, 앞의 책(『북한법제개요』), 450면).
219) 그 내용을 살펴보면 다음과 같다. 도시와 마을을 어지럽히거나 오염시키는 일이 없도록

차회의에서 채택된 98년 헌법이 관계기관의 명칭을 변경하였기 때문이다.

4. 북한의 토지임대법

(1) 북한의 경제개방

사회주의 국가에서는 부동산의 사적 소유가 금지되기 때문에 부동산임대차 특히 토지임대차는 인정되지 않는다. 다만 토지의 효율적인 이용과 대외 경제개방을 위하여 제한적으로 부동산임대차를 허용하는 사회주의 국가가 등장하였는데, 중국이 가장 대표적인 예이다. 북한의 경우를 살펴보면 공민들에게 불로소득을 가져다주는 일체의 계약이 금지되어 있고(민법 제138조 제2문), 공민이 도서, 특허물, 록음 및 록화물 같은 자료를 해당 기관으로부터 빌리는 계약은 무상 또는 유상으로 맺을 수 있지만, 공민들 상호간에 빌리기계약에서는 사용료를 주고받을 수 없다(민법 제179조). 그리고 빌리기계약에 관한 모든 규정들이 그 목적물로서 도서, 생활용품, 문화오락기구, 체육기자재 등의 동산만을 나열하고 있다(민법 제177조). 따라서 북한에서는 원칙적으로 부동산임대차가 허용되지 않는다고 할 수 있다. 그런데 북한은 1990년 이후에 대외경제개방정책의 추진에 따라 외국자본을 유치하기 위하여

통제하는 기관이 지방행정위원회인데 이것이 지방정권기관으로 변경되었다(54조). 그리고 제59조의 지방행정위원회도 지방정권기관으로 변경되었다. 북한의 경우에 논밭은 허가 없이 묵이거나 버릴 수 없으며 논밭을 묵이거나 버리며 농업생산 밖의 목적에 이용하려고 할 때에는 그 규모와 대상에 따라 해당 국토관리기관의 동의를 받은 다음 중앙농업지도기관 또는 정무원의 승인을 받아야 한다(제65조). 여기서 정무원이 내각으로 변경되었다. 또한 제67조의 정무원도 내각으로 변경되었으며, 제69조의 행정위원회가 지방정권기관으로, 도행정위원회가 도인민위원회로, 정무원이 내각으로 변경되었다.

중국을 모방한 「토지임대법」과 「자유경제무역지대 건물양도 및 저당규정」 등을 제정하였다. 따라서 대내적으로는 부동산임대차제도가 존재하지 않지만, 대외적으로 외국투자기업, 외국인 및 북한영역밖에 거주하는 조선동포를 대상으로 부동산임대차제도를 제한적으로 인정하고 있다.

(2) 토지임대법의 형성배경

북한정권은 대외경제개방의 필요성을 인식하면서 중국의 「중외합자경영기업법」을 모방한 구 합영법(1984. 9. 8. 최고인민회의 상설회의 결정 제10호)을 제정하였다.[220] 이 법률에서 토지사용 시의 토지사용료 부과에 관한 규정이 처음으로 등장하였다(제21조). 외국인투자가에 대한 토지임대는 외국인투자법(1992. 10. 5. 최고인민회의 상설회의 결정)에서 처음으로 허용되었다. 외국인투자법은 투자에 대한 유리한 토지사용조건을 보장하고(제8조), 토지를 최고 50년까지 임대할 수 있으며 해당 기관의 승인하에 양도와 상속이 허용되는 등(제15조) 토지임대차의 기본적인 사항에 대해서 규정함으로써 토지임대 관련법규가 일정한 체계를 갖추기 시작하였다. 그 후 자유경제무역지대법(1993. 1. 31. 최고인민회의 상설회의 결정)에서는 필요한 토지의 임차, 임차기간의 연장(제20조), 장려부문투자에 대한 입지상의 우대 및 임대료 감면(제38조)에 관한 내용이 규정되었다. 이러한 상황에서 북한정권은 토지임대차에 관한 사항을 보다 체계적으로 규율하기 위하여 토지임대법(1993. 10. 27. 최고인민회의 상설회의 결정)과 그 시행규정(1994. 9. 7.

---

220) 명순구, 북한의 부동산법제, 〈http://www.dres.pe.kr/portfolio/article034.pdf〉, 검색일: 2006. 6. 13., 7면 참조.

정무원 결정)을 제정하였다. 이후 토지임대법(1999. 2. 26. 최고인
민회의 상임위원회 정령 제484호)은 일부의 규정이 수정되었
다.[221]

(3) 토지임대법에 의한 토지이용관계

1) 당사자

임차인의 자격에 대해서는 토지임대법 제2조에 규정되어 있다.
제2조는 "다른 나라의 법인과 개인은 공화국의 토지를 임대받아
이용할 수 있다."라고 하여 임차인을 한정하고 있다.[222] 그리고 동
시행규정 제2조는 "공화국 령역 안에 기업을 창설하거나 거주를
목적으로 하는 다른 나라의 기관, 회사, 기업 기타 경제조직 및 외
국인과 공화국 령역 밖에 거주하는 조선동포, 공화국 령역 안에
있는 외국인투자기업은 토지를 임차할 수 있다."라고 하여 토지임
대법의 내용을 보다 구체적으로 규정하고 있다. 따라서 북한의 주
민이나 기업은 원칙적으로 임차인이 될 수 없다. 그러나 북한의
기관·기업소·단체가 합영·합작기업에 토지를 출자하고자 하
는 경우에는 기업소재지의 도(직할시)인민위원회 또는 라진 - 선봉
시인민위원회의 승인을 받아 해당 토지이용권을 가질 수 있다(법
제5조). 토지임대는 중앙국토환경보호지도기관의 승인이 있어야

---

221) 북한의 토지임대법은 그 체계와 규율내용상으로 볼 때, 중국의 중화인민공화국성진국유토
지사용권출양화전양잠행조례(中華人民共和國城鎭國有土地使用權出讓和轉讓暫行條
例)(1990. 5. 19. 국무원공포)를 참조하여 제정하였다고 볼 수 있다(백승기, 「사회주의 중
국의 토지정책」, 『토지법학』, 한국토지법학회, 1994. 12., 13면 인용).
222) 장명봉, 『북한법령집』, 북한법연구회, 2005, 381면 참조. 이렇게 임차인을 한정한 이유는
토지임대법이 외국투자가와 외국투자기업에 필요한 토지를 임대하고 임차한 토지를 이용
하는 질서를 세우는 데 그 목적이 있기 때문이다(제1조).

하는데, 토지임대차계약은 도(직할시)인민위원회 또는 라진 - 선봉
시인민위원회 국토환경보호부서가 맺는다(법 제4조).

2) 토지이용권의 법적 성질

토지임대법은 토지임대의 개념에 대하여 규정하고 있지 않다.
그러나 '조선민주주의인민공화국 대외경제협력추진위원회'의 유
권해석에 의하면, 토지임대는 "임차자에게서 값을 받고 토지이용
권을 일정한 기간 넘겨주는 행위"이며, 토지임차는 "값을 물고 일
정한 기간 토지이용권을 넘겨받는 행위"이다.[223] 토지임대법상의
토지이용권은 어떠한 법적 성격이 있는지 살펴볼 필요가 있다. 그
런데 한 가지 유념하여야 할 것은 사회주의 국가의 재산권 내용과
자본주의 국가의 재산권 내용이 동일할 수 없다는 것이다. 서로가
추구하는 목적이 상이하기 때문이다. 따라서 우리식의 법 개념으
로 북한의 토지이용권을 대입할 필요는 없다고 본다. 이러한 전제
에서 토지임대법상의 토지이용권의 법적 성질을 살펴보면, 토지이
용권은 판매, 재임대, 증여, 상속 및 저당설정이 가능하고, 양도 시
에는 지상건축물도 함께 이전되며, 임대기간도 최고 50년까지 보
장될 수 있고, 또한 등록이라는 공시제도도 갖추고 있다는 점에서
물권적 성질이 강한 권리라고 할 수 있다. 그러나 토지이용권의
판매와 재임대 등을 하기 위해서는 임대기관의 승인을 받아야 한
다는 점에서 일단 물권이 설정된 이후에는 권리의 존속범위 내에
서 자유롭게 처분할 수 있는 남한민법상의 물권과는 차이가 난다.
따라서 북한의 토지임대법상의 토지이용권은 물권적 성질이 강한

---

[223] 대외경제협력추진위원회, 라진 - 선봉자유경제무역지대 투자문답집, 1996. 6., 10 - 11면
　　　참조. 명순구, 앞의 글(「북한의 부동산법제」), 9면 참조.

특수한 권리라고 할 수 있다.

3) 토지임대차의 성립

토지임대법과 동 시행규정에는 토지임대의 방법에 대하여 협상, 입찰, 경매 세 가지를 규정하고 있다. 일반적으로 토지임대차는 협상의 방법에 의하지만, 라진－선봉경제무역지대 안에서는 토지임대를 입찰과 경매의 방법으로도 할 수 있다(법 제9조). 이를 구체적으로 설명하면 다음과 같다. 첫째, 협상에 의한 토지임대차는 토지임대기관과 토지임차희망자 사이에 임대료, 투자 및 개발조건을 비롯한 임대차조건을 직접 합의하는 방식으로 토지임대차계약을 체결하는 것이다. 먼저 임차희망자는 토지임대기관이 제공하는 토지자료를 연구한 다음 기업창설승인 또는 거주승인문건 사본을 첨부한 토지이용신청문건을 토지임대기관에 제출하고(법 제11조 제1호, 시행규정 제12조 내지 제14조), 이에 토지임대기관은 토지이용신청문건을 접수한 날로부터 20일 이내에 승인 또는 부결 결정을 신청인에게 통지한다(법 제11조 제2호, 시행규정 제16조). 토지이용신청이 승인되면 토지임대기관과 임차희망자는 토지의 면적, 용도, 임대목적과 기간, 총투자액과 건설기간, 임대료와 그 밖의 필요한 사항을 내용으로 하는 토지임대차계약을 체결한다(법 제11조 제3호). 토지임대기관은 토지임대차계약에 따라 토지이용권을 넘겨주는 값을 받은 다음 토지이용증을 발급하고 등록한다(법 제11조 제4호). 둘째, 입찰에 의한 토지임대차는 토지임차희망자들이 지정된 기간 안에 임대료, 투자 및 개발조건을 비롯한 임차조건을 토지임대기관에 비공개적으로 제출하게 하며 토지임대기관이 입찰에 참가한 자들 가운데서 유리한 임차조건을 제기한 임차자를 선택하는 방법으로 진행되는 토지임대이다(시행규정 제18조).[224] 입찰의 방법은 자유경제무역지대에서 규모가 크거나 주요한 개발대상의 토지임대에 적용하는데(시행규정 제18조), 출판 보도수단을 통하여 응찰자를 모집하는 공개입찰의 형식으로 하거나 입찰조건에 적합하다고 인정되는 대상에 토지입찰문건을 개별적으로 보내어 응찰자를 모집하는 지명입찰의 형식으로 할 수 있다(시행규정 제21조). 셋째, 경매에 의한 토지임대차는 자유경제무역지대에서 부동산개발용지, 금융, 상업, 관광 및 오락용지와 같은 경쟁성이 강한 토지의 임대에 적용할 수 있다. 경매에 의한 토지의 임대는 정한 시간과 장소에 임차희망자들을 모여 놓고 공개적으로 임차경쟁을 조직하는 방법으로 한다(시행규정 제29조).[225] 토지경매의 조직은 토지임대기관이 한다. 토지임대기관은 경매하는 토지의 면적, 위치, 임대차계약의 기본조건, 토지의 경매 장소와 날자, 절차, 보증금 같은 것을 공시하여야 한다(시행규정 제30조). 토지의 경매에 참가하려고 할 경우에는 자금 및 투자능력을 확인하는 문건을 구비하고 정한 보증금을 낸 다음 경매참가번호를 받는다(시행규정 제31조). 토지임대기관은 최고가격을 제시한 임차희망자를 낙찰자로 정하고 낙찰일로부터 7일 이내에 토지임대차계약을 체결하여야 한다(시행규정 제33조).

4) 토지이용권의 양도

토지임차자는 토지를 임대한 기관의 승인을 받아 임차한 토지

---

224) 장명봉, 앞의 책(『북한법령집』), 708면 참조.
225) 장명봉, 앞의 책(『북한법령집』), 709면 참조.

의 전부 또는 일부에 해당한 이용권을 제3자에게 양도(판매, 재임대, 증여, 상속)하거나 저당할 수 있다. 토지이용권을 양도하거나 저당하는 기간은 토지임대차계약에 정해진 기간 안에서 남은 이용기간을 넘을 수 없다(법 제15조).[226) 판매, 재임대, 증여를 통한 토지이용권의 양도는 일정한 조건이 충족되어야 할 수 있다(시행규정 제42조).[227) 첫째, 토지임대기관으로부터 임차하였거나 임차인으로부터 판매, 교환 형식으로 양도받은 토지이용권이어야 하고, 둘째, 토지임대차계약이 정한 임대료 전액을 지급하였어야 한다. 왜냐하면 임대료를 모두 지급하지 않으면 토지이용권의 완전한 처분권을 가지지 못하기 때문이다. 처분권을 가지지 못한 토지이용권은 자의로 처분할 수 없다. 셋째, 토지임대차계약에 지적된 기한과 조건에 따라 투자와 건설을 한 토지이용권이어야 한다. 여기에서 약정한 투자몫을 먼저 투자하도록 한 것은 당해 토지의 개발 및 이용에는 관심이 없고 중간에서 차익만을 노려 양도하는 경우를 배제시키려는 것으로 볼 수 있다. 그리고 제16조에서 상속을 규정하지 않은 것은 당사자의 의사가 개입하지 않고 양도가 발생하는 상속에 대해서까지 이러한 조건을 요구할 필요성이 없기 때문이다.[228)

5) 토지임대차의 효력

토지임대차의 당사자는 토지임대계약에 의하여 권리와 의무를

---

226) 장명봉, 앞의 책(『북한법령집』), 382면 참조.
227) 장명봉, 앞의 책(『북한법령집』), 710면 참조.
228) 토지이용권의 양도에는 유상행위인 판매와 재임대, 무상행위인 증여와 상속 네 가지 유형이 있다(법 제15조, 시행규정 제40조 제2문).

부담하게 된다. 토지임대법은 국가기관인 임대인보다는 주로 임차인의 권리, 의무에 대해서 규정하고 있다. 이를 구체적으로 살펴보면 다음과 같다.

토지임차자는 토지를 임대한 기관에 토지임대료를 물어야 한다. 토지임대료는 토지이용권을 넘겨주는 값과 토지를 사용하는 값이 속한다(법 제28조).[229] 토지임대기관은 개발한 토지를 임대하는 경우 임차자로부터 토지개발비를 토지이용권을 넘겨주는 값에 포함시켜 받는다. 토지개발비에는 토지정리와 도로건설 및 상하수도, 전기, 통신, 난방시설 건설에 지출된 비용이 속한다(법 제29조). 협상을 통하여 임대하는 경우 토지임대료는 국가가격제정기관이 정한 기준임대료를 기초로 토지임대기관과 임차인이 협의하여 정하고, 자유경제무역지대의 토지를 입찰과 경매를 통하여 임대하는 경우 기준가격은 지대당국이 정하며 낙찰자가 제기한 가격을 임대료로 한다(시행규정 제86조, 제88조). 임차인은 임대차계약을 체결한 날로부터 90일 안에 토지임대료 전액을 지급하여야 한다. 다만 장려부문이나 토지이용권을 넘겨주는 값이 큰 토지개발부문은 임차자가 토지임대기관과 합의하고 5년 안에 분할하여 지급할 수 있다. 이 경우 미납금에 대해서는 해당한 이자를 물어야 한다(법 제30조). 협상, 경매를 통해 토지를 임차한 자는 토지임대차계약을 맺은 날부터 15일 안으로 토지이용권을 넘겨주는 값의 10%에 해당한 이행보증금을 내야 하는데, 이행보증금은 토지임대료에 충당할 수 있다고 규정하고 있는 것(법 제31조)으로 보아 계약금이나 위약금의 성격을 띠는 것으로 보인다.

---

229) 장명봉, 앞의 책(『북한법령집』), 383면 참조.

토지사용료는 토지이용자가 토지소유권자인 국가에 대하여 지불하는 특수한 요금이다. 임차한 토지의 이용자는 해마다 토지를 사용하는 값을 물어야 한다(법 제33조, 시행규정 제91조). 토지임대료가 토지이용권의 설정행위 그 자체에 대한 대가라면, 토지사용료는 기간별 토지이용대가라고 할 수 있다. 토지사용료의 납부자는 토지임대기관으로부터 토지를 임차한 자, 판매를 통하여 토지이용권을 넘겨받은 자, 토지를 재임대한 자, 토지를 출자몫으로 하였을 경우 합영 또는 합작기업이다(시행규정 제93조). 토지사용료는 국가가격제정기관이 정하며, 토지사용료는 원칙적으로 4년 동안 변동시키지 않는다. 변동시키는 경우에는 변동폭이 20%를 넘지 않도록 한다(시행규정 제92조). 토지사용료는 토지이용권을 등록한 날부터 계산하며 매년 12월 20일까지 지급하여야 한다. 토지사용료를 지급할 기간이 1년이 되지 못하는 경우에는 한 달분에 해당한 사용료에 사용한 달수를 곱하는 방법으로 사용료를 계산하여 지급하여야 한다(시행규정 제94조). 다만, 장려부문과 라진-선봉경제무역지대 안에 투자하는 대상에 대하여 투자 규모와 내용, 경제적 효과성에 따라 토지사용료를 10년까지 감액 또는 면제하여 줄 수 있다(법 제33조, 시행규정 제95조).

토지의 임대기간은 토지용도와 투자내용에 따라서 계약당사자들이 합의하여 정하는데, 외국인투자법이 정한 최고 50년 안에서 계약당사자들이 합의하여 정한다(법 제6조, 시행규정 제6조). 임대기간이 끝난 토지이용권은 토지임대기관에 자동적으로 반환된다. 이 경우 해당 토지에 있는 건축물과 기타 부착물도 무상으로 반환된다. 토지를 40년 이상 임차할 경우 임대기간이 끝나기 10년 안에 준공한 건설총투자액 2,000만 원 이상 되는 기본건물에 대해서는 준공한 건축물에 대해서는 해당한 잔존가치를 보상해 줄 수 있다(법 제34조, 시행규정 제96조). 토지임대기간을 연장하려고 할 경우에는 그 기간이 끝나기 6개월 전에 토지임대기관에 토지이용연기신청서를 내어 승인을 받아야 한다(법 제36조). 토지임대기관은 토지이용연기신청서를 접수한 날로부터 30일 안에 검토한 다음 토지이용연기를 승인하거나 부결하는 결정을 하고 신청자에게 알려 주어야 한다(시행규정 제98조). 토지이용연기를 승인받은 임차자는 토지임대기관과 토지임대차계약을 다시 맺고 해당한 임대료를 문 다음 토지이용증을 재발급받으며 토지이용권변경등록을 하여야 한다(법 제36조, 시행규정 제100조).

(4) 제재 및 분쟁해결방법

토지이용증이 없이 토지를 이용하였거나 승인 없이 토지의 용도를 변경시켰거나 토지이용권을 양도, 저당한 경우에는 벌금을 물리고 토지에 건설한 시설물을 회수하거나 토지를 원상복구시키며 양도 및 저당계약을 무효로 한다(법 제39조). 임차인이 토지임대차계약에서 약정한 기간 내에 총 투자액의 50% 이상을 투자하지 않았거나 토지를 개발하지 아니하면 토지이용권을 박탈할 수 있도록 하였다(법 제40조). 토지임대와 관련한 제재는 민사적 효력을 가지는 것 이외에 일정한 벌금을 부과하는 내용의 행정벌적 효력을 가진 것도 있다(법 제39조, 제40조, 시행규정 제104조, 제105조, 제107조). 임차인이 받은 제재에 대하여 의견이 있을 경우에는 처벌통지를 받은 날로부터 20일 안에 제재를 준 기관의 상급기관에 신소·청원[230]하거나 해당 재판소에 소송을 제기할 수 있다(법 제41조, 시행규정 제108조). 토지를 임대하고 임차한 토지를 제3 자에게 양도, 저당하는 것과 관련한 의견 상이는 협의의 방법으로 해결한다. 협의의 방법으로 해결할 수 없을 경우에는 조선민주주 의인민공화국이 정한 중재기관[231] 또는 재판절차로 해결하며 제3 국의 중재기관에 제기하여 해결할 수도 있다(법 제42조).

Ⅳ. 논의의 정리

북한정권은 해방 직후의 토지개혁 당시에는 농민들의 토지소유 에 대한 만족감을 일정기간 허용할 필요성이 있었기 때문에 무상 분배한 토지를 즉시 국유화하지 않았다. 생산수단의 사적 소유를 완전히 부정하여 사회주의적 토지소유권을 확립하려는 농업협동 화과정은 전후복구사업과 사회주의체제가 점진적으로 정비되어

---

230) 북한에서 신소제도란 근로자들이 국가기관·기업소·단체와 공무원들의 직무상 활동과 정에서 나타나는 개별적 공민이나 조직체들의 권리와 이익에 대한 침해를 미리 막거나 또는 침해된 권리와 이익을 회복시켜 줄 것을 당해 기관에 요구하는 절차이고, 청원제도 란 개별적 공민의 권리나 이익의 침해와는 관계없이 국가기관·기업소·단체와 공무원 의 활동과 관련하여 그 국가사업의 개선발전을 위한 의견을 제기하는 절차를 말한다. 현 재 신소·청원을 담당하는 기관의 실체가 명확하지는 않다(법원행정처, 『북한사법제도개 관』, 통일사법정책자료 96 - Ⅰ, 1996, 640면).

231) 북한의 국가중재제도는 "경제기관·기업소·단체 등의 사회주의적 소유조직이 인민경제 계획을 수행해 나가는 과정에서 발생하는 모든 분쟁에 대하여 시비를 가리는 국가재판활 동"이며 부차적으로는 "사회주의적 소유조직이 인민경제계획에 기초하여 체결된 계약을 준수하여 인민경제계획을 달성할 수 있도록 지도·감독하는 행정활동"이다. 따라서 이는 자주적·임의적 분쟁해결제도인 자본주의국가의 중재제도와는 근본적으로 다르다. 북한 의 국가중재기관은 중앙중재기관과 도(직할시)중재기관의 2급 1심제 체제로 되어 있으며, 시·군지역에는 국가중재기관이 설치되어 있지 않다(법원행정처, 앞의 책(『북한사법제도 개관』), 402 - 429면).

가는 과정에서 진행되었다. 이러한 농업협동화과정은 1953년부터 시작되어 1958년에 이르러 완성되었다고 할 수 있다.[232] 그런데 북한정권이 생산수단의 소유유형을 단일하게 국유로만 설정하지 못하고, 협동농장소유를 인정한 이유는 농민의 생산의욕과 관련이 있다. 즉 소유형태를 국가로만 제한할 경우에는 경작자는 단순한 소작농에 지나지 않기 때문에 생산의욕이 감소될 가능성이 많기 때문이다. 따라서 북한정권은 농민들의 토지소유욕을 어느 정도 상쇄시키면서도 생산수단의 사적 소유를 부정할 수 있는 협동농장소유라는 중간적 소유형태를 인정한 것이다. 그런데 중간적 소유형태인 협동농장소유도 그 실질을 살펴보면, 생산수단의 사적 소유를 부정한다는 것이고 그것은 결국 자본 축적의 방법이 원천적으로 봉쇄된다는 것을 의미하므로 국가소유의 경우와 동일한 문제가 발생하게 된다. 그런데 북한은 현재 경제적 곤란을 해소하기 위한 개방정책으로 토지임대법 등과 같은 법률을 제정하여 외국인들의 투자를 유인하는 등 변화의 조짐을 보이고 있다. 따라서 통일 이후에 현재 북한의 경제특구지역에서 토지이용권을 보유한 외국기업 또는 한국기업의 경우에는 어떠한 방식으로 보호할 것인지가 문제가 된다. 이에는 재임대방식으로 기존의 토지이용관계를 유지하는 방법과 우선매수권을 부여하는 방법이 고려될 수 있다. 어떤 방법에 의하든 토지임대료과 토지사용료를 통일 시까지 부담하고 있다는 점과 기존의 존속기간이 고려될 필요가 있다.

---

232) 고승효, 앞의 책(『북한경제의 이해』), 62면.

제4절 소 결

지금까지 일제강점기에 이식된 토지소유권제도가 해방 이후에 남한과 북한에서 어떻게 재편되었는지를 살펴보았다. 이를 요약하면 다음과 같다.

1) 먼저 해방 이후에 남한을 점령한 미군정이 1945년 10월 5일 군정법령 제9호('최고소작료 결정의 건')를 통하여 농민의 소작료를 1/3로 인하한 이유는 해방 당시에 남한은 부당한 소작관계 및 고율의 소작료 문제가 주요한 사회불안의 요인으로 작용함으로써 언제든지 표출될 수 있는 상황이었기 때문이다. 따라서 이와 같은 사회적 불안요소를 우선적으로 제거하기 위해서 소작료를 인하하였던 것이었다. 그리고 미군정은 일본인의 사유재산과 관련하여 초기에는 일정한 보호를 해 주었지만, 1945년 12월 6일에 제정한 군정법령 제33호('조선 내에 있는 일본인재산권 취득에 관한 건')에 의해서 구일본정부의 재산권뿐만 아니라 일본인의 사유재산권

도 몰수시켰다(제2조). 생각건대, 미군정이 일본인의 사유재산까지 몰수의 범위에 포함시킨 것은 타당하다고 생각된다. 그 이유는 다음과 같다. 첫째, 일본인들이 보유하고 있는 재산은 불법적으로 체결된 종래의 조약에 기초하여 형성되었기 때문에 본원적인 소유자인 조선인에게 물적 배상의 차원에서 몰수되어야 한다. 둘째, 일본정부 및 관계기관의 재산을 일본인의 사유재산을 가장하여 무단히 일본으로 유출되는 것을 방지하기 위해서는 일본인의 사유재산까지 몰수할 필요가 있었다. 일제가 조선을 30년 이상 조직적으로 지배하였다는 점을 고려한다면, 이러한 무단적인 재산유출은 충분히 예상할 수 있기 때문이다. 셋째, 일본인의 사유재산을 미군정이 몰수하지 않는다면 결국 일본인의 재산은 조선의 지주 · 자본가 계급에 귀속됨에 따라서 종래의 불합리한 富益富貧益貧의 현상은 더욱 조장될 것이고, 이것은 미군정이 상정하고 있는 자본주의 체제로의 전환에 걸림돌이 될 수 있었다. 1945년 12월 14일에 군정청 관재처는 관리령 제2호에 의거 12월 말까지 일체의 귀속재산을 신고하게 한 다음, 다시 1946년 1월 14일에 관재령 제3호로 '주한미군의 토지관리책임'을 공포하여, 주한 미군부대 등의 관리하에 있는 농지를 제외하고 1945년 12월 6일부로 조선 군정청이 소유한 모든 농지는 신한공사가 이 재산의 보존 · 이용 및 회계에 관하여 재산 보관상의 책임기관이 된다고 공포하였다(제2조). 이에 의해 신한공사는 동양척식회사 소유지 이외의 일본인이 소유했던 일체의 귀속재산을 관리하게 되었다. 이후 미군정 당국은 1948년 3월 8일에 "중견 자작농의 육성과 일본인 토지의 불하로서 소작농의 3할을 일본인 착취로부터 해방시킨다."고 하는 성명을 발표하고 귀속농지의 분배를 착수하였다. 이러한 미군정시기의 토지소유제도의 재편행위는 정부수립 이후의 제헌헌법과 농지개혁법 제28조는 그 유효성을 추인하고 있다. 즉 1950년 3월 10일 제정한 농지개혁법 제27조의 2는 "남조선과도정부법령 제173호에 의하여 분배한 농지는 본 법 제6조 제1항 제1호의 면적을 합하여 3정보를 초과하지 아니하는 부분은 이를 변경하지 아니한다."고 규정하여 그 부분에서 유효성을 추인하였다.

2) 과거청산으로서의 반민족행위자의 재산권몰수와 관련하여 현재의 법원은 국가가 친일파 후손의 재산권 보호를 거부하기 위해서는 헌법과 법률에 의한 제도적 뒷받침이 있어야 한다는 입장[233]을 취하고 있다. 결국 보호받아서는 되지 않는 사유재산권이 과거에는 실질적인 법 집행의 미비에 의해서 그리고 현재에는 입법의 不備에 의해서 보호받게 되는 불합리한 결과가 발생하였다. 이러한 불합리함을 제거하기 위해서 「친일반민족행위자 재산의 국가귀속에 관한 특별법」이 2005년 12월 29일 제정되었던 것이다.

3) 농지개혁법은 정부가 농지를 지주로부터 有償取得하여 농민에게 有償分配하는 형식을 취하였는데, 이것은 경자유전의 원칙에 의한 경작자의 농지소유를 확고히 정립하기 위한 것이었다. 그러나 한편으로는 농지의 3정보 초과소유를 제한하였고 또한 농지소유권의 이전과 소작 및 이에 유사한 행위를 금지함으로써 소유권의 사회화를 이루기 위한 목적도 포함되어 있었다. 이러한 점에서 본다면, 농지개혁법은 '인격의 평등'을 전제로 하여 이를 중시하는 개인주의적 성질의 법률이라기보다는, 오히려 인격의 평등

233) 서울고법 제20 민사부 2003년 4월 25일 선고 2001나11194 판결.

을 그 출발점으로 하면서도 사회일반의 공공성을 보다 고려한 사회법적 성질의 법률이라고 할 수 있다. 농지개혁법을 포함한 모든 제도는 사회적·역사적 산물이기 때문에 시대의 변천에 따라 하나의 생명체와 같이 생성·발전·개선 내지 소멸하는 과정을 거치게 된다. 그런데 사회가 발전하기 위해서는 제도가 시행되는 과정에서 발생한 문제점들을 면밀하게 검토하고 새롭게 보완하는 과정이 수반되어야 한다. 이러한 보완을 통하여 보다 효율적인 제도가 생성될 수 있는 것이다. 따라서 북한의 경우에도 경자유전의 원칙에 따라 농지의 소작제도를 금지하여야 하겠지만, 농업생산성의 제고와 농지의 합리적인 이용을 위해서 다양한 제도적 장치가 마련되어야 한다.

4) 북한은 1946년 토지개혁을 단행함으로써 지주 등의 토지를 무상으로 몰수시켰고, 이렇게 몰수한 토지를 경작자인 농민에게 무상으로 분배하였다. 그 결과 농민들은 종래의 봉건적 토지소유관계에서 해방될 수 있었다. 생산수단의 사적 소유를 완전히 부정하여 사회주의적 토지소유권을 확립하려는 농업협동화과정은 전후복구사업과 사회주의체제가 점진적으로 정비되어 가는 과정에서 진행되었다. 이러한 농업협동화과정은 1954년부터 본격적으로 시작되어 1958년 8월 말에는 북한의 전체 농가가 협동조합에 가입하게 되었다. 이렇게 북한정권은 사회주의 형태의 협동조합을 완성시켰던 것이다. 그리고 북한의 토지제도 유효성을 통일과 관련하여 살펴보면 다음과 같다. 해방 이후에 분할된 한반도의 남북한지역에서 새로운 정치이데올로기로 무장한 정치세력이 각각의 지역을 법규범에 의해서 통치하였다고 한다면, 남북한의 정부조직

은 각각 그들의 영토와 체제를 고정시키고 상호간의 경계를 배타적으로 확정하면서, 그 국가적 기능을 수행하기 위한 기관 내지 기구를 조직하여 규범력 있는 법질서를 확립하였다고 볼 수 있다. 그렇다면 그 이후에는 이 모든 것들이 지속성과 실효성을 가지게 되는 것이다. 그러한 조직이 실효성의 원칙에서 본 국가로서의 요건(법적·형식적 의미에서 국민, 영토, 국가권력)을 구비하였는가는 단지 시간의 문제인데, 한국과 북한은 그동안 그러한 요건을 충족한 것으로 판단하여야 한다. 따라서 통일한국의 토지소유권제도는 남북한의 현재의 상태가 모두 유효한 상태라는 전제하에서 재편되어야 하고, 특히 북한지역의 균형발전에 보다 초점을 맞추어야 할 것이다.

제4장
통일한국의
토지소유제도의
모습

제1절 서 설

Ⅰ. 토지소유제도 재편의 기본방향

통일로 인하여 발생할 수 있는 사회적 분쟁과 비용을 최소화하고, 단기간에 정치적·경제적 안정을 유지하기 위해서는 법규범의 균형적 통합이 선행되어야 한다. 이러한 목적을 달성하기 위해서는 공법과 사법의 유기적 조화가 필요하다. 왜냐하면 공법상의 통합방식에 따라서 사법질서 특히 토지소유제도는 그 실질적 내용이 상이하게 발생할 수 있기 때문이다. 즉 흡수통일을 할 경우에는 북한이 불법단체로 평가되어 과거의 사유재산권몰수행위가 불법행위로 평가받을 수 있는 반면에, 대등한 당사자의 관계에서 합의통일을 하는 경우에는 적법한 것으로 평가될 수 있기 때문이다. 이하에서는 통일의 방식으로 채택할 수 있는 합의통일과 흡수통일의 방식을 구체적으로 논의하기에 앞서서 통일한국이 채택하여야 하는 토지소유제도의 기본방향을 경제체제와 토지소유제도

재편의 기본원칙 그리고 사유화의 방향을 중심으로 살펴보고자
한다.

1. 경제체제

남북한은 분단 이후에 장기간 동안 異質的인 경제체제를 채택하
였기 때문에 통일한국이 어떠한 경제질서를 채택하여야 하는지는
중요한 문제가 된다. 물론 정치적 통합방식에 의하여 경제질서의
통합방식도 다소 변경될 수 있겠지만, 자본주의 국가는 과거 시장
경제의 폐해 때문에 사회주의적 요소를 도입하고 있고, 사회주의
국가는 계획경제의 폐해 때문에 자본주의적 요소를 도입하고 있
다.[1] 따라서 대부분의 국가에서는 혼합적인 경제질서를 채택하고
있는 것이 지금의 현상이다. 이러한 사실은 자본축적과 자본분배
를 균형 있게 조화하는 사회가 효율적인 사회라는 것을 반영하는
것이다. 따라서 통일한국의 경제질서는 이러한 혼합형의 경제체제
를 기본으로 하여야 할 것이다.[2] 단지 어떠한 경제체제를 기본으
로 하는지가 문제되지만, 구 사회주의 국가들의 계획경제는 실패
한 모델로 증명되었다는 점에서 통일한국의 경제체제는 자본주를
기본으로 한 수정자본주의 경제체제가 되어야 할 것이다.

수정자본주의 경제체제의 가장 큰 장점은 기본적으로 자본주의

---

1) 사회주의 국가들이 시도하고 있는 현대자본주의의 도입이 과연 사회주의가 당면한 문제들을
해결하여 줄 수 있는지 생각할 필요가 있다. 단순히 제도만을 이식한다고 근본적인 문제가
해결되는 것은 아니기 때문이다. 河合恒生,「社會主義の政治學の再檢討」,『岐阜經濟大
學論集』第28卷 2號, 1994, 101 - 139면; 大江泰一郎,「現代ロシアにおける經濟政策
と法」,『比較法學』第28卷 1號, 1993, 1 - 15면.
2) 김성주,「남북한 통일헌법의 경제질서 문제」(상),『사법행정』, 한국사법행정학회, 1992. 11.,
40면.

를 채택하고 있기 때문에 생산수단을 개인이 소유할 수 있을 뿐만 아니라 이를 축적할 수도 있다는 점이다. 생산수단의 사적 소유가 인정되어야만 각 경제 주체들은 보다 많은 자본을 축적하기 위하여 경쟁을 하게 된다. 그리고 그러한 경쟁을 통한 자본의 축적은 결국 사회를 발전시키는 원동력으로 작용하게 된다. 이렇게 자본주의 시장경제는 개인의 사유재산을 보호하는 전제에서 자본축적을 통하여 경제성장과 국가발전을 이룩하게 된다. 그런데 이러한 경제체제가 효율적으로 기능하기 위해서는 다음과 같은 조건이 충족되어야 한다. 즉 생산수단과 재산의 사적 소유가 법규범에 의해서 보장되어 있어야 하고, 상품이 생산·교환·소비되는 거래시장이 존재하여야 하며, 그러한 거래시장이 안정적으로 유지되기 위한 제도적 장치가 구비되어 있어야 한다.

2. 토지소유제도 재편의 기본원칙

지금까지 수차례의 토지개혁이 남북한에서 시행되었고, 그러한 과정에서 다양한 문제가 발생하였음을 살펴보았다. 우선 일제강점기의 토지개혁은 시행 주체가 이민족이었기 때문에 국민의 법 감정이 반영되지 않았고, 토지집중의 현상도 해소되지 않았다. 이에 따라 지주의 토지소유권은 제한 없는 권리로서 보호받은 반면에 농민들은 단순한 채권자로서 그리고 소작농으로서 지위로 격하되었던 것이다. 그 결과 지주의 토지소유의 집중현상은 해소되지 않았고, 농민의 토지에 대한 종속적 지위만이 고착화되었던 것이다. 이것은 실질적인 토지개혁으로 평가받을 수 없는 것이다.[3] 따라서 일제강점기의 토지개혁은 조선사회의 문화적·사회적 가치 및 고유한 관습에 기초한 국민의 정서를 반영하지 않았다는 점에서, 토지소유의 집중현상을 해소하지 않은 재편이었다는 점에서 일반국민의 법 감정에 반하는 토지소유제도의 재편이라고 할 수 있다.

해방과 정부수립 이후에 과거청산을 위하여 그리고 일제강점기에 형성된 토지소유제도의 문제를 해소하기 위해서 남북한에서 토지개혁이 진행되었지만, 그 시행과정에서 적지 않은 문제점들이 발생하였다는 것을 알 수 있었다. 남한의 경우에는 반민족행위자들의 실질적인 제재가 없었고, 또한 농지개혁과정에서 자작농의 창설에만 집중하여 농업생산성을 향상시키지 못하였다는 점들이 문제가 되었다. 북한의 경우에는 자본주의를 극복하기 위하여 사회주의적 토지소유제도를 확립하려고 하였지만, 1인 독재체제의 경직성과 절대적으로 생산수단의 사적 소유를 인정하지 않는 계획경제의 한계성으로 이상적 사회와 현실이 일치할 수 없음이 증명되었다고 볼 수 있다. 결국 이러한 문제점들의 원인은 경제적 효율성과 정치적 안정성 그리고 국민의 법 감정이 고려되지 않은 토지소유제도의 재편은 실패할 가능성이 많다는 것을 반영하는 것이다. 따라서 통일한국은 이러한 점들을 고려하여 토지소유제도의 재편방향이 진행되어야 한다. 이를 구체적으로 살펴보면 다음

---

3) 이렇게 일제가 조선에 근대적 토지소유제도를 확립시킨 이유는 당시에 상당한 정도의 조선토지를 매수하고 있었던 다수의 일본인들을 법적으로 보호해 주기 위함이었고, 또한 일본자본의 조선침투를 보다 용이하게 하기 위함이었다. 그리고 국가재정의 내실화를 위한 근대법의 이식도 결국 일본제국주의를 위한 식민통치의 물적 기반의 확보를 의미하는 것이다. 토지조사사업에 소요된 자금은 약 2천만 원이었는데(朝鮮總督府臨時土地調査局, 『朝鮮土地調査報告書』, 1918, 2면), 1920년부터 1932년 사이에 역둔토를 불한한 대금과 소작료로 받은 금액은 약 5천7백만 원으로 그 차익이 약 3배에 달한다(水田直昌, 『總督府時代의 財政』, 友邦協會, 1974, 336면; 이진호, 『대한제국지적 및 측량사』, 토지, 1989, 55면).

과 같다.[4)]

첫째, 토지소유제도의 재편은 궁극적으로 북한지역의 균형발전을 위해서 이루어져야 한다. 북한경제를 조속히 향상시키기 위해서는 토지의 산업화 및 공업화가 이루어져야 하는데 이러한 목적을 달성하기 위해서는 토지공급을 국가가 주도할 필요가 있다. 즉 북한지역을 균형 있게 발전시키기 위해서는 우선 국가가 주도하는 사회기반시설이 확보되어야 하므로, 도로·항만·철도·통신·전력·수도 등의 사회간접자본을 위한 토지의 경우에는 무상으로 공급될 필요가 있다. 따라서 이러한 사회기반시설을 위한 토지는 즉시 국유화되어야 한다. 통일과정은 상당한 시간이 소요되고 이 과정에서 북한의 현실상을 파악하는 실지조사가 이루어질 가능성이 높다. 따라서 이러한 선행적 조사를 기초로 하여 북한의 토지소유제도 재편방향은 북한지역의 국토이용계획과 국토개발계획이 구체적으로 수립된 이후에 논의되어야 한다. 물론 그 과정에서 국가의 재정적 부담을 최소화할 수 있는 방법으로 민간자본이 참여할 수 있는 도시기반시설에 대한 재정적 지원도 고려될 수 있다.

둘째, 토지소유제도의 재편은 통일한국의 사회적·정치적 안정에 기여할 수 있는 방향으로 추진되어야 한다. 현재 북한 주민은 소비를 위한 개인적인 재산을 제외하고, 북한의 모든 재산은 사회주의적 관리원칙에 따라 국가 또는 협동단체의 소유로 되어 있다. 북한주민은 자본축적의 경험이 없기 때문에 이로 인하여 많은 문제가 발생할 가능성이 있다. 따라서 통일 이후 일정기간까지는 북한주민들에게 자본축적의 의미와 기회를 주기 위한 다양한 정책

---

4) 정희남, 앞의 글(「토지소유권제도의 개편과제」), 25면 참조.

과 대안이 수립되어야 한다.

셋째, 토지소유권제도의 재편은 토지투기의 방지 등 다른 제도와 보완적인 관계에서 이루어져야 한다. 국가주도의 토지개발과 아울러 민간 차원의 토지개발은 시장경제를 활성화시키는 장점이 있지만, 또한 그 결과 토지 가격이 상승하게 되고 그 과정에서 토지 투기가 자연적으로 발생할 가능성이 있다. 따라서 통일 이후 북한지역에서 사회적 문제로 발생할 수 있는 토지투기와 소유의 집중문제를 고려하면서 토지소유권을 재편하여야 할 것이다.

넷째, 남북한이 통일을 이룩하려는 목적을 명확하게 인식한 상태에서 토지소유제도는 재편되어야 한다. 통일의 궁극적인 목적은 월남자인 구 소유권자들의 권리를 회복시켜 주는 데 있는 것이 아니고, 보다 궁극적인 차원에서 후대에는 지금과 같은 비정상적인 대립과 반목을 하는 상황을 물려주지 말아야 된다는 민족적 염원을 해소하여 완전한 국가통일을 이룩하는 데 있는 것이다. 따라서 몰수재산의 문제는 법적 관점에서만 접근할 수 없는 면이 있다.[5]

3. 토지사유화의 방향

북한지역의 토지는 이를 유형화하여 그 사유화를 진행시켜야 한다. 첫째, 농지의 경우에 남한의 농지개혁법은 반봉건적 토지소유관계 및 고율의 소작계약 문제를 해소하기 위하여 제정되었고, 이러한 문제의 근원은 소수의 지주계층에 의한 농지소유의 집중에 있었다. 그러나 북한은 현재 생산수단의 사적 소유를 부정하는

---

5) 조은석 외 4인, 『남북한 법 통합 및 재산권 문제 해결방안 연구』, 통일연구원, 2002, 11면 참조.

사회주의적 토지소유권제도를 채택하고 있기 때문에 남한과 같은 지주의 토지집중현상은 상정할 수가 없고, 지주의 토지를 유상으로 매수할 필요도 없다. 통일의 방식에 따라서 달라질 수 있겠지만, 소수의 월남자보다는 대다수의 북한주민의 입장을 고려한다는 취지에서 농지의 경우에는 현재의 토지사용권만을 인정하고 있는 협동농장소유를 민법상의 조합, 즉 합유적 소유로 분배하여 지분적 소유를 인정하는 것이 바람직하다고 생각된다. 그리고 월남자의 경우에는 북한지역의 개발과정에서 합리적 차별에 해당되는 우선권을 유형화시켜서 부여하는 방법도 고려될 필요가 있다. 둘째, 북한경제를 조속히 향상시키기 위해서는 그 전제로서 사회기반시설인 도로·항만·철도·통신·전력·수도 등 사회간접자본이 확충되어 있어야 한다. 따라서 이에 해당되는 일반토지의 경우에는 국유화할 필요가 있다. 셋째, 북한지역의 일반 토지 중에서 사회간접자본으로 투입되는 토지가 아닌 경우에는 국토이용 및 국토개발의 장기적 계획을 고려하여 사유화과정을 밟아야 할 것이다.

Ⅱ. 통일방식에 따른 권리의 구성방법

장래 남북한이 어떠한 방식의 통일을 하게 되는지를 예측한다는 것은 현재 시점에서 곤란한 일이다. 독일의 경우와 같은 흡수통일의 방식으로 통일을 하여 재산권문제를 해결할 수도 있지만, 다른 선택을 하여 이를 해결할 수도 있다. 따라서 통일의 방식을 합의통일의 경우와 흡수통일의 경우를 모두 상정하여 각각의 경우에 원소유권자에게 어떠한 권리가 인정되는지를 살펴볼 필요가 있다. 남한이 북한을 흡수통일하는 경우에 북한정권을 반국가적 불법단체로 보느냐 아니면 대등한 당사자의 지위를 인정하느냐에 따라서 재산법문제는 그 결론이 달라질 수 있다. 북한을 불법단체로 인정하여 흡수통일을 할 경우에 북한정권에 의하여 몰수된 재산권은 불법적인 반국가단체에 의해서 침해된 재산손실이므로 사법적 구제방법으로 불법행위에 기한 손해배상청구권이나 소유권에 기한 반환청구권을 행사할 수 있다. 북한을 대등한 정부로 인정하여 흡수통일을 하는 경우에는 소련점령군의 몰수조치가 그 대상이 된다. 그런데 소련점령군의 재산몰수행위는 북한정권에 의해서 추인되었다는 사실이 고려되어야 한다. 따라서 소련점령군의 재산몰수행위는 북한정권의 보상 없는 공용수용으로 간주하여 몰수시점을 기준으로 행정법상 손실보상청구권이 고려될 수 있다. 합의통일은 재산권문제의 해결방식에 있어서 통일정부의 재정 부담과 법적 분쟁의 여지를 감소시키고, 북한지역의 신속한 경제활성화를 실현시킬 수 있는 장점이 있다. 소련군의 점령기간 동안에 있었던 재산몰수조치는 북한정권에 의해서 추인되어 승계되었기 때문에 이에 관해서는 통일조약이나 통일헌법에 의해서 남북한이 합의하에 규율하면 된다. 그런데 통일의 방식을 흡수통일이 아니라 합의통일로 한다면 북한정권의 국유화 조치는 존중될 필요가 있다. 따라서 이러한 점을 고려하여 몰수재산권문제를 해결하여야 한다. 이 경우에 원소유자에게는 공법상 특별보상청구권이 고려될 수 있다.

제2절 흡수통일의 경우

Ⅰ. 비교법적 고찰의 의미

불합리한 과거의 경험을 극복하기 위해서 법제도가 재편되는 것은 일반적인 현상이다. 법제도는 과거와 현재에 발생한 문제가 장래에도 연결될 가능성이 있는 경우에 이를 해결할 목적으로 끊임없이 재편한다. 따라서 종래에 발생한 문제점들을 면밀하게 파악한다면 장래에 정립될 법제도는 보다 합리적이고 실질적 정의에 합치될 수 있다. 만약 과거와 현재의 시점에서 경험할 수 없는 그러한 한계성이 존재한다면, 이와 유사한 과거의 제도를 살펴봄으로써 그 대안을 모색하는 방법도 살펴보아야 한다. 그런데 과거에 유사하였던 제도를 선행적으로 살펴보는 접근방법은 일정한 한계가 있음을 인정할 수밖에 없다. 왜냐하면 과거의 경험을 기초로 하여 경험하지 않은 장래의 모든 일들을 예측할 수는 없기 때문이다. 따라서 장래에 어떠한 문제가 발생할 가능성은 존재하지만 이를 정확하게 예측하기 곤란한 경우에는 그 위험성을 최소화할 수 있는 방법을 모색하여야 한다. 그러한 방법 중에 하나가 바로 유사한 상황에 있었던 다른 국가의 경험을 비교법적으로 고찰해 보는 것이다. 따라서 통일한국의 토지소유제도의 재편과 관련하여 독일 · 베트남6) · 예맨7) 등 국가들을 비교법적으로 고찰할 필요가 있다. 그런데 이들 3개국은 분단을 종식시키는 통일을 이룩하였다는 점에서 일정한 유사점이 있지만, 그 실질적인 내용인 통일의 과정 · 통일방법 · 통일 후의 외교노선 · 정치체제 · 경제구조 등에서는 국가마다 相異한 방법을 채택하였다는 점에서 각각의 특수성이 존재한다고 할 수 있다. 따라서 한국의 경우에 어느 국가의 통일방식이 적합한지를 신중하게 결정하여야 한다. 그런데 베트남과 예맨의 경우에는 통일의 방식이 최종적으로 무력통일에 의해서 이루어졌다는 점에서 장래의 통일한국이 지향하여야 할 통합방식과는 일정한 거리가 있다.

결국 경제적 규모와 정치적 상황이 유사한 독일의 통일과정이 우리에게 참고가 될 수 있다. 특히 북한과 동독은 연합국에 의한 분할

---

6) 베트남의 통일과정에 대해서는 최춘영, 「분단국의 통일사례」, 『現代理念硏究』, 군산대학교 현대이념연구소, 1992; 손정식, 「베트남의 사회주의 경제통합과 남북한 통일에 대한 시사」, 『경제연구』, 한양대학교 경제연구소, 1995; 함택영, 「베트남의 독립, 분단 및 통일」, 『한국과 국제정치』, 경남대학교 극동문제연구소, 1989; 차현주, "분단국가 통일 사례 연구", 이화여자대학교 대학원(석사학위논문), 1998; 권상수, "分斷國 統一環境에 관한 比較硏究", 중앙대학교 대학원(박사학위논문), 1995, 참조.

7) 예멘의 경우에는 1990년 5월 22일 통일을 하였지만, 군사적 통합에 실패함으로써 결국 내란으로 이어졌고, 이후 1994년에 무력통일에 의해서 통합되었다. 예멘의 통일과정에 대해서는 하병주, 「남북예멘 통일수립 특징과 한반도에의 적용」, 『국제문제논총』, 부산외국어대학 국제문제연구소, 1994; 장명봉, 「남북예멘통일헌법에 관한 연구」, 『공법연구』제21집, 한국공법학회, 1993. 2; 금상문, 「남북예멘의 통합과 분열에 대한 연구」, 『한국중동학회논총』, 한국중동학회, 1994; 오태진, 「남북예멘, 예멘공화국 수립을 선언」, 『북한』제223호, 북한연구소, 1990. 7; 홍성민, 「예멘 통일의 주역 알리 압둘라 쌀레」, 『중동연구』, 한국외국어대학교 중동연구소 1998, 참조.

점령 기간 중에 재산몰수행위가 있었고 정부수립 이후에는 농업협동화과정이 존재하였다는 점에서 더욱 그러하다. 이하에서는 흡수통일을 한 독일이 과거의 재산권몰수행위를 어떻게 평가하였고 그 법적 근거가 무엇이었는지를 파악할 필요가 있다. 그리고 그 처리과정에서 어떠한 법리적 문제가 발생하였는지, 그리고 독일연방대법원은 발생한 법적 분쟁을 어떻게 처리하였는지 검토할 필요가 있다. 그리고 이러한 검토에 기초하여 흡수통일을 이룩한 독일 식의 몰수재산권의 처리방식이 종국적으로 통일한국에 적용될 수 있는지 검토하고자 한다.

Ⅱ. 통일독일

1. 독일의 통일과정

1939년 9월 1일 독일의 폴란드 침공으로 시작된 제2차 세계대전은 결국 연합국의 승리로 종결되었다. 연합국은 전범국가인 독일이 동일한 역사적 범죄를 행할 수 없도록 하기 위하여 독일을 분할시키려고 결정하였다.[8] 독일분할에 관한 비공식적인 논의는 1941년 12월에 소련 수상 스탈린과 영국의 이든 외상과의 회담에게 비롯되었으며, 공식적인 논의는 1943년 10월 모스크바에서 열렸던 미국·영국·소련 3개국 외상회의에서 있었다. 1945년 6월 5일 미국·영국·프랑스·소련 등 승전 연합국들은 베를린 공동

---

8) 정용길, 「독일통일 이후 체제전환 과정의 문제점에 관한 고찰」, 『통일문제연구』11권 1호, 1999. 2., 131면 참조.

선언을 통하여 독일의 최고 통치권을 인수하였고,[9] 연합국 관리위원회를 설치한 이후 1937년 12월 31일 현재의 독일 영토를 미국·영국·프랑스·소련 4개국이 분할점령하고 베를린 지구는 공동 관리하에 둔다는 4개국 공동 선언을 발표하였다. 이에 따라 서부지역은 1949년 5월 8일 독일연방공화국의 기본법을 제정하고 9월 7일에 임시수도를 본으로 하는 자본주의 국가(서독)가 수립되었고, 소련이 점령하고 있던 동부 지역은 1949년 10월 7일에 독일민주공화국 헌법을 제정하고 동베를린을 수도로 하는 사회주의 국가(동독)가 수립됨으로써 독일은 분단국가가 되었다.[10]

이러한 과정을 거쳐서 40년 동안 분단되었던 동·서독은 1990년 8월 31일 분단을 종식시키기 위한 역사적 조약을 체결하였는데, 이것이 '독일통일을 위한 독일연방공화국과 독일민주공화국 간의 조약'[11]이다. 이 조약은 1990년 10월 3일을 통일의 날로 규정하였고(제2조), 이날에 기본법 제23조에 의해서 동독의 모든 州는 독일연방공화국에 가입되면서 독일연방공화국의 州가 된다고 규정하였다(제1조). 그리고 이날부터 기본권의 효력이 동독지역에도 발효된다고 하였다(제3조). 따라서 1990년 10월 3일을 기점으로 동독헌법은 그 효력이 상실되고, 서독기본법이 통일독일의 헌법으로서 동독지역까지 그 효력이 확장되었다. 그 결과 구동독정부가 행한 여러 가지 행위들은 통일조약에 기초한 통일헌법에 의해서 다양한 평가를 받게 되었다. 특히 구동독지역에서 행하여진

---

9) Gerd Ressing, Versagte der Westen in Jalta und Potsdam, Frankfurt/M, 1970, 123–126면.
10) 정용길, 앞의 글(「독일통일 이후 체제전환 과정의 문제점에 관한 고찰」), 132면 참조.
11) 이 조약을 통상적으로 '통일조약'이라고 한다.

국가의 재산권몰수행위가 어떠한 평가를 받아야 하는지 문제가
되었다.

2. 사유재산권몰수에 대한 독일의 법적 조치

(1) 체제적 불법행위

칼 마르크스는 토지와 생산수단에 대한 사적 소유는 모든 불평
등과 악의 근원이라고 하였다.[12] 따라서 사회주의체제에서는 재산
의 사적 소유가 공동소유로 대체되는 과정이 필연적으로 수반된
다.[13] 이러한 의미에서 사회주의 국가체제를 확립해 가는 과정은
바로 개인의 사적 소유권이 국유화되는 과정이라고 표현할 수 있
다. 따라서 그 과정에서는 필연적으로 재산권이 수용되거나 몰수
되는 조치가 이루어진다.[14] 여기서 한 가지 문제가 발생한다. 즉
통상적으로 불법행위라고 하면 실정법질서를 '위반'하는 행위를
지칭하는 것이 일반적이다. 그런데 동독정부의 재산권몰수행위와
같이 위법성조각사유에 해당되는 실정법에 '근거'한 국가의 행위
는 당시에는 불법행위가 아니었다. 그런데 일정한 체제가 흡수통
일에 의하여 상이한 체제로 변경될 경우에 이러한 과거의 행위가

---

12) 마르크스는 공산주의 사회의 역사적 필연성을 확신하였지만, 그의 미래 사회 구상에 따라
   건설된 사회주의는 국가적 소유의 효율적 유지 곤란과 재생산의 한계성으로 인하여 곤란한
   상황에 처해 있다. 大江泰一郎, 「私的所有權」, 『比較法研究』, 有斐閣, 1993, 25 - 34
   면; 岩倉正博, 「所有制度と普遍的合意の可能性」, 『現代所有論』日本法哲學會,
   1991, 25 - 39면; 大江泰一郎, 「社會的所有と私有化の論理」, 『法律時報』, 62卷 12
   號, 1990. 11., 30 - 37면; 盛田常夫, 「國家獨占社會主義の失敗」, 『經濟評論』,
   1989. 11., 2 - 23면; 김민배, 「월남자의 북한토지 소유권에 대한 실증적 접근」, 『민주법
   학』 9호, 관악사, 1995, 168 - 170면 참조.
13) Thomas Rainer(이기수 역), 「통일독일의 법적 문제」, 『인권과 정의』184호, 1991. 12., 90
   면 참조.
14) 법무부, 『통일독일 · 동구제국 몰수재산처리 개관』, 1994, 7면 참조.

불법한 행위로 평가받을 수 있는지 문제가 된다. 독일의 경우에는 서독기본법의 확장에 의하여 과거 동독정부가 사유재산권을 몰수한 행위를 체제적 불법행위로 평가하였고, 이를 원소유자에게 반환하는 방식을 채택하여 재산권문제를 해결하고 있다.15) 체제적 불법행위란 행위 당시에는 국가의 권력적·합법적인 강제가 보장되는 법 규범질서 속에서 관련 실정법에 근거하여 집행된 국가행위이었기 때문에 체제 내부에서 불법행위로 평가 내릴 수 없었지만, 당해 국가 또는 사회가 붕괴되어 기존의 가치질서와 법률체계가 새로운 법률체계로 전환된 이후에 비로소 불법으로 평가되는 행위를 말한다.16) 이렇게 체제적 불법행위는 동독이 서독에 흡수통일됨으로써 구동독의 체제가치가 자유민주적 법치국가질서 속에서 부인되는 결과를 법 이론적으로 설명하는 근거가 된다.17) 동서독과 같이 상반된 이데올로기가 장기간 동안 지배하여 온 법 현실을 고려해 볼 때 양 국가의 체제를 유지하기 위한 모든 행위를 무조건 처벌할 수는 없지만,18) 양 국가의 국가가치와 문화적 상대성을 초월하여 공통적으로 통용될 수 있는 정의의 원칙 또는 실정법체계를 넘는 보편타당한 가치에 반하는 일정한 체제유지의 행

---

15) 법무부, 『통일독일의 구동독체제불법청산 개관』, 1995, 63면 참조.

16) 동서독 통일조약 제17조의 SED‐Unrecht‐Regime를 고려하여 체제불법이라는 용어를 사용한다. 체제불법의 용어사용의 정확성에 대해서는 Herwig Roggemann, Fragen und Wege zur Rechtseinheit in Deutschland, Berlin Verlag Arno Spitz GmbH, Berlin, 1993, SS.213‐216 참조.

17) 즉 체제불법은 본질적으로 실정법적 근거에 의해서 자행되기 때문에 그 체제가 붕괴된 이후에 이를 불법으로 단정하는 것은 사실상의 실력에 의해서 과거체제의 법률체계를 부정할 수 있는 혁명재판 또는 전범재판의 형식으로 하는 것이 일반적이다. 그런데 통일독일의 경우에는 평화적인 합의하에 흡수통일을 달성하였기 때문에 혁명재판과 같은 사실적 권력에 의한 승자의 심판방식을 취하지는 않았다.

18) Eckhard Jesse, Entnazifizierung und Entstasifizierung als politisches Problem, Vergangenheitsbewältigung durch Recht, Duncker & Humblot, 1992, S.22.

위는 불법적인 것으로 평가받을 수 있고, 이러한 불법은 청산되어
야 한다는 것이다.

(2) 사유재산권몰수의 전개과정

체제적 불법행위는 침해받은 법익이 무엇인지를 기준으로 다양
하게 유형화할 수 있고, 그 청산방법에 대해서도 다양한 논의가
있을 수 있다. 그런데 여기서는 이 연구의 주제와 밀접한 관련이
있는 몰수재산권의 청산방법에 한정하여 검토하고자 한다. 동독의
경우에 재산권의 몰수행위는 그 주체와 기간을 고려해 볼 때 다음
과 같이 분류할 수 있다. 첫째, 1933년부터 1945년까지 제3제국에
의해서 시행된 재산권의 몰수행위, 둘째, 1945년부터 1949년까지
의 소련점령군에 의해서 시행된 재산권의 몰수행위, 셋째, 1949년
부터 1990년 통일까지의 동독에 의해서 시행된 재산권의 몰수행
위로 분류할 수 있다.

1) 제3제국(나치)에 의한 몰수

1933년부터 1945년 독일이 패전할 때까지 제3제국, 즉 나치는
합리적 근거 없이 유태인에게만 적용되는 수많은 특별법을 제정하
였고, 이에 근거하여 유태인의 정치적 · 경제적 자유를 제한 및 박
탈하였다. 나치의 유태인에 대한 재산권몰수의 법적 근거는 1933
년 7월 14일의 「국민과 국가의 적에 대한 재산몰수에 관한 법률」
이었다. 이 법률은 본래 공산주의자의 소유재산을 몰수하기 위해
서 제정된 것이지만, 나치는 유태인에게도 그대로 적용하였던 것
이다. 나치는 1938년 11월 12일 유태인의 재산을 파악하기 위해서
그 내역을 등록하도록 법률로 강제하였고, 이를 불이행하는 경우

에는 거액의 벌금을 부과할 수 있는 '유태인재산신고에 관한 명령'을 공포하였다. 나치의 이러한 체제불법적 행위는 1944년 7월 20일까지 계속되었고, 그 결과 유태인의 재산권은 대부분 불법적으로 몰수되었다.[19]

1990년 9월 29일 동독은 제3제국에 의하여 몰수된 재산권을 원소유권자에게 반환 내지 보상해 주기 위하여 「미해결재산문제에 관한 법률(이하에서는 「미해결재산법」이라고 한다)」을 제정하였다. 이 법률은 제1조 제6항에서 1933년 1월 30일부터 1945년 5월 8일까지의 기간 중 인종적, 정치적, 종교적 이유 또는 세계관을 이유로 한 박해로 인하여 강제매각, 몰수 기타의 방법으로 재산을 상실한 주민 및 단체의 재산법상의 청구권에 적용하도록 규정하고 있다.[20]

2) 소련점령군에 의한 몰수

소련은 얄타회담에서 미국, 영국, 프랑스와 함께 독일의 전쟁배상금으로 200억 달러를 확보하여 그중 1/2을 소련의 전쟁피해복구를 위한 재원으로 마련하고자 하였다. 그러나 최종배상금에 관한 합의가 이루어지지 않아 점령국들은 각자 점령지역에서 배상금을 확보하기로 합의하였다. 이에 따라 소련점령군은 토지개혁을 단행함과 동시에 소련군정청 장관의 1945년 10월 30일의 명령 제124호 및 1945년 10월 31일의 명령 제126호에 의하여 소련점령지역에서의 몰수를 위한 법적 근거를 마련하였다.[21] 이들 명령에

---

19) 정영화, 앞의 글("통일후 북한의 재산권문제에 관한 헌법적 연구"), 62면 참조.
20) 법무부, 앞의 책(『통일독일·동구제국 몰수재산처리 개관』), 931면 참조.
21) 법무부, 『독일 통일 10년의 법적 고찰』, 2000, 477면 참조.

근거하여 독일의 국유재산, 국가사회주의 노동자당의 재산 및 그 관리들과 주요 인사 그리고 유력한 지지자들의 소유재산, 전쟁기간 동안에 나치에 동원된 시민과 정부재산 그리고 소련점령군이 특별히 조사·작성한 리스트에 오른 자의 재산 등이 무상으로 몰수되어 소련군정청 경제국으로 이전하였다.[22] 소련은 이러한 몰수조치가 독일경제의 민주개혁, 경제민주화, 카르텔·트러스트 및 독점기업해체, 전범과 군국주의자 그리고 국가사회주의 대기업을 처벌하도록 규정한 포츠담협정, 연합국통제위원회의 관련 법령에 부합하는 것이라고 주장하였다.

소련점령지역의 5개 주는 1945년 9월 3일부터 소련군정청 장관의 '토지개혁에 관한 명령'에 근거하여 토지개혁을 단행하였다. 전범 또는 전쟁책임자의 농림업용 토지, 건물, 가재도구 기타 농기구류 및 가축 등은 모두 몰수하였다. 또한 면적이 100ha 이상인 토지는 모두 몰수하였다. 1948년 말까지 3,225,000ha가 몰수되었고, 그중에서 약 200만ha는 농지이었고 약 100만ha는 임야였다. 몰수된 토지는 소련점령지역의 전체 농지와 산림면적의 약 36%에 달하였으며 이렇게 몰수된 토지는 토지기금에 출자되었다. 그중 1/3은 국영기업의 설립을 위하여 국가소유로 이전되었고 나머지 2/3는 새로운 농민, 소농, 소작농, 고용농, 이주민·피난민 등 544,000명에게 4ha 이내에서 분배되었다.[23] 토지개혁으로 성립된 토지소유권은 등기부에 등재되었지만 그에 대한 임의적 처분은 제한되었다. 그리고 분배된 토지에 대해서는 매매, 용익임차권, 담

---

22) Elling, Privatization in Germany, in: Vanderbilt Journal of Transnational Law, 1992.11, S.590ff.
23) 법무부, 앞의 책(『통일독일·동구제국 몰수재산처리 개관』), 91면 참조.

보를 허용하지 않았고, 자경의무와 상속권은 인정하였다.[24)]

토지 이외에 기업 등의 재산몰수도 이 시기에 이루어졌다. 소련 군정청 장관의 명령 제124호, 제126호 및 1946년 3월 29일의 명령 제97호에 의하여 전쟁 및 전쟁책임자의 재산을 몰수하였는데, 이에는 중공업, 주요 중소기업, 광업, 은행, 신용협동조합, 보험업 및 전기산업 부문에 걸쳐 15,000개 이상의 기업이 포함되었다. 몰수재산의 규모는 소련점령지역 내 총산업의 40%에 해당하였다. 몰수된 기업 등은 소련군정청 장관의 1946년 6월 5일의 명령 제167호에 의하여 전쟁배상금 명목으로 213개의 기업은 보상 없이 소련의 주식회사로 이전되었다.[25)]

3) 동독에 의한 몰수

동독의 건국헌법 제23조는 "수용은 공공복리를 위한 경우에만 가능하며 또한 법적인 근거와 적절한 보상이 수반되어야 한다."고 하면서 한편으로는 소련군점령기간 중에 행하여진 몰수에 대하여는 보상하지 않는다고 명시하였다.[26)] 이후 1968년 4월 6일 동독의 사회주의헌법 제16조는 "장래의 수용은 공익에 부합하고 법률에 기초한 것이어야 하며 예외 없이 적절한 보상을 하여야 한다."고 규정함으로써 의무적 보상에 의한 수용만이 가능하게 되었다. 그러나 이로 인하여 국유화가 대대적으로 행하여지게 되었다. 동독

---

24) Etling, a.a.O., S.591f; 토지에 대한 처분제한과 자경의무규정은 1990년 3월 6일 「토지개혁에 의한 토지 소유권자의 권리에 관한 법률」에 의하여 폐지되었다.
25) 1950년 초에 동독정부는 이들을 소련으로부터 매입하였다(정영화, 앞의 글("통일후 북한의 재산권문제에 관한 헌법적 연구"), 65면 참조).
26) 동독 49년 헌법 제24조 제3항·제5항, 제25조; 법무부, 『독일통일, 사법통합 개관』, 법무자료 제165집, 1992, 513면 참조.

은 1952년부터 1970년까지의 농업의 집단화,[27] 1945년 5월 8일 이후 1961년 베를린장벽이 설치된 시점까지 동독을 떠난 피난민 등의 재산을 국가의 관리로 전환하였고, 1972년 이후 콤비나트건설 및 기업합병 등 계획경제를 강화하기 위한 중소기업 및 수공업 협동조합 등을 국유화하였다.

1949년부터 1990년까지 취하여진 몰수조치는 동독정부의 발표에 의하면 다음과 같다.[28] 첫째, 구서독인 소유의 약 68,000건의 부동산과 약 2,000건의 기업재산에 대한 소유권 및 약 26,000만 마르크의 은행예금을 국가관리하에 두었다. 둘째, 1945년 5월 8일부터 1953년 6월 10일까지 비합법적으로 허가 없이 동독을 떠난 주민들의 재산은 몰수되어 국유로 전환하였다. 그 재산은 약 31,000건의 부동산, 2,700개의 공장, 2억 마르크의 예금 등이었다. 셋째, 1953년 6월 11일부터 1989년 7월 31일 사이에 허가 없이 동독을 떠난 사람들의 부동산 약 80,000건 및 예금 13,000만 마르크는 국가신탁관리하에 두었다. 그중 일부는 제3자에게 매각되었거나 국유재산으로 전환되었다. 넷째, 부정한 행위 등을 통하여 취득한 재산 및 반법치국가적 형사소추의 일환으로 단행된 재산몰수가 있었다.

(3) 사유재산권몰수의 해결 방식

제3제국, 소련점령군 및 동독에 의하여 몰수된 재산을 어떻게

---

27) 동독의 경우에 농민의 토지소유권은 농업생산협동조합에 관한 법률(1959년 6월 3일)을 제정하여 이를 인정하였다. 그러나 토지의 처분권과 용익권을 제한하였기 때문에 토지를 국유화하지 않고서 생산수단의 사유를 사실상 폐지하는 효과를 거둘 수 있었다.
28) 정영화, 앞의 글("통일 후 북한의 재산권문제에 관한 헌법적 연구"), 68면 재인용.

처리하여야 하는지에 대한 기본방침은 1990년 6월 15일 선언된 '미해결재산문제의 처리를 위한 독일연방공화국정부와 독일민주공화국정부의 공동성명'(이하 '공동성명'이라 한다)을 통하여 비로소 확정하였다. 이 기본방침은 이후의 동독 및 통일독일의 개별적인 입법을 통하여 보다 구체화되고 있다. 물론 공동성명 이전에도 동독정부는 1990년 3월 7일 「사기업의 설립과 활동 및 기업지분에 관한 법률」을 제정하여 1972년 이후 국유화된 사기업을 원소유자에게 반환하도록 규정하였다. 그러나 몰수재산권문제의 전반적인 처리방향을 제시한 것은 아니었다.

1) 공동성명

공동성명은 14개 항으로 구성되어 있는데 그 주요한 내용은 다음과 같다. 첫째, 1945년부터 1949년까지 소련점령군의 점령법 또는 점령고권에 의하여 행하여진 몰수는 원상회복하지 않는다. 둘째, 주소를 동독지역 밖에 가지고 있거나 경찰에 전출신고를 하지 아니하고 비합법적으로 동독지역을 떠난 사람의 재산은 반환한다. 셋째, 몰수된 부동산은 원칙적으로 반환하지만 자연인, 종교단체, 공익재단 등이 정당한 방법으로 부동산에 대하여 소유권 또는 물권적 이용권을 취득한 경우에는 반환하지 아니한다. 넷째, 국가의 강제관리는 폐지한다. 다섯째, 정당한 방법으로 성립된 임대차 또는 용익관계는 소유권반환 또는 국가강제관리 폐지에 의하여 영향을 받지 않는다. 여섯째, 이러한 미해결재산문제의 처리에는 나치에 의하여 몰수되거나 침해된 재산도 포함한다. 일곱째, 재산권문제의 처리는 동독의 경제부흥에 장애가 되지 않아야 한다.[29]

2) 통일조약

1990년 8월 31일에 '독일의 통일성취에 관한 독일연방공화국과 독일민주공화국사이의 조약'(이하 '통일조약'이라 한다)이 체결되었다. 이 조약 제41조 제1항은 "1990년 6월 15일 발표된 '미해결 재산문제의 규율에 관한 양독정부간의 공동성명(제3부속의정서)'은 이 조약의 구성 부분이 된다."고 규정함으로써 공동성명을 통일조약의 구성 부분으로 하였다.[30] 이에 따라서 정치적 선언에 불과하던 공동성명은 법적인 효력을 갖게 되었다. 그리고 통일조약 제41조 제3항은 "독일연방공화국은 제1항의 공동성명에 반하는 법률을 제정할 수 없다."고 규정하여 공동성명의 존속력을 보장하였다. 공동성명은 통일조약 제41조의 규정이 기본법 제143조 제3항에 편입됨으로써 헌법적 규범력을 갖게 되었다. 그런데 1949년 10월 7일 이후의 동독에 의해서 시행된 몰수재산의 경우에는 원소유자에게 반환하여야 하지만, 소련점령군의 점령법 또는 점령고권에 의한 몰수재산은 반환하지 않는다는 '미해결재산에 관한 공동성명'의 내용을 수용한 통일조약 제41조의 내용이 문제가 되었다. 이러한 분리취급은 기본법 제14조의 재산권보장규정과 제3조 제1항의 평등권을 침해하여 위헌이 될 소지가 있었다. 이러한 이유 때문에 "제1항 및 제2항에 불구하고 동독지역에서의 재산권 침해에 대한 원상회복의 가능성을 배제하는 통일조약 제41조와 그 시행규정들은 유효하다."라는 내용의 기본법 제143조 제3항을 신설하였다. 그러나 이러한 분리취급을 내용으로 하는 헌법개정에

---

29) Fieberg/Reichenbach, Zum Problem der offenen Vermögensfragen, NJW 1991, S.322f; 법무부, 앞의 책(『통일독일·동구제국 몰수재산처리 개관』), 817-818면 참조.
30) 법무부, 앞의 책(『통일독일·동구제국 몰수재산처리 개관』), 869면 참조.

대하여 헌법소원이 제기되었다. 그 요지는 소련점령군에 의하여 몰수된 재산에 대하여 원상회복을 배제하는 통일조약 제41조 제1항과 제3항은 법 앞의 평등을 규정한 기본법 제3조, 재산권의 보장에 관한 기본법 제14조, 입법권의 헌법질서에의 기속을 정한 기본법 제20조를 침해하며, 따라서 이러한 규정을 헌법개정에 의하여 헌법규정으로 포섭한 기본법 제135조a 제2항과 기본법 제143조 제2항은 헌법개정의 한계를 정하고 있는 기본법 제79조 제3항에 반하는 위헌적 헌법규정이라는 것이다.

연방헌법재판소는 이러한 헌법소원사건에 관한 판결(BVerfGE, 1991.4.23 선고, NJW 1991. 349ff)에서 소련점령당국의 재산권수용에 대하여 연방정부가 소급적 원상회복을 포기하는 조치를 한 것(구체적으로는 통일조약에 의하여 신설된 위 기본법 제143조)이 합헌이라고 하면서, 동시에 입법자는 균형 있는 조정을 위한 법률을 제정·공포할 의무, 즉 조정부담급부의 입법의무가 있다고 판시하였다. 연방헌법재판소의 입장은 구체적으로 살펴보면 다음과 같다.[31] 첫째, 동 기본법 제143조는 헌법소정의 개정절차에 의하여 합헌적으로 추가된 것일 뿐만 아니라 기본법 제79조 제1항에 규정된 헌법개정의 내용상 한계를 넘어선 것이 아니다. 둘째, 동 수용은 독일연방공화국의 국가권력에 의하여 행하여진 것이 아니므로 그 수용이 독일의 헌법질서에 부합되지 않는다고 하여 효력을 부인할 수 없으며 통일이라는 헌법적 목적을 위해서는 입법자는 동 원상회복에 관한 권리의 배제에 동의할 수 있다.

---

31) 김승대, "東西獨 統一過程에서의 憲法的 問題에 대한 理論的 考察 ― 南北韓 統一에 對備한 憲法理論의 摸索 ―", 서울대학교 대학원(박사학위논문), 1996, 225면 참조.

셋째, 전쟁의 결과로 인한 보상은 독일의 국가기관이 손해를 가한 경우와 반드시 동일한 방식(원상회복)이 되어야 하는 것은 아니다. 넷째, 통일협상 시 동독과 소련이 동 수용의 계속적 유효를 주장하였으므로 독일통일을 위하여 이를 수용할 것인지 여부는 연방정부의 판단에 따라야 한다.

이러한 연방헌법재판소의 결정에 대하여 다음과 같은 비판이 있다. 첫째, 사유재산권보장에 대한 헌법적 평가를 회피한 상태에서 사회국가원리에 입각한 조정급부적 규율에만 치중하는 것은 잘못이다. 둘째, 당시의 재산권몰수행위는 단순한 사유재산권에 대한 침해를 넘어 생명권에 대한 각종 침해행위·강제이주·격리·사회적 불평등취급 등 인간으로서의 기본권에 대한 중대한 침해행위로서 이루어진 몰수이기 때문에 국제법상 강행규정에 대한 위반일 뿐 아니라 국제법상 범죄행위로도 간주될 수 있기 때문에 원상회복되어야 한다.[32]

3) 몰수재산의 회복 및 보상절차

구동독정부는 1990년 6월 15일의 '공동성명'을 실현하기 위하여 몰수된 재산 및 국유기업의 원상회복 또는 보상의 준비단계로서 원권리자가 자신의 권리를 신고할 수 있는 '재산법상 청구권의 신고에 관한 명령'(이하 '신고령'이라 한다)을 동년 7월 11일에 제

---

32) Blumenwitz, Die besatzungshoheitlichen Konfiskationen in der SBZ, BayVbl., 1993, S.705ff.; Ossenbühl, Verfassungsrechtliche Vorgaben für Entschädigungs-und Ausgleichsleistungen für Enteignungen in der frheren SBZ/DDR, in; Verfassungsrecht im Wandel, 1995, S.129ff.; Sendler, Gorbatschow und die lautere Wahrheit-Neue Erkenntnis zum Restitutionsausschluß und zu einer verdeckten Junkerabgabe, NJW 1995, S.3235.

정하였다. 신고령은 신고대상 권리의 범위, 신고자, 신고기간, 절차 등을 규정하고 있다.[33] 신고대상은 동독의 법령에 의하여 몰수, 국유화 또는 신탁관리된 재산가치, 나치에 의하여 강제매각, 국유화 또는 기타의 방법으로 상실된 재산가치, 반법치국가적 형사절차에 의하여 몰수되어 이후 복권법에 의하여 형사판결 또는 형사절차의 심사를 청구한 재산가치 등이다. 그러나 동독정권 수립 이전에 소련점령군에 의하여 점령법 또는 점령고권에 의하여 몰수된 재산은 원상회복의 대상이 아니므로 신고대상에서 제외되었다. 신고권자는 자연인 및 법인이며, 그 상속인과 권리승계인도 신고할 수 있다. 신고는 서면으로 하며 권리자의 최후주소지를 관할하는 시·군에 신고하여야 한다. 다만, 권리자가 주소를 동독에 두고 있지 않는 경우에는 당해 재산이 소재한 시·군이 신고지가 된다. 신고기간은 1차 신고령에서는 1990년 7월 15일부터 1991년 3월 31일까지였지만, 1990년 8월 21일의 2차 신고령에서는 1990년 10월 13일까지로 신고기간이 단축되었다. 그리고 1990년 10월 11일의 3차 신고령에서는 나치에 의하여 몰수된 재산과 정치적 이유에 의하여 몰수된 재산의 경우에는 1991년 3월 31일까지 부분적으로 연장하였다. 그런데 신고기간 내에 권리신고를 하지 못하여서 신고기간이 도과되더라도 원소유자의 소유권이 상실되는 것은 아니다.[34]

---

33) 법무부, 앞의 책(『통일독일·동구제국 몰수재산처리 개관』), 106면 참조.
34) 법무부, 앞의 책(『통일독일·동구제국 몰수재산처리 개관』), 107면 참조.

4) 미해결재산문제의 규율에 관한 법률

① 의의

「미해결재산문제의 처리를 위한 법률」(이하 「재산법」이라 한다)은 동서독의 협력에 의하여 초안작성 과정을 거쳐서 1990년 9월 23일 동독인민회의에서 의결된 후에 통일조약에 의하여 연방법으로 발효된 몰수재산처리를 위한 기본법이라고 할 수 있다. 이 재산법은 1949년 10월 7일 이후 동독통치하에서 몰수 또는 수용된 재산은 원칙적으로 반환되어야 한다고 규정하고 있다. 또한 재산법은 1933년 1월 30일부터 1945년 5월 8일까지 나치하에 있었던 몰수재산의 반환에 관하여도 규정하고 있다. 그러나 재산법은 1945년 5월 8일부터 1949년 10월 7일까지 소련점령군하의 점령법 또는 점령고권을 근거로 하여 재산권이 몰수된 경우에는 적용하지 않는다고 명시하였다.[35)]

재산법 제1절은 적용범위와 개념정의를, 제2절은 재산반환을, 제3절은 국가강제관리의 폐지를, 제4절은 권리자와 제3자 사이의 법률관계를, 제5절은 재산문제처리를 위한 조직을, 제6절은 절차를 규정하고 있다. 특히 재산법은 공동성명 제3항에 근거하여 원소유자가 원물반환 대신에 보상을 선택한 경우 또는 원소유자의 반환청구권이 일정한 사유에 의하여 실현될 수 없는 경우에는 손실보상청구권이 주어진다고 규정하고 있다. 또한 국가관리폐지의 경우에도 보상청구권이 발생한다고 규정하고 있다.

---

35) 법무부, 앞의 책(『통일독일·동구제국 몰수재산처리 개관』), 930-931면 참조.

② 원물반환 또는 손실보상

원소유자는 반환청구에 갈음하여 금전보상을 청구할 수 있다.[36] 원소유자의 의사표시로 원물반환청구권이 손실보상청구권으로 전환되는 것이다. 원소유자란 재산법 제1조상의 원물반환조치의 상대방이 되는 자연인, 법인 및 그 권리승계인이다. 손실보상청구는 원소유자가 관할재산청에 의사표시를 함으로써 적법하게 행사된다. 의사표시의 방법에는 제한이 없다. 원소유자가 소유권포기, 증여, 상속포기 등 법률행위에 의하여 토지소유권을 상실한 경우에는 손실보상을 청구할 수 없다.[37] 그러나 공동성명 제4항에 의하면 "제3항c[38]는 종전에 권리자가 스스로 또는 그의 위임에 의하여 관리하였던 택지로서 경제적 강제에 의하여 국유화된 경우에도 준용한다."고 규정하고 있다. 즉 경제적 강제에 의하여 국유재산으로 편입된 토지재산의 경우에 차별 없이 원물반환 내지 손실보상을 인정하도록 입법자에게 강제하고 있는 것이다. 이러한 의무규정에 비추어 볼 때 보상청구를 배제하는 재산법상의 규정은 문제가 있는 것이다. 또한 재산법 제4조와 제5조가 규정하는 보상요건과 비록 스스로의 결정에 의하였다 하더라도 저항할 수 없는 경제적 강제에 의한 소유권상실은 실질적 차이가 없는 것이다. 건물, 기업 등에는 이러한 보상배제규정이 없다는 점을 고려한다면 합리적 차별이라고 볼 수 없다.

일정한 사유로 반환이 불가능한 경우는 두 가지가 있다.

---

36) 재산법 제8조 제1항 참조.
37) 재산법 제8조 제1항 제2문 참조.
38) 공동성명 제3항c는 "원소유권자 또는 그 상속인에게 반환청구권이 귀속되는 경우에 당사자는 반환청구 또는 보상을 선택할 수 있다고 규정하고 있다."

첫째, 조리상 반환이 불가능한 경우이다. 재산법은 사물의 본질 내지 조리상 재산권의 반환이 불가능한 경우에 원소유자는 보상청구에 의하여야 한다고 한다.[39] 그리고 조업이 중단되고 합리적인 상인의 판단에 의할 때 조업재개를 위한 실질적인 요건이 결여된 경우에 그 한도에서 기업의 반환도 배제된다. 재산권의 반환이 부분적으로 가능한 경우에는 그 부분만 반환청구권이 인정되며 반환이 불가능한 부분에 대하여는 손실보상청구권이 발생한다. 반환불능에는 사실상 반환이 불가능한 경우와 법률상 반환이 불가능한 경우가 있다. 먼저 사실상 불능이란 원물의 반환이 자연적 관점에서 볼 때 불가능하거나 심히 어려운 경우이다. 따라서 반환불능의 여부는 단순히 물리적으로 판단할 수 없고. 사회의 거래관념에 따라 판단하여야 한다. 반환청구의 대상인 재산이 물리적으로 소멸된 경우, 부합, 혼화, 가공 등에 의하여 다른 물건의 본질적 구성 부분으로 되었거나 완전히 새로운 물건으로 바뀐 경우 등이 이에 해당한다. 다음으로 법률상 반환불능이란 반환을 방해하는 계속적인 법률적 장애가 있는 경우를 말한다. 동일한 재산에 대하여 다수의 피해자, 즉 반환권리자가 존재하는 경우에 재산법 제3조 제2항의 우선원칙에 따라 시간적으로 가장 먼저 가해조치를 당한 최초 피해자만이 반환청구권을 가지므로 그 이후의 피해자들은 반환청구권을 가질 수 없는 경우가 이에 해당한다.[40]

둘째, 정당한 취득에 의하여 반환이 불가능한 경우이다. 재산법은 제3자가 당해 재산권을 정당하게 취득한 경우에는 원소유자가

---

39) 재산법 제4조 제1항 제1문 참조.
40) 법무부, 앞의 책(『통일독일 · 동구제국 몰수재산처리 개관』), 198 - 199면 참조.

반환청구를 할 수 없고 보상만 청구할 수 있다고 규정하고 있다.[41] 이 규정은 구 동독주민, 주민단체 또는 공익재단 등이 재산법 제1조의 가해조치의 대상이었던 재산가치에 대한 소유권을 정당하게 취득한 경우에는, 정당한 취득자의 존속이익을 원소유자의 반환이익보다 우선하도록 하였다. 이 규정은 원소유자의 원물반환에 대한 기대와 당해 재산권에 대한 동독주민의 법적 이해관계를 조정하는 역할을 하는 것이다. 재산법 제4조 제3항은 정당하지 아니하는 취득으로 다음의 세 가지를 규정하고 있다. 첫째, 당해 권리취득이 당시 동독에서 유효하게 적용되었던 일반적 법규, 절차원칙 및 합법적인 행정실무에 부합되지 아니하고, 취득자가 이를 알았거나 알 수 있었던 경우이다. 둘째, 당해 권리취득이 권리자의 부정부패 또는 직권남용을 통하여 취득의 시점, 조건 또는 대상의 선택에 영향을 미친 결과에 기인하는 경우이다. 셋째, 당해 권리취득이 취득 당시 취득자 스스로 또는 제3자에 의하여 야기된 강박상태 또는 소유자의 피기망 상태를 이용한 결과에 의하여 영향을 받은 경우 등이다. 재산권이 그 취득과정이나 근거 등 전체적 외관상 취득 당시 동독의 법령이나 공서양속에 저촉되지 않는 경우와 취득자가 이러한 조작행위를 알거나 알 수 있었던 경우가 아닐 때에는 정당한 취득이 된다.[42] 따라서 정당성은 민법상의 선의취득 또는 객관적 개념인 재산법 제1조 제3항상의 부정한 행위와는 구별되는 개념이다. 취득자가 소유권 등을 정당한 방법으로 취득한 경우 원소유자에게는 반환청구권은 배제되고 손실보상청구권

---

41) 재산법 제4조 제2항 참조.
42) VG Dresden Urteil vom 11.11.1992, VIZ 1993, S.265.

이 인정된다. 재산법 제9조는 정당한 취득에 근거하여 토지가 반환될 수 없는 경우에는 최대한 동등한 가치를 가지는 대토의 양도로써 보상을 할 수 있다고 한다. 이 경우 원소유자는 대토보상을 거절하고 금전보상을 청구할 수 있다.[43]

③ 국가관리 폐지

공동성명 제2항은 국가신탁관리 및 이와 유사한 처분제한조치들은 폐지한다고 선언하고 있다. 이에 근거하여 재산법은 국가관리폐지에 관한 규정을 두고 있다.[44] 폐지되는 국가관리의 유형은 세 가지이다. 첫째, 허가 없이 동독지역을 탈출하였던 주민들의 재산에 대한 국가의 신탁관리이다. 둘째, 법령에 의하여 동독의 국가기관으로 이전된 서독·서베를린 주민 및 서독· 서베를린에 소재하는 법인의 재산에 대한 임시관리이다. 셋째, 동독정부로 이전된 외국인 소유재산의 관리 등이다. 국가관리는 원소유자의 신청으로 재산청이 재산법 제30조 이하 소정의 행정절차를 거쳐 폐지한다. 국가관리가 폐지되면 당해 재산권과 관련하여 존재하는 모든 권리·의무관계는 원소유자가 승계한다.[45] 원소유자는 국가관리폐지 대신 소유권을 포기하고 재산법 제9조에 따른 보상청구권을 선택할 수 있다.[46] 보상청구권의 선택에는 원소유자의 명시적 의사표시가 있어야 한다. 공유인 경우에는 공유자도 자신의 지분의 범위 내에서 독립적으로 보상청구권을 행사할 수 있다. 그러나 합유인 경우에는 공동으로 행사하여야 한다. 이러한 보상청구권은

---

43) 법무부, 앞의 책(『통일독일·동구제국 몰수재산처리 개관』), 951면 참조.
44) 재산법 제11조 내지 제15조 참조.
45) 재산법 제16조 제2항, 재산법 제11조의a 제4항 참조.
46) 재산법 제11조 제1항 제2문 참조.

보상법 시행일로부터 2개월 이내에 행사하여야 한다.[47]

④ 보상법

재산법에 의하여 원소유자에게 보상이 주어지는 경우에 그 보상에 관한 구체적 내용은 「미해결재산문제의 규율에 관한 법률에 따른 손실보상법」(이하 「보상법」이라 한다)이 규정하고 있다. 보상법은 재산법 제9조 제3항의 유보조항에 근거하여 제정된 특별법이다. 보상법에 의하면 보상방법은 양도가능한 채권교부의 형식을 취한다. 채권은 2004년 1월 1일부터 연리 6%의 이자가 지급되며 2010년까지 분할상환된다. 보상액은 원칙적으로 재산권 침해전에 최종적으로 확인된 단위가치, 즉 1935년의 과세표준시가를 기준으로 하여 그 시가에 일정한 승수를 곱하여 산정한다.[48] 승수는 최종단위가치에서 농지·임야는 3배, 3세대 이상의 공동임대주택대지는 4.8배, 나대지는 20배, 기업은 1.5배, 저축·채권 등 개인금융재산은 몰수액의 0.5배이다. 원소유자가 재산권의 몰수 등과 관련하여 대가적 급부나 보상을 받은 경우에는 이를 공제하며,[49] 보상액이 10,000DM 이상의 고액인 경우에는 그 초과분을 누진적 비율에 의하여 삭감할 수 있도록 규정하고 있다 한다.

⑤ 조정급부법

원상회복청구권이 인정되지 않는 소련점령군의 점령법 혹은 점령고권에 근거하여 재산권이 몰수된 피해자를 구제하기 위하여 「점령법 또는 점령고권에 근거한 몰수에 대한 국가의 조정급부법」

---

47) 재산법 제11조의a 참조.
48) 법무부, 앞의 책(『통일독일·동구제국 몰수재산처리 개관』), 280면 참조.
49) 보상법 제6조 참조.

(이하「조정급부법」50)이라 한다)이 제정되었다. 조정급부법 제1조 제1항에 따르면 피해자는 원상회복을 청구할 수는 없고 국가에 의한 사회계약적 조정급부에 만족하여야 한다.

조정급부를 청구할 수 있는 자는 자신의 재산권이 재산법 제1조 제8항a에 규정된 점령법 또는 점령고권에 의하여 몰수된 자로서 1945년 5월 8일부터 1949년 10월 6일까지 재산권을 침해당한 자이다. 원소유자가 인간성존중 및 법치국가원리 등의 근본원리에 위반하였거나 자신의 지위를 남용하여 타인의 법적 지위에 심대한 영향을 미친 경우에는 조정급부청구권을 갖지 못한다. 조정급부는 조건급부법 제9조의 보상기금에서 금전으로 지급한다. 조정급부액의 산정에 관하여는 조정급부법에 다른 규정이 없으면 보상법 제1조 내지 제8조의 규정을 준용한다.

5) 투자촉진을 위한 법률의 제정

통일조약이 발효된 후에도 동독지역에서는 경기침체가 계속되었으며 기대하던 투자도 활발하지 못하였다. 이러한 이유는 부동산시장의 부재, 행정부의 인력 및 기술상의 문제, 환경오염, 사회간접자본의 미비 등과 더불어 재산권반환 원칙으로 인한 소송증가 등이 복잡하게 기능하였기 때문이다. 즉 공동성명과 재산법이 선언하고 있는 몰수재산권의 반환원칙은 재산권보장과 신뢰보호의 헌법원리에 부합하는 장점이 있지만, 동독경제의 활성화와 투자촉진에는 장애가 되었던 것이다. 독일은 원소유권의 신속한 확

---

50) 조정급부라 함은 제2차 세계대전을 거치면서 재산상 피해 등을 받은 자에 대하여 피해를 받지 아니한 자들로부터 징수한 부담조정과세로 조성한 부담조정기금을 통하여 지원하는 부조적 의미의 급부를 의미한다. 법무부, 앞의 책(『통일독일·동구제국 몰수재산처리 개관』), 279면.

정이 기업투자의 전제조건이 된다는 점을 통일 이전에는 인식하지 못하였던 것이다. 따라서 보상보다 반환이라는 종래의 원칙은 반환보다는 투자라는 원칙으로 전환할 필요가 있었다. 이와 관련된 법률이 1991년 3월 22일 제정된 「기업의 사유화시의 장애제거 및 투자촉진을 위한 법률」(이하에서 「투자장애제거법」이라고 한다)[51]이다. 이 법률에 의해서 재산법과 1990년 3월 22일 제정된 「독일민주공화국에서의 특별투자에 관한 법률」, '신고령' 등이 개정되었다. 그런데 동독지역에 대한 투자촉진을 위하여 제정된 투자장애제거법은 절차가 중복되고 지연되는 문제가 있었기 때문에 이러한 문제점들을 해결하기 위하여 1992년 7월 14일 「재산법에 의한 반환청구에 있어서 투자우선에 관한 법률」[52]이 제정되었다.

(4) 통일 이후에 발생한 문제

1) 소유권반환의 문제

독일은 몰수재산권의 처리방식을 원상회복을 실현하는 것으로 결정하였다. 그런데 이러한 원상회복의 원칙은 결과적으로 동독경제의 몰락에 일정한 영향을 제공하였다는 것을 인정할 수밖에 없다. 통일 직후인 1991년 독일법무부 자료에 의하면 약 200만 건의 반환소송이 진행되었고, 그 총 소송가액이 1,200억DM에 이른다고 한다. 주요 도시에서 반환청구된 필지의 비율은 전체의 1/3에

---

51) Gesetz zur Beseitigung von Hemmnissen bei der Privatisierung von Unternehmen und zur Förderung von Investitionen vom 22. 4. 1991(BGBl. I) S.766.
52) Gesetz über den Vorrang für Investitionen bei Rückübertragungsansprüchen nach dem Vermögensgesetz vom 14. 7. 1992(Investitionsvorranggesetz; InVorG; BGBl. I, S.1268).

서 2/3 정도이었고, 심지어 90%인 곳(라이프찌이)도 있었다.[53] 이렇게 원소유권의 반환소송이 증가함에 따라서 동독지역의 투자비율은 점점 감소하게 되었다.

2) 화폐통합

독일통일 후 가장 중요한 문제는 동독의 계획경제를 어떻게 서독의 시장경제체제로 전환시키느냐는 것이었다. 이를 위해서 동서독은 1990년 5월 18일 '화폐·경제 및 사회통합에 관한 조약'을 체결하였다.[54] 이 조약에 기초하여 1990년 7월 1일 0시를 기해서 동서독은 정치통합의 선행단계로 화폐·경제통합을 단행하였다.[55] 화폐통합은 동서독을 단일경제권으로 만드는 중요한 조치이었다. 화폐통합은 동독마르크와 서독마르크의 교환비율을 1:1과 1:2로 하는 두 가지 방식이 채택되었다. 즉 임금, 연금, 집세, 장학금 그리고 개인저축[56]의 경우에는 1:1로 교환되었다. 그 밖의 경우와 대외적인 공식환율은 2:1로 교환되었다. 이것은 당시 암시장에서 일반적으로 거래되던 4:1보다 훨씬 높은 수준이었다. 이렇게

---

53) Sinn, Hans-Werner, Volkswirtschaftliche Probleme der Deutschen Vereinigung, Opladen: Westdeutscher Verlag, 1996, S.13; 신우철, 「독일통일 10년 그 비용과 수익의 총체적 평가」, 『통일문제연구』제40호, 2003. 11., 255면 참조.

54) 법무부, 앞의 책(『독일 통일 10년의 법적 고찰』), 9면 참조.

55) 1990년 7월 1일은 일요일이었지만, 이미 이른 아침부터 동독에 임시로 마련된 환전창구에는 수많은 동독인들이 몰려들었다. 당시 서독연방은행은 동독사람들에게 환전해 주기 위해서 1000여 톤이 넘는 약 280억DM에 해당하는 화폐와 동전을 수송하였다(정용길, 「통일독일 이후 체제전환 과정의 문제점에 대한 고찰」, 『통일문제연구』11권 1호, 1999. 2., 137면 참조).

56) 당시 나이 14세까지인 1976년 7월 1일 이후에 출생한 사람의 경우에는 현금 2,000DM, 15세부터 59세까지인 1931년 7월 2일부터 1976년 7월 1일 이전에 출생한 사람의 경우에는 4,000DM, 그리고 60세 이상은 6,000DM의 범위 내에서 1:1로 교환하여 주었다(Unser Land veränder Sich, Deutschland 1990-1995, S.62; 정용길, 앞의 글(「통일독일 이후 체제전환 과정의 문제점에 대한 고찰」), 137면 재인용).

동독마르크의 교환비율을 높게 책정한 이유는 동독국민의 어려운 생활사정을 고려하면서, 또한 동독국민들의 서독이주로 인하여 발생될 수 있는 실업률과 주택난 등도 고려한 것으로 생각된다. 1989년 구동독지역 근로자의 월 평균임금은 약 1,360구동독마르크이었다. 이것을 당시의 국제금융시장에서 인정되던 서독의 공식 환율로 교환해 주면 구동독주민은 한 달에 약 340DM 정도가 되는데 이것으로는 사실상 생활하기가 곤란하였다. 그래서 최저생활을 보장해 주기 위한 정책적인 배려로 임금의 교환비율을 1:1로 결정한 것이다.[57] 그런데 이러한 결정은 동시에 생산성은 변함이 없는데, 임금만이 상승되는 결과이었기 때문에 동독의 기업주에게는 큰 부담으로 작용하였다. 높은 임금의 지급으로 인하여 동독의 기업들은 도산하게 되었고, 실업률은 증가하게 되었다. 동독인들의 생활환경을 높이려고 채택한 화폐정책 때문에 기업들이 도산하게 되었고, 이에 따라서 실업자는 양산하고, 그 결과 서독으로 이주하는 사람들이 증가하게 되었다. 결국 동서독의 1:1 화폐교환은 임금인상의 요인으로 작용하였고, 상승된 임금으로 동독인들이 서독제품을 구매하게 됨에 따라서 동독의 경쟁력은 상실되었고, 이것은 실업률의 증가로 연결되었다. 이러한 사실은 통일한국의 경제통합 내지 화폐통합 정책과정에서는 북한과의 화폐교환을 어떻게 하여야 하는지의 참고가 될 수 있다. 즉 남북한의 화폐통합은 현재의 국제시장의 교환비율을 고려해서 그 가치대로 평가될 필요가 있다.

---

57) 정용길, 앞의 글(「통일독일 이후 체제전환 과정의 문제점에 대한 고찰」), 138면 참조.

3) 통일비용

독일 연방정부는 통일비용에 대해서 공식적인 발표를 하지 않고 있지만, 개별 경제연구소가 산출한 내용을 살펴보면, 통일 시부터 2000년까지 10년간의 국가지출비용이 2조DM(환화로 약 1,400조)를 상회할 것으로 추정하고 있다. 사회보장비용을 고려하지 않고 경제재건을 위한 투자비용만 계산해서 기업시설의 현대화에 1조, 주택보수 및 건설에 4,700억, 환경보호시설에 2,100억, 교통망의 현대화에 2,100억, 통신현대화에 600억, 에너지공급시설에 500억 등 최소 2조DM 정도가 될 것이라고 한다.[58] 또한 통일조약에서 원물반환이 배제되었다가 연방헌법재판소의 결정에 의해서 가액보상이 이루어진 1945년부터 1949년 사이에 수용된 재산의 추가 보상비용만 무려 400억DM로 추산하고 있다.[59] 이 외에 나치시대와 동독정권 시기의 보상비용까지 감안한다는 통일비용은 국가의 균형발전에 장애가 될 수 있다.[60]

Ⅲ. 한국의 특수성

1. 접근방법

독일의 경우와 같이 사회주의 정치체제를 채택하고 있는 북한이 자본주의 정치체제를 채택하고 있는 한국에 흡수통일된다면

---

58) 정용길, 앞의 글(「통일독일 이후 체제전환 과정의 문제점에 대한 고찰」), 142면 참조.
59) 신우철, 앞의 글(「독일통일 10년 그 비용과 수익의 총체적 평가」), 256면 참조.
60) 보상방식은 납세자의 재정부담을 가중시킨다는 현실적인 문제가 있다. 藤澤利治, 「舊東ドイツにおける所有權問題の經濟的側面」, 『新潟大學商學論叢』, 1993, 95 – 124면.

북한지역에서 시행된 재산권몰수행위는 불법행위로 평가받게 될 것이다. 그 결과 전쟁 등으로 월남한 사람들은 북한에 소재하는 토지에 대하여 원소유권의 반환과 관련한 소송을 제기할 것으로 예상된다. 그런데 몰수재산권의 원상회복문제와 관련하여 한국은 다른 분단국가와는 상이한 특수성이 존재한다는 사실을 유념하여야 한다. 종래에는 남북한에서 시행된 토지소유제도의 역사적 전개과정을 고려함이 없이 월남자의 토지소유권이 회복될 수 있는지의 여부를 논의하여 왔다. 그런데 한국의 특수성을 고려함이 없이 독일과 같이 몰수된 모든 토지를 원상회복의 대상으로 하여 논의한다면 불합리한 결과가 발생할 수 있다. 따라서 통일 이후에 월남자의 토지소유권 회복문제를 해결하기 위해서는 토지소유제도의 역사적 전개과정에서 나타난 다음과 같은 한국의 특수성이 고려되어야 한다. 첫째, 북한은 1946년 「토지개혁에 대한 법령」에 기초하여 일정한 토지를 무상으로 몰수하였다. 당시의 몰수토지 중에는 일제강점기에 반민족행위를 한 자의 토지가 포함되어 있었다. 그런데 일제강점기의 반민족행위자의 토지는 남한의 1948년의 「반민족행위처벌법」에 의해서도 몰수대상이었다는 점이 고려되어야 한다. 둘째, 1946년의 「토지개혁에 대한 법령」에 의하여 북한에서 몰수된 토지 중에는 남한의 1949년 「농지개혁법」에 의해서도 동일하게 몰수의 대상이 되는 농지가 포함되어 있었다. 따라서 남한의 「농지개혁법」에 의하여 원소유자의 물권적 권리가 부인되는 농지는 북한에서도 「토지개혁에 대한 법령」에 의해서 원소유자의 물권적 권리가 부인되었다는 점이 고려되어야 한다. 셋째, 북한은 생산수단의 사적 소유를 인정하지 않는 사회주의 국가이므로 거래안전을 위한 공시제도인 부동산등기제도가 존재할 가능성이 없다. 따라서 월남자들이 가지고 내려온 토지소유 관련 문서(예: 등기필증)의 진위 여부를 파악하기 곤란하며, 또한 이를 증명할 사람들이 생존해 있을 가능성이 없다는 점이 고려되어야 한다.

2. 북한 몰수토지의 원소유자 인정의 문제

(1) 문제소재

부동산등기란 부동산의 표시 및 부동산의 권리에 관하여 등기 공무원이라고 하는 국가기관이 법정의 절차에 따라서 등기부라고 하는 공적 장부에 일정한 사항(등기사항)을 기재하는 것 또는 그러한 기재 그 자체를 말한다.[61] 북한에 현재 부동산등기부가 존재하고 있다면, 그리고 과거 재산권몰수의 상황이 정확하게 반영되고 있다면 이것은 통일 이후에 재산권문제를 해결하기 위한 가장 기초적인 공부로서 사용될 수 있다. 왜냐하면 등기는 권리의 추정력이 있기 때문에 몰수 당시의 등기부를 근거로 하여 원소유자임을 인정할 수 있기 때문이다.[62] 그런데 북한은 생산수단의 사적소유를 근본적으로 인정하지 않는 사회주의적 토지소유제도를 채

---

61) 곽윤직, 『물권법』, 박영사, 1994, 102면; 김상용, 『물권법』, 박영사, 1994, 126면.
62) 등기의 추정력이란 부동산물권변동을 공시하는 등기가 존재하는 경우에는 그 등기에 의하여 공시되는 권리가 그 등기명의인에게 존재하는 것으로 추정하는 효력을 말한다(구재군, 「등기의 추정력에 관한 약간의 문제」, 『판례월보』제359호, 판례월보사, 2000, 33면 참조). 물론 원소유자를 인정한다고 하여도 통일방식에 따라서 권리의 구제수단은 상이하게 발생한다. 즉 흡수통일의 경우에는 불법단체에 의한 사유재산권의 몰수이므로 원소유권은 회복되겠지만, 합의통일의 경우에는 원소유권의 원상회복은 인정될 수 없고, 단지 보상청구권이 고려될 수 있다.

택하고 있다. 따라서 토지는 私人이 소유할 수도 없고 거래의 대상도 될 수 없기 때문에 거래안전을 위한 공시방법인 부동산등기제도가 부존재할 가능성이 많다.[63] 만약 북한에 부동산등기제도가 존재하지 않는다면 과거에 몰수된 재산권의 원소유자를 무엇을 근거로 하여 인정하여야 되는지 검토할 필요성이 있다.

(2) 북한의 부동산등기제도 폐지

해방 이전 일제는 1912년 3월 18일 제령 제7호로 '조선민사령'을 공포하여 일본의 민법 기타 법률을 依用하도록 하였고, 같은 날 제령 제9호로 '조선부동산등기령'을 공포하여 "부동산에 관한 권리의 등기에 대하여는 본령 기타의 법령에 특별한 경우가 있는 경우를 제외하고는 일본의 부동산 등기법에 의한다."[64]라고 하여 한반도에 부동산등기제도가 도입되었다. 그리고 해방 당시까지도 부동산등기제도는 그대로 유지되었기 때문에 토지등기부 및 건물등기부는 남한뿐만 아니라 북한에도 존재하고 있었다. 특히 북한정권이 궁극적으로는 사회주의 국가를 수립할 목적으로 1946년 「토지개혁에 대한 법령」에 기초하여 토지의 무상몰수조치를 시행한 이후에도 일정기간은 북한에 부동산등기제도가 존재하고 있었을 가능성이 많다. 왜냐하면 1946년 「토지개혁에 대한 법령」은 무상으로 몰수한 농지를 무상으로 분배하여 무산농민의 사적 소유로 인정하였기 때문이다. 또한 1947년 2월 27일 제정된 「등록세법」

---

63) 북한에서는 해방 이전의 등기부등본이나 등기필증을 몰래 소지하고 있다가 발각되면 사형·무기징역에 처하거나 특수수용소에 수용되었기 때문에 이를 거의 소각하였다고 한다 (법원행정처, 앞의 책 (『북한의 부동산제도』), 187면 각주 404 인용).
64) 1912년 제령 제9호 조선부동산등기령 제1조.

(인민위원회 법령 제4호) 제3조는 등록세의 과세종목과 세율의 구분기준으로 각종 부동산등기를 명시하고 있었다.[65] 그리고 1948년 「조선민주주의인민공화국헌법」에서도 생산수단의 사적 소유를 인정[66]하고 있었고, 1950년 민법초안[67] 제2편 물권편은 소유권·지상권·저당권 등을 규정하고 있었는데 48년 헌법과 마찬가지로 생산수단의 사적 소유를 인정하고 있었다.[68] 그러나 현재 북한에는 토지와 건물을 불문하고 부동산등기제도가 존재하지 않는다는 데에 이견이 없다.[69] 이와 같이 보는 이유는 다음과 같다. 첫째, 1950년과 58년 북한민법초안은 부동산을 포함하는 생산수단의 사

---

65) 법원행정처, 『북한의 토지소유 및 토지등록제도』, 법원행정처, 1994, 9면; 1947년 등록세법에는 상속·증여·유증 기타 원인에 의한 소유권취득등기, 소유권보존등기, 공유물분할등기 등 각종 부동산등기에 기초하여 세금을 부과한 것으로 생각되기 때문에 토지몰수 이후에도 일정기간은 부동산등기제도가 유지되고 있었다고 할 수 있다(법원행정처, 앞의 책(『북한의 부동산제도』), 187면 참조).

66) 1948년 「조선민주주의인민공화국헌법」 제5조는 "조선민주주의인민공화국의 생산수단은 국가 협동단체 또는 개인자연인이나 개인법인의 소유다. 광산, 기타지하부원, 산림, 하해, 주요기업은행, 철도, 수운, 항공, 체신기관, 수도, 자연력 및 전 일본국가 일본인 또는 친일분자의 일체 소유는 국가의 소유다. 대외무역은 국가 또는 국가의 감독 및 에서 수행한다." 고 규정하고 있다.

67) 1945년 11월 16일 북조선사법국 포고 제2호 '북조선에 시행할 법령에 대한 건'에 의하여 일제의 식민지 지배법제가 폐지됨에 따라 민법인 「조선민사령」도 폐지되었다. 정부수립 이전까지는 북조선임시인민위원회 등의 정권기관에 의해서 개별적인 법령이 공포되고, 정부수립 이후에는 1948년 헌법에 의해 기본법전을 편찬하는 작업이 이루어짐에 따라 1950년 일반법인 「민법초안」이 작성되었다(신영호, 「북한민법 40년과 그 동향」, 『북한법률행정논총』제8집, 고려대학교 법학연구소, 1990, 130면). 이 초안은 총칙, 물권, 채권, 상속 4개 편으로 구성되어 있고, 그 내용은 1922의 러시아공화국민법전과 유사하다(최달곤, 「북한민법의 회고와 전망」, 『북한법률행정논총』제10집, 고려대학교 법학연구소, 1995, 92면).

68) 이후 1958년 민법초안에서는 부동산을 포함하는 생산수단의 사적 소유를 전면적으로 금지하였다. 1950년과 1958년 민법초안은 비록 法典化로 연결되지는 않았지만, 민법전이 없는 북한에서 잠정적으로 재판의 기준으로 작용하였을 가능성이 많다. 따라서 양초안은 실질적으로 민법의 중요한 法源이라고 할 수 있다(大內憲昭, 「朝鮮民主主義人民共和國の民法(Ⅰ)」, 『關東學院大學文學部紀要』第45號, 1985, 93−96면; 최달곤, 『북한민법의 연구』, 세창출판사, 1998, 23면 참조).

69) 오종근, 「북한민법의 소유형태」, 『북한연구』제3권 제4호, 1992, 181면; 법원행정처, 앞의 책(『북한의 토지소유 및 토지등록제도』), 9면; 김상용, 「구동독과 북한의 토지제도의 비교」, 『토지연구』제5권 제5호, 1994, 46면 등.

적 소유를 전면적으로 금지하고 있었고,[70] 또한 1958년 8월 말에 북한지역에 농업협동화가 완성됨으로써 생산수단의 사적 소유가 불가능한 사회주의적 토지소유권이 확립되었다는 점이다. 둘째, 사회주의 토지소유권을 법규범에 명시적으로 규정하기 위하여 제정된 1972년의 「사회주의헌법」과 1977년 「토지법」을 살펴보면 살림집을 제외한 모든 부동산에 대한 사적 소유와 매매가 금지되었고, 민법상 저당권 등의 담보물권이 인정되지 않으므로 부동산 물권변동을 공시할 필요성이 없게 되었다는 점이다. 셋째, 북한의 현행 부동산 관련 법률을 살펴보면 부동산등기제도와 관련한 규정이 전혀 없다는 점이다.[71]

(3) 부동산등기부 부존재에 따른 원소유자의 인정문제

1) 남한판례의 적용가능성

부동산등기부는 권리의 진정성을 추정할 수 있는 중요한 근거 자료라고 할 수 있다. 그런데 이러한 부동산등기부가 북한에 존재하지 않는다고 한다면 해방 직후에 북한지역에서 재산권이 몰수된 원소유자는 무엇을 근거로 하여 인정하여야 하는지 문제가 된다. 이 논의에 앞서서 남한의 판례를 먼저 검토해 보는 것은 북한지역의 재산권문제를 해결하는 데 있어서 중요한 참고가 될 수 있다. 왜냐하면 남한의 경우에 1950년의 무력충돌에 의해서 상당수의 부동산등기부와 토지대장이 멸실된 경험이 있고, 이후에 원소

---

70) 1950년과 58년 민법초안은 비록 법전화로 연결되지는 못하였지만 민법전이 없는 북한에서 잠정적으로 재판의 기준으로 작용되었을 것으로 추단된다(최달곤, 앞의 책(『북한민법의 연구』), 23면 참조)
71) 법원행정처, 앞의 책(『북한의 부동산제도』), 188면 참조.

유자를 인정하는 과정에서 법적 분쟁이 적지 않게 발생하였기 때문이다. 물론 국가의 공적 장부가 전쟁 등으로 멸실된 상황과 북한정권에 의해서 부동산등기제도가 폐지된 상황은 매우 이질적인 것임에는 틀림이 없다. 그렇다고 하더라도 외형적인 면에서는 유사성이 있기 때문에 남한의 경우에 무엇을 근거로 하여 원소유자를 인정하였는지를 선행적으로 살펴보는 것도 의미가 있다고 생각된다. 그런데 남한식의 해결방식을 선행적으로 검토하는 것과 그러한 해결방식을 그대로 북한에 적용할지의 여부는 보다 신중하게 접근할 필요가 있다. 이하에서는 우선 부동산등기부가 부존재할 경우에 남한의 경우에 어떻게 해결하고 있는지를 살펴보고, 이러한 해결방식을 북한의 경우에도 그대로 적용할 수 있는지를 검토하고자 한다.

2) 증명자료에 대한 기본전제

① 토지조사부

대법원은 토지소유권의 사정을 받은 자는 사정한 토지의 소유권을 확정적으로 원시취득하고 그에 저촉되는 종전 권리는 모두 소멸된다고 한다.[72] '조선토지조사령'(1912년 8월 13일 제령 제2호) 제15조의 규정에 의하면 토지소유자의 권리는 사정에 의하여

_____

72) 대법원 1992. 12. 22. 선고 91다27037 판결; 대법원 1984. 1. 24. 선고 83다카1152 판결(공1984,366); 대법원 1991. 1. 25. 선고 90다10858 판결(공1991,847); 대법원 1992. 6. 23. 선고 92다3472 판결(공1992,2251); 이철우, 「토지조사사업과 토지소유법제의 변천」, 『한국법사학논총』, 박영사, 1991, 365면 참조. 조선총독부 임시토지조사국의 토지조사사업보고서도 "토지조사사업 이전에 있어서 모든 사유는 査定에 의하여 일체 단절되는 것으로 한다."고 기술하고 있다(朝鮮總督府 臨時土地調査局, 앞의 책(『朝鮮土地調査事業報告書』), 412면).

확정되고, 같은 령 제9조 같은 령 시행규칙 제3조에 의하면 토지
의 소유자를 사정한 때에는 토지조사부 및 지도를 토지소재의 부,
군청에 비치하여 30일간 열람할 수 있도록 하였다. 그리고 그 취
지를 조선총독부관보 및 토지소재의 도의 도보에 게재하도록 되
어 있으므로, 토지조사부에 소유자로 등재되어 있는 자는 이의 또
는 재심절차에 의하여 사정내용이 변경되지 않는 한 그 토지의 소
유자로 사정받은 것으로 볼 수 있다는 것이다.[73] 또한 임야조사부
의 기재에 관해서도 같은 내용의 판시를 하고 있다.[74] 생각건대,
토지조사부는 토지소유자의 신고에 의하여 작성되는 것이기는 하
지만 신고서에는 地主總代[75]의 認印을 받아야 하고, 토지의 소유자
와 이해관계인의 참여하에 신중한 조사절차를 거쳐야 하며, 만일
소유권이나 경계 등에 관하여 분쟁이 있을 때에는 토지조사부의
참고란에 기재하게 하는 등 그 기재가 실체와 부합하도록 필요한
절차적 규정을 두고 있다. 그리고 토지조사부 그 자체에 의하여
소유자의 사정이 이루어지며, 査定 후 공시되는 장부도 다름 아닌
토지조사부 그 자체이기에 토지조사부의 기재가 실체상의 권리관
계와 일치될 개연성이 매우 높기 때문에 토지조사부에 권리추정
력을 인정하는 것은 타당하다고 생각된다.[76]

---

73) 대법원 1986. 6. 10. 선고 84다카1773 전원합의체 판결; 대법원 1990. 5. 22. 선고 89다
　　카22777 판결; 대법원 1993. 10. 12. 선고 93다30037 판결 등 참조.
74) 대법원 1989. 10. 24. 선고 88다카9852, 9869 판결 참조. 그리고 토지사정을 받은 자는
　　사정토지의 소유권을 확정적으로 원시취득하는 것이므로 토지조사부에 의한 査定의 추정
　　은 곧 당해 토지가 사정받은 자의 소유로 확정되었다는 권리의 추정을 의미하는 것이다.
75) 府尹(일제시대 府의 행정사무를 맡은 관리로 지금의 시장에 해당된다), 군수가 선정하여
　　임명한 지주대표로서, 토지조사령 제6조에 근거를 두고 있다.
76) 한상호, 「토지조사부에 소유로 등재된 사실과 사정의 추정 여부」, 『대법원판례해설』 제5
　　호, 법원도서관, 1986, 25면 참조.

사정을 이유로 소유권을 취득하였다고 주장하는 자는 그 사정 사실만 입증하면 되고, 그 외에 사정 이전의 토지취득 경위까지 입증할 필요는 없다. 그러나 타인에게 명의를 신탁하여 사정을 받은 것이라고 주장하는 자는 그 명의신탁 사실에 대하여는 증명책임이 있다.[77] 예를 들어 종중의 명의신탁에 의한 査定을 인정하기 위한 간접자료가 될 만한 정황으로서는, 사정명의인과 종중과의 관계, 사정명의인이 여러 사람인 경우에는 그들 상호간의 관계, 한 사람인 경우에는 그 한 사람 명의로 사정받게 된 연유, 종중 소유의 다른 토지가 있는 경우에는 그에 대한 사정 또는 등기관계, 사정된 토지의 규모 및 시조를 중심으로 한 종중 분묘의 설치 상태, 분묘수호와 봉제사의 실태, 토지의 관리 상태, 토지에 대한 수익이나 보상금의 수령 및 지출 관계, 제세공과금의 납부 관계, 등기필증의 소지 관계, 그 밖의 모든 사정을 종합적으로 검토하여야 한다.[78]

② 지적원도

대법원은 토지조사부의 권리추정력은 인정하지만, 지적원도(地籍原圖)의 권리추정력은 인정하지 않고 있다. 즉 '토지조사령'·'토지조사령시행규칙'·'조선총독부임시토지조사국조사규정'·'조선총독부임시토지조사국측량규정'에 의하면, 토지측량의 결과

---

77) 대법원 1984. 1. 24. 선고 83다카1152 판결(공1984, 366); 대법원 1986. 6. 10. 선고 84다카1773 전원합의체 판결(공1986, 868); 대법원 1994. 10. 28. 선고 93다60991 판결(공1994하, 3110); 대법원 1996. 7. 30. 선고 96다17127, 17134 판결(공1996하, 2654); 대법원 1998. 9. 8. 선고 98다13686 판결 참조.
78) 대법원 1994. 10. 25. 선고 94다29782 판결(공1994하, 3104); 대법원 1996. 9. 10. 선고 96다18816 판결(공1996하, 3001); 대법원 1997. 10. 10. 선고 96다20406 판결 참조.

에 따라 만들어진 지적원도에 소유자의 성명을 기재하도록 하는 규정이 없다.79) 물론 어떤 토지의 지적원도에 어떤 사람의 성명이 기재되어 있는 사실이 인정된다면, 그와 같은 사실은 그 사람이 그 토지의 소유자로 사정을 받은 것으로 추단되는 유력한 자료가 될 수 있다. 그러나 토지의 지번, 지목, 지적, 소유자 등 토지의 조사에 관한 사항을 토지조사부에 기재하는 외에 지적원도에 지번, 지목, 지적과 함께 소유자의 성명까지 병기한 것은 법령의 근거 없이 행정의 편의를 위하여 한 것으로 보인다. 따라서 지적원도에 어떤 사람의 성명이 기재되어 있다는 사실만으로 그 사람이 그 토지의 소유자로 사정받았다는 사실로 추정된다고 볼 수 없다. 다만, 조선임야조사령시행수속(1918. 11. 26. 조선총독부훈령 제59호) 제51조에 의하면, 조선임야조사령에 의하여 조사 및 측량을 하는 임야에 관하여 작성한 원도에는 '소유자 및 국유 임야의 연고자의 씨명, 명칭'을 기재하도록 규정하고 있으 …… 임야라고 하더라도 어떤 사람의 성명이 조선임야조사령 및 그 관련 규정에 의하여 작성된 원도에 기재되어 있는 것이 아니라 토지조사령 및 그 관련 규정에 의하여 작성된 원도에 기재되어 있는 경우에는 그 기재만으로 그 사람이 당해 임야의 소유자로 사정받았다고 추정할 수는 없다.80)

---

79) 다만 조선임야조사령시행수속 제51조에 의하면 임야에 대하여는 원도에 소유자 또는 국유 임야의 연고자의 씨명 명칭을 기재하도록 규정되어 있다.
80) 대법원 1997. 6. 27. 선고 97다8984 판결 참조. 대법원 1996. 12. 20. 선고 96다40486 판결; 대법원 1993. 10. 12. 선고 93다29181 판결 참조.

③ 토지(임야)대장과 등본

임야대장, 토지대장, 가옥대장 등은 조세의 부과징수 편의를 도모하기 위하여 작성된 장부에 불과한 것이므로 부동산에 관한 권리변동의 공시방법이라고 할 수 없다. 그렇다고 하더라도 이들 대장상에 소유권자로 등재되어 있으면 소유권의 귀속에 관하여 추정을 받는다고 할 수 있다.[81] 그리고 지적법 제9조에 의하면 토지대장에 대한 등록사항으로 소유자의 주소 성명이 규정되어 있고 동법 제15조에 의하면 신규등록할 토지가 생긴 때에는 토지소유자는 대통령령이 정하는 바에 따라 30일 내에 소관청에 등록을 신청하여야 한다고 되어 있다. 또한 부동산등기법 제130조에 의하면 미등기토지의 경우에 소유권보존등기를 신청할 수 있는 자로서 토지대장등본에 의하여 자기 또는 피상속인이 토지대장에 소유자로서 등재되어 있는 것을 증명하는 자를 명시하고 있다. 이러한 점들을 고려한다면 토지대장등본에 토지의 소유자로 등재되어 있으면 토지의 소유권의 귀속에 관하여 추정을 받는 자료가 된다고 할 수 있다. 따라서 토지대장등본에 소유자로 기재되어 있으면 그 명의인의 소유토지로 추정을 받을 수 있다.[82] 그러나 기재사항이 진실한 것으로 추정을 받는다 하더라도 이 경우의 추정은 증명력이 강한 증거자료가 된다는 의미를 가질 뿐이다. 따라서 부동산등기부등과 같은 비중의 추정력, 즉 입증책임의 전환까지 초래하는 추정력을 갖는다는 것은 아니다.[83]

---

81) 대법원 1965. 8. 31 선고 65다1229 판결 참조.
82) 대법원 1976. 9. 28. 선고 76다1431 판결 참조.
83) 대법원 1979. 2. 27. 선고 78다913 판결 참조.

④ 부동산등기부

어느 부동산에 관하여 등기가 경료되어 있는 경우 특별한 사정이 없는 한 그 원인과 절차에 있어서 적법하게 경료된 것으로 추정된다.[84] 그런데 보존등기의 경우와 이전등기의 경우에 토지조사부의 사정명의인이 양도사실을 부인할 경우에는 양자는 차이가 난다. 즉 소유권보존등기의 경우에는 그 명의인이 소유자로 추정받지만, 그 토지를 사정받은 사람이 따로 있고 그가 양도사실을 부인할 경우에는 그 보존등기는, 구 임야소유권이전등기 등에 관한 특별조치법이나 구 부동산소유권이전등기 등에 관한 특별조치법에 의하여 경료된 것이 아닌 한, 그 추정력이 깨어지므로 그 보존등기명의인이 구체적으로 실체관계에 부합한다거나 그 승계취득사실을 주장, 증명하여야 하고, 그러지 못할 경우에는 그 등기는 원인무효가 된다.[85] 그러나 소유권이전등기가 경료되어 있는 경우에는 그 등기명의자는 제3자에 대해서뿐만 아니라 그 전 소유자에 대하여도 적법한 등기원인에 의하여 소유권을 취득한 것으로 추정된다.[86] 따라서 소유권이전등기가 경료되어 있는 경우에는 그 절차 및 원인이 정당한 것이라는 추정을 받기 때문에 그 절차 및 원인의 부당을 주장하는 당사자가 이를 증명하여야 한다. 그런데 등기절차가 적법하게 진행되지 아니한 것으로 볼 만한 의심스러운 사정이 있음이 입증되는 경우에는 그 추정력은 깨어진다.[87] 그리고 전 소유자가 사망한 이후에 그 명의의 신청에 의하여 이루어

---

84) 대법원 1995. 4. 28. 선고 94다23524 판결 참조.
85) 대법원 1994. 2. 8. 선고 93다6607 판결 참조.
86) 대법원 2004. 9. 24. 선고 2004다27273 판결 참조.
87) 대법원 2003. 2. 28. 선고 2002다46256 판결 참조.

진 이전등기의 경우에는 일단 원인무효의 등기라고 볼 수 있으므로 등기의 추정력을 인정할 여지가 없다. 따라서 그 등기의 유효를 주장하는 자가 현재의 실체 관계와 부합함을 입증할 책임이 있다고 한다.[88] 특조법에 의한 소유권보존등기 또는 이전등기가 이루어진 경우에는 그 등기는 동법 소정의 적법한 절차에 거쳐서 등기가 경료된 것으로 적법성이 추정되고 위와 같이 적법성이 추정되면 실체적 권리관계에 부합하여 등기가 경료된 것으로 권리 추정력이 생긴다. 특히 특조법상의 보존등기의 경우에는 일반적인 보존등기와 차이가 난다. 예를 들어 임야를 사정받은 사람이 따로 있는 것으로 밝혀진 경우라도 특별조치법에 의해서 보존등기를 한 경우에는 동법 소정의 적법한 절차에 따라 마쳐진 것으로서 실체적 권리관계에 부합하는 등기로 추정된다. 따라서 특별조치법에 의하여 경료된 소유권보존등기의 말소를 소구하려는 자는 그 소유권보존등기 명의자가 임야대장의 명의변경을 함에 있어 첨부한 원인증서인 위 특별조치법 제5조 소정의 보증서와 확인서가 허위 내지 위조되었다든가 그 밖에 다른 어떤 사유로 인하여 그 소유권보존등기가 위 특별조치법에 따라 적법하게 이루어진 것이 아니라는 주장과 증명을 하여야 한다.[89]

3) 구체적인 해결방법

① 토지조사부도 있고 토지(임야)대장도 있는 경우

북한은 1958년 농업협동화가 완성된 이후에 토지의 사적 소유

---

88) 대법원 1983. 8. 23. 선고 83다카597 판결; 대법원 1977. 9. 13. 선고 77다916 판결 참조.
89) 대법원 1987. 10. 13. 선고 86다카2928 전원합의체 판결 참조.

는 사실상 부인되었고, 72년 헌법에 의해서 사회주의적 토지소유
제도가 확립된 이후에는 더 이상 부동산등기제도의 존재가치는
상실되어 버렸다. 따라서 부동산등기부가 존재하지 않을 가능성이
많기 때문에 통일 이후에 원소유자의 권리의 진정성을 어떻게 확
보하여야 하는지 검토할 필요가 있다. 남한의 경우에는 부동산등
기부가 전쟁 등으로 멸실한 경우에 만약 토지대장과 토지조사부
등이 존재하고 있다고 한다면 이러한 자료에 근거하여 원소유자
를 인정하고 있다. 우선 토지조사부와 토지대장의 명의인이 동일
한 경우에는 문제가 되지 않지만, 토지조사부와 토지대장상의 명
의인이 상이한 경우에는 누구를 권리자로 인정하여야 하는지 문
제가 된다.

판례에 의하면 구 토지조사령(1912. 8. 13. 제령 제2호)에 의한
토지의 사정명의인은 당해 토지를 원시취득하므로,[90] 적어도 구
토지조사령에 따라 토지조사부가 작성되어 누군가에게 사정되었
다면 그 사정명의인 또는 그의 상속인이 토지의 소유자로 추정된
다고 한다.[91] 따라서 원칙적으로 토지조사부 명의인에게 법률상의
소유권이 인정되므로, 이를 다투려면 토지대장의 명의인이 그 상
이함을 증명하여야 한다. 그러나 토지대장에 토지조사부 명의인에
서 소유권이 이전되었다고 등재된 경우에는 소유권이전의 등기가
있었다는 양도사실은 추정된다. 이와 관련한 판례를 살펴보면,
"구 조선임야대장규칙(1943. 3. 31. 조선총독부령 제69호)에 의하
여 준용되는 구 조선지세령시행규칙(1943. 3. 31. 조선총독부령 제

---

90) 대법원 1986. 6. 10. 선고 84다카1773 전원합의체 판결 참조.
91) 또한 토지조사부의 명의인이 토지조사부에 등재한 시점에 이미 사망하였다고 하더라도 당
    해 사정이 무효라고 할 수는 없다(대법원 1982. 7. 27. 선고 80다2327 판결 참조).

45호) 제5조는 소유권의 득상변경(得喪變更)에 관한 사항(여기에는 소유권 변동일자도 포함된다)은 등기소로부터 통지가 없으면 임야대장에 등록하지 아니한다고 규정하고 있으므로, 구 임야대장상 소유자변동의 기재는 위 규정에 따라 등기공무원의 통지에 의하여 이루어진 것이라고 보지 않을 수 없고, 따라서 그 임야대장에 소유권이 이전된 것으로 등재되어 있다면, 특별한 사정이 없는 한 그 명의로 소유권이전등기가 마쳐졌는데 그 후 등기부가 멸실된 것이라고 인정하여야 한다."고 한다.[92] 나아가 "진정성립이 추정되는 공문서는 진실에 반한다는 등의 특별한 사정이 없는 한 그 내용의 증명력을 쉽게 배척할 수는 없다."[93]라고 하여 토지대장에 이전등록의 사실이 있는 경우에는 소유권이전등기가 있었다는 양도사실이 추정된다고 한다.

현재의 판례는 더욱이 토지조사부의 효력을 보존등기의 권리추정력보다도 우월하게 인정하고 있다. 판례는 토지에 관한 소유권보존등기가 경료된 경우라도 당해 보존등기의 추정력은 그 토지를 사정받은 사람이 따로 있음이 밝혀진 경우에는 깨어진다는 입장을 취하고 있다. 따라서 보존등기명의인이 구체적으로 그 승계취득 사실을 주장·입증하지 못하는 한 그 등기는 원인무효가 된다고 하여 토지조사부에 의한 권리추정력이 인정되면 보존등기에 의한 권리추정력은 소멸하게 된다는 입장이다.[94] 이렇게 부동산에

---

92) 대법원 2004. 9. 3. 선고 2003다3157 판결; 대법원 1977. 4. 12. 선고 76다2042 판결; 대법원 1995. 7. 14. 선고 94다32900 판결; 대법원 1995. 9. 5. 선고 95다14701, 14718 판결; 대법원 2002. 2. 22. 선고 2001다78768 판결 등 참조.
93) 대법원 1995. 9. 5. 선고 95다14701, 14718 판결 등 참조.
94) 대법원 1997. 4. 25. 선고 96다53420 판결; 대법원 1999. 2. 23. 선고 98다59132 판결 등 참조.

대한 소유권보존등기가 있으면 일응 그 명의자에게 소유권이 있음이 추정되지만, 그 명의자가 보존등기 이전의 소유자로부터 소유권을 양도받은 것이라는 주장이 있고, 전 소유자가 보존등기명의자에게 양도한 사실을 부인하는 경우는 소유권이전등기의 경우와 다르게 그 추정력이 깨어진다고 보아야 한다. 따라서 보존등기 명의자가 그 양도사실을 증명할 책임이 있다.95) 다만 「임야소유권 이전등기에 관한 특별조치법」(법률 제2111호)과 같은 특별조치법에 의해서 소유권보존등기가 경료된 경우에는 다른 입장을 취하고 있다. 즉 이 경우에는 사정받은 사람이 따로 있는 것으로 밝혀진 경우라도 그 등기는 동법 소정의 적법한 절차에 따라 마쳐진 것으로서 실체적 권리관계에 부합하는 등기로 추정된다고 한다. 이 경우에 특별조치법에 의하여 경료된 소유권보존등기의 말소를 소구하려는 자는 그 소유권보존등기 명의자가 토지대장 또는 임야대장의 명의변경을 함에 있어 첨부한 원인증서인 위 특별조치법상의 소정의 보증서와 확인서가 허위 내지 위조되었다든가 그 밖에 다른 어떤 사유로 인하여 그 소유권보존등기가 위 특별조치법에 따라 적법하게 이루어진 것이 아니라는 주장과 증명을 하여야 한다.96) 이렇게 특별조치법상의 권리추정력을 강하게 인정하는

---

95) 대법원 1974. 2. 26. 선고 73다1658 판결; 대법원 1980. 1. 15. 선고 79다1200 판결; 대법원 1980. 5. 27. 선고 80다748 판결; 대법원 1983. 2. 22. 선고 82다605 판결; 대법원 1983. 3. 22. 선고 83다19 판결; 대법원 1983. 7. 26. 선고 82다607 판결 참조.
96) 대법원 1987. 10. 13. 선고 86다카2928 전원합의체 판결: 반대의견은 다음과 같다. 우리의 법제상 부동산등기는 그 기재사항에 관한 사실상의 추정력을 갖는 데 그치는 것이지 그 이상의 법률상의 추정력을 갖는 것은 아니다. 등기사항도 반증이 없는 한도 내에서 진실개연성이 있을 뿐이고 적극적으로 등기사항이 법에 따라 적법하게 이루어진 것이 아니라는 사실이 입증(증명)될 때까지의 진실추정력을 갖는 것은 아니라 할 것이다. 또 위 특조법에 의한 등기의 진실개연성이 일반 부동산등기의 진실개연성에 비추어 더욱 현저하다고 볼 수 없을 뿐만 아니라 위 특조법에 의한 등기에 일반 부동산에 관한 소유권보존등기의 추정력

이유는 장기간에 걸쳐서 소유권보존등기를 하지 않고 전전매매된 경우 또는 등기부상의 권리관계와 실제 권리관계와 일치하지 않는 경우에 이러한 부동산소유관계를 간이한 절차에 의하여 신속하게 등기하게 함으로써 법률관계를 조속히 확정시키기 위한 목적으로 특별조치법이 한시적으로 제정되었기 때문이다. 그리고 판례는 "부동산에 관한 소유권이전등기의 경우에는 그 자체만으로써 권리의 추정력이 있어 이를 다투는 측에서 적극적으로 그 무효사유를 주장·증명하지 아니하는 한, 그 등기명의자의 등기원인 사실에 관한 입증이 부족하다는 이유만으로써는 그 등기의 권리 추정력을 깨뜨려 이를 무효라고 단정할 수는 없다."라고 하여 이전등기의 추정력을 법률상의 추정력으로 보고 있다.[97] 그리고 소유권이전등기가 경료되어 있는 경우에는 그 등기명의자는 제3자에 대해서뿐만 아니라 그 전 소유자에 대해서도 적법한 등기원인에 의하여 소유권을 취득한 것으로 추정된다.[98]

에 비하여 우월한 추정력을 부여하여야 함이 옳다는 합리적인 근거를 어디에서도 찾아볼 수 없다. 보증인들의 보증서에 바탕하여 이루어진 등기에 우월한 추정력을 부여하는 것은 결과적으로 법관의 자유심증권에 큰 영향을 미치게 될 것이므로 위 특조법에 의한 소유권 보존등기명의자라 하더라도 보존등기하기 이전의 소유자로부터 소유권의 양도를 받은 것이라는 주장이 있고 전 소유자가 보존등기명의자에 대한 양도사실을 부인하는 경우에는 보존등기가 있으므로 말미암아 보존등기명의자의 소유로 추정할 수 있는 추정력은 깨어진다고 보아야 할 것이다.

97) 대법원 1979. 6. 26. 선고 79다741 판결 참조.
98) 대법원 1982. 6. 22. 선고 81다791 판결; 대법원 1977. 6. 7. 선고 76다3010 판결 참조. 일본 최고재판소는 등기부상의 부동산의 직접 전 소유명의인이 현 소유명의인에 대하여 그 소유권의 이전을 다투는 경우에 있어서는 등기의 추정력을 인정할 여지가 없고 현 소유명의인이 전 소유명의인으로부터 소유권을 취득한 사실을 입증할 책임이 있다고 판시하여(소화 38. 10. 15 민집 17권 1497면) 물권변동의 당사자 사이에는 등기의 추정력을 인정하지 않고 있다(정재훈, 「법률상의 추정과 사실상의 추정」, 『재판자료』 제25집, 법원도서관, 1985, 349면 재인용).

② 토지조사부는 있지만 토지(임야)대장은 없는 경우

토지대장이 멸실된 경우에는 만약 토지조사부가 있다면, 이에 근거하여 소유자임을 인정받을 수 있다. 판례는 미등기토지에 관한 소유권확인소송을 제기함에 있어서, 지적공부상 소유자로 등재된 자가 있는 경우에는 그 소유자로 등재된 자에게만 피고 적격이 있다. 그러나 멸실된 임야대장을 복구함에 있어 소유자란을 공백으로 해둔 까닭에 임야대장에 의하여 토지소유자임을 증명할 수 없게 된 때에는 부동산등기법 제130조에 규정한 바에 따라 판결에 의하여 소유권을 증명할 수밖에 없다. 따라서 토지소유자가 국가를 상대로 하여 제기한 소유권확인의 소는 당사자 사이에 그 토지가 원고의 소유임에 다툼이 없다고 하더라도 확인의 이익[99]이 있다고 판시하고 있다.[100] 물론 확인의 이익이 인정되려면 권리 또는 법적 지위에 법적 불안이 있어야 한다. 그 전형적인 예는 타인으로부터 그 권리 또는 법적 지위가 부인당하거나 이와 양립할 수 없는 주장을 당하는 경우이다. 그런데 지적공부의 소유자에 관한 사항은 부동산등기부나 법원의 확정판결에 의하지 아니하고는 복구등록을 할 수 없게 되어 있다. 그리고 부동산등기법 제130조에 의하면, 미등기토지의 소유권보존등기는 토지대장(임야대장)이

---

99) 일반적으로 확인의 소는 분쟁의 당사자 간에 현재의 권리 또는 법률관계에 관하여 즉시 확인의 이익이 있는 경우에 허용된다. 여기서 확인의 이익은 권리 또는 법률상의 지위에 현존하는 불안·위험을 제거함에는 확인판결을 받는 것이 가장 유효하고 적절한 수단이라고 인정될 경우에 인정된다(대법원 1991. 12. 10. 선고, 91다14420 판결). 직접 분쟁의 당사자가 아닌 자에 대하여 확인을 구하는 것은 특별한 사정이 없는 한 그 확인을 받는다고 하여 법률상 지위의 불안제거에 별다른 실효성이 있는 것이 아니어서 그 확인을 구할 법률상의 이익이 없다(대법원 1991. 7. 23. 선고 91다6757 판결).

100) 대법원 1979. 4. 10. 선고 78다2399 판결: 대법원 1980. 11. 11. 선고 79다723 판결 참조.

나 판결에 의하여 소유권자임을 증명하는 자만이 이를 신청할 수 있도록 규정하고 있다. 따라서 대장상 소유자란이 미복구된 미등기토지에 관하여는 소유권확인판결을 받는 것 이외에는 달리 권리구제수단이 없다고 할 수 있다. 이러한 경우에는 비록 소송당사자 사이에 다툼이 없다 하더라도 법적 불안이 있다고 보아야 한다. 이 경우에 국가가 그 토지소유권을 다투지 아니함에도 불구하고 국가를 상대로 소유권확인청구를 할 확인의 이익이 있다고 보는 근거는 다음과 같다. 이해관계가 대립하는 직접적인 상대방이 출현하지 아니한 상황에서는 대장의 소관청인 국가가 토지의 진정한 소유자를 파악하여 대장에 기입하여 주어야 할 의무가 있고, 또한 대장에 의하여 토지의 소유권을 관리하는 국가를 상대로 소유권의 확인을 받도록 하는 것이 실제의 권리관계를 가장 정확하게 반영할 수 있기 때문이다.[101]

구체적인 소유권확인소송에서 원고의 소유임을 입증할 증거방법으로 제출되는 것으로서 중요한 것이 토지조사부(임야조사서), 구 토지대장(임야대장)이다. 이를 유형화하여 살펴보면 다음과 같다.

첫째, 토지조사부(임야조사서)에 토지소유자로 등재되어 있는 경우에는 당해 명의인이 소유자로 추정된다. 구 토지조사령(1912. 8. 13. 제령 제2호)에 의한 토지조사부는 절차를 거쳐 작성된 것이므로 토지조사부에 토지소유자로 등재되어 있는 자는 재결에 의하여 사정내용이 변경되었다는 등의 반증이 없는 이상 토지소유자로 사정받고 그 사정이 확정된 것으로 추정할 수 있다.[102] 그리

101) 서명수, 「건물의 소유권보존등기를 위하여 국가를 상대로 소유권확인을 구할 이익의 유무」, 『법조』45권 1호, 법조협회, 1996, 152 – 153면 참조.
102) 대법원 1986. 6. 10. 선고 84다카1773 판결 참조.

고 조선임야조사령에 의한 임야조사서에 소유자로 등재되어 있는 자는 재결에 의하여 조사내용이 변경되었다는 등의 반증이 없는 이상 임야소유자로 사정받고 그 사정이 확정된 것으로 추정된다 (대법원 1989. 10. 24. 선고 88다카9852 9869 판결).[103] 둘째, 임야조사서의 소유자란에 國으로 기재되어 있으나 연고자란에 私人의 기재가 있는 경우에 만약 연고자로 기재된 자가 삼림법 제19조에 의한 신고를 하지 아니하여 국유로 된 것이라면 오히려 그 연고자의 소유로 사정되었을 가능성이 더 크다고 할 수 있다. 따라서 임야조사부에 연고자로 기재된 자가 어떤 내용의 연고를 가지고 있었는지를 가려 보지도 아니하고 국가 소유로 사정되었다고 추정하는 것은 임야사정에 관한 법리오해와 심리미진의 위법이 있다고 판시하였다.[104]

남한의 이러한 판례를 통일 이후에 북한의 몰수재산권의 해결방법으로 유추적용하는 것이 타당한지를 살펴볼 필요가 있다. 남한의 판례에 의해 토지(임야)대장과 등기부가 존재하지 않지만, 토지조사부는 존재한다고 가정한다면, 결국 1920년에 작성된 토지조사부가 소유권입증의 근거자료가 되는 것이다. 이 경우에 토지소유권의 사정 이후에 사정명의자로부터 적법하게 소유권을 순차적으로 승계취득한 자에게 등기필증 또는 구 토지대장 등이 없다고 한

---

103) 같은 취지의 판결은 다음과 같다. 대법원 1984. 1. 24. 선고 83다카1152 판결; 대법원 1990. 5. 22. 선고 89다카22777 판결; 위 전원합의체판결로써 폐기된 판결은 다음과 같다. 대법원 1981. 6. 23. 선고 81다92판결 대법원 1982. 5. 11. 선고 81다188 판결. 위 폐기된 판결의 취지는, 구토지조사령에 의하면, 토지소유자의 권리는 사정의 확정이나 사정에 대하여 불복이 있을 때에는 그 재결에 의하여 확정되도록 규정되어 있으므로 토지조사부에 소유자로 등재된 사실만으로는 사정을 거쳐 소유권이 확정된 것이라고 단정할 수 없다는 것이다.

104) 대법원 1989. 8. 8. 선고 88다카27195 판결 참조.

다면 이들의 권리를 어떻게 보호할 것인지의 문제가 발생한다.

③ 토지조사부는 없지만 토지(임야)대장은 있는 경우

우리나라 근대의 지적관계제도는 일제강점기의 토지조사령에 그 뿌리를 두고 있다. 일본은 토지조사사업을 실시하여 우리나라의 전 국토를 측량하고 그 지번과 지적 및 소유자를 토지대장에 등록하는 제도를 마련하였다. 이때 만들어진 토지대장은 등기부와 함께 토지의 지번과 지적 및 소유자에 관한 자료로서 보존되어 왔는데, 일제시대의 토지대장규칙(대정 3년 4월 25일 조선총독부령 제45호) 제2조 제1호는 "소유권의 이전에 관한 사항은 등기관리의 통지가 없으면 토지대장에 등록하지 아니한다."[105]고 규정하고 있었다. 그리고 구 지적법(1950. 12. 1. 법률 제165호) 제38조에서 "조선임야대장규칙은 이를 폐지한다."고 규정하면서(토지대장규칙은 1943. 4. 1. 조선지세령 시행규칙에 의하여 이미 폐지되었다), 그 시행령(1951년 4월 1일 대통령령 제497호) 제3조에서 "토지소유권의 득실변경에 관한 사항은 등기소의 통지가 없이는 토지대장 또는 임야대장에 이를 등록하지 못한다."[106]고 하였다. 개정 지적법(1975. 12. 31. 법률 제2801호) 제36조는 "토지의 소유권의 득실변경에 관한 등록사항은 관할 등기소에서 등기한 것을 증명하는 등기필증등본 또는 등기부등본에 의하여 지적공부를 정리하여

---

105) 단서규정에는 "국유지의 불하, 교환, 양여 또는 미등기토지의 수용으로 인하여 소유권이 이전한 경우 및 미등기토지가 국유로 된 경우에는 그러하지 아니하다."고 하였다. 임야대 장규칙(대정 9년 8월 23일 조선총독부령 제113호) 제2조는 "토지대장규칙 제1조 내지 제6조는 본령에 이를 준용한다."고 규정하고 있었다.

106) 단지 새로이 토지대장 또는 임야대장에 등록하여야 할 토지가 생겼을 때, 미등기토지가 수용되거나 국유로 되었을 때, 국유인 토지가 매각, 교환 또는 양여되었을 때에는 예외로 한다고 규정하였다.

야 한다. 다만, 지적공부에 신규등록하는 토지의 소유자는 소관청이 이를 조사하여 등록한다."고 규정하여 현재에 이르고 있다.

대법원은 임야대장에 1935년 10월 20일자로 '갑 명의로 소유권 보존' 및 '을 명의로 소유권 이전'이라고 기재된 사안에 대하여, "구 임야대장규칙 제2조에 의하여 준용되던 구 토지대장규칙 제2조에 의하면 소유권 이전에 관하여는 등기공무원의 통지가 없으면 임야대장에 이를 등록할 수 없다고 규정되어있으므로, 위 임야대장규칙에 비추어 보면 그 당시 이미 갑 명의의 소유권보존등기 및 그 명의의 소유권이전등기가 경료되었고, 임야대장에 위와 같이 등재된 것은 이러한 등기공무원의 통지에 의하여 이루어진 것이라고 보지 않을 수 없다."고 판시하였다.[107] 그리고 토지대장(임야대장)등본에 토지의 소유자로 등재되어 있으면 토지소유권의 귀속에 관하여 추정을 받는 자료가 되지만 입증책임이 전환될 정도의 추정력을 갖는 것은 아니라고 한다.[108]

토지대장(임야대장)이 멸실된 이후 법률의 근거 없이 복구된 경우에도 일정한 추정력이 있는지 검토할 필요성이 있다. 판례는 6・25사변 도중 멸실된 구 토지대장이 신고에 의하여 복구된 경우, 이 신고를 할 당시 시행되던 구 지적법(1975. 12. 31. 법률 제2801호로 개정되기 전의 것)에는 멸실된 토지대장의 복구에 관한 법적 근거가 없었을 뿐만 아니라 일반인의 신고에 의거하여 이를 복구하고 신고 내용에 따라 그 소유자를 기재할 근거는 더더욱 없었다. 따라서 이와 같은 경위로 복구된 구 토지대장은 적법한 토

---

107) 대법원 1977. 4. 12. 선고 76다2042 판결 참조.
108) 대법원 1979. 2. 27. 선고 78다913 판결 참조.

지대장이라 할 수 없기 때문에 이에 근거하여 이루어진 소유권보존등기는 원인무효라고 한다.[109] 즉 1975년의 개정 지적법 제10조, 그 시행령 제10조 및 부칙 제3조에 의해서 비로소 멸실된 지적공부의 복구절차가 마련되었기 때문에 그 이전에 복구한 것은 법적 근거도 없고, 일정한 기준도 없었다는 점에서 문제가 있기 때문이다. 이렇게 6·25사변 등으로 멸실된 지적공부를 개정지적법이 시행되기 이전에 행정관청이 과세의 편의 등을 도모하기 위하여 법적 근거 없이 임의로 토지대장을 복구한 경우에 대법원은 그 소유자란 기재의 증명력을 부정해 오고 있다.[110]

구 토지대장등본을 살펴보면 사고란에 '19xx년 x월 x일. 신고 의거'라고 기재되어 있는 것이 있다. 그것은 소유자라고 기재된 자의 신고에 의거하여 구 토지대장을 복구하였다는 것을 의미한다. 대법원은 "구 지적법에는 일반인의 신고에 의거하여 멸실된 토지대장을 복구하는 제도도 없었고 또한 그 신고 내용에 따라 그 소유자를 기재할 근거는 더더욱 없었으므로, 이러한 절차에 따라 복구된 구 토지대장은 적법하다고 할 수 없고, 따라서 그 소유자란 기재에는 아무런 증명력이 없다."[111]고 한다. 따라서 구 토지대장에 '1913. 10. 1. 사정 갑'이라는 기재에 이어서 '1963. 8. 5. 신고 의거 소유자 을'이라고 기재되어 있다 하여 그 기재만으로는 그 토지의 소유자가 을이라는 사실 또는 을이 갑으로부터

---

109) 대법원 1992. 5. 22. 선고 92다8699 판결 참조.
110) "6·25동란으로 지적공부가 멸실된 후 소관청인 세무서가 참고자료로서 임의로 복구한 토지대장은 적법하게 복구된 것이라고 할 수 없고, 따라서 거기에 '소유자 갑'이라는 기재가 있다 하여 그 내용대로 당해 토지의 소유자를 갑이라고 보거나, 그를 소유자로 추정할 수 없다(대법원 1980. 9. 9. 선고 80다1684 판결 참조)."
111) 대법원 1992. 5. 22. 선고 92다8699 판결 참조.

이를 매수하였다는 사실을 인정하기에 부족하다고 판시하였다.[112] 또한 판례는 "토지조사부에 사정 명의자가 갑으로 되어 있고, 원고 명의의 소유권보존등기가 유효하다고 하기 위해서는 갑으로부터 원고에 이르는 승계취득사실이 주장 입증되어야 할 것"이라고 전제한 다음, 구 토지대장의 소유자란에 원고의 성명이 기재되어 있지만, 그 연월일 및 사고(사고)란은 공란이고 그다음 행의 사고란에 '1971. 4. 26. 소유자 신고'라고 기재되어 있으며, 연혁란에 1953년 3월 20일 이후의 변동사항만 기재되어 있을 뿐 그 전 권리관계의 기재가 없이 바로 원고 앞으로 소유권등록이 되어 있는 경우에, 위 토지대장은 위 소유권의 승계사실을 표시하는 대장이라고 보기 어렵다고 판시하였다.[113]

임야대장에 갑이 사정명의인으로 등재되고, 을 명의의 재결이 병기된 경우에 재결의 결과가 관보에 의하여 공시됨으로써 재결이 있었음이 객관적으로 명백한 경우에는 재결에 의하여 사정이 취소되었다고 보아야 한다. 그렇다면 임야대장상 갑 앞으로 된 사정은 그 뒤에 있는 재결에 의하여 그 효력이 상실되었다고 보아야 한다.[114] 조선임야조사령에 의하면 사정에 대하여 불복이 있는 자는 공시기간 만료 후 60일 이내에 임야조사위원회에 신청하여 그 재결을 구할 수 있고(동 제11조), 임야조사위원회의 재결은 공시하여야 하며(동 제13조), 임야소유자의 권리는 사정에 의해서 확정되지만 재결이 있는 경우에는 그 효력이 소멸되기 때문이다(동 제15조).

---

112) 대법원 1991. 3. 22. 선고 90다13482 판결 참조.
113) 대법원 1990. 2. 27. 선고 88다카4178 판결 참조.
114) 대법원 1990. 11. 13. 선고 90다카8616 판결 참조.

남한의 이러한 판례를 통일 이후에 북한의 몰수재산권의 해결방법으로 유추적용하는 것이 타당한지를 살펴볼 필요가 있다. 남한의 판례에 의한다면 토지(임야)대장만이 존재할 경우에 전쟁 등으로 멸실되었다가 적법하게 복구된 경우가 아니라면 추정력이 없다는 입장을 취하고 있다. 그리고 토지대장에 소유권의 이전사항이 등재된 경우에는 권리의 추정력은 인정되지 않지만, 사실상의 추정력은 인정되므로 원소유자는 토지대장에 근거하여 원소유권을 주장할 수 있다.

④ 토지조사부도 없고 토지(임야)대장도 없는 경우

이 경우에는 북한의 몰수대상토지와 관련한 등기필증이나 구 토지대장 등을 보관하고 있다면 그에 기초하여 원소유권을 인정할 수 있다. 아니면 현재 지적원도는 국가기록원에 보존되어 있다고 하므로 이를 근거로 하여 원소유자를 인정할 수 있는지 검토할 필요성이 있다. 판례는 다음과 같이 설명하고 있다. 지적원도의 소유자 기재는 소유권 사정의 직접적인 근거자료가 되는 것이 아니라 사정을 위한 공부인 토지조사부의 전 단계에서 조제되는 실지조사부 조제를 위한 내부 자료에 불과하고 그것도 그 내용을 계속 보존할 의도하에 기재되는 것이 아니라 변개 방지를 위한 아무런 장치도 없이 연필로 임시로 기재해 두는 것에 불과한 것이다. 그렇다면 그것이 설사 임시토지조사국의 규정에 따라 기재된 것이라 하더라도 그것을 가지고 곧바로 거기에 기재된 사람이 그 토지의 소유자로 사정받았다고 추정할 수는 없다. 그런데 지적원도에 어떤 사람의 성명이 기재되어 있다는 사실로부터 그 사람이 그 토지의 소유자로 사정받은 것으로 곧바로 추정할 수는 없지만, 사정을 위한 공부인 토지조사부는 지적원도의 기재를 근거로 조제된 실지조사부를 토대로 하여 조제되는 것이다. 그러므로 지적원도에 어떤 사람의 성명이 기재되어 있다는 사실은 그 사람이 그 토지의 소유자로 사정받은 것으로 짐작게 하는 유력한 자료는 된다.[115] 따라서 계쟁 토지들의 지적원도에 조부 또는 부(父)의 성명이 기재되어 있는 사실과 그들 일가와 위 토지들의 밀접한 관련성을 말해주는 그 밖의 사실을 종합하면 조부 또는 부(父)가 위 토지들의 소유자로 사정받은 것으로 인정할 수 있다.[116]

남한의 이러한 판례를 통일 이후에 북한의 몰수재산권의 해결방법으로 유추적용하는 것이 타당한지를 살펴볼 필요가 있다. 토지조사부도 없고 토지대장도 없는 경우에는 결국 지적원도에 근거하여 원소유자를 인정할 수밖에 없다. 그런데 지적원도만이 존재하는 경우에 이에 근거하여 북한지역에서 몰수되었던 전체 토지소유권을 회복시킨다는 것은 사회적 비용과 법적 혼란이 매우 크다고 볼 수 있다. 왜냐하면 1920년에 작성된 지적원도의 명의인과 1946년 이후에 몰수된 토지소유권의 명의인이 상이할 가능성이 많기 때문이다. 즉 토지조사부만 존재하는 경우에 있어서의 문제와 동일하게 지적원도 작성 이후에 적법하게 소유권을 순차적으로 승계취득한 자에게 등기필증 또는 토지대장 등본 등이 없다고 한다면 진정한 권리자인 이들의 권리를 어떻게 회복시켜야 하는지도 문제이기 때문이다.

---

115) 대법원 1993. 10. 12. 선고 93다29181 판결; 대법원 1996. 12. 20. 선고 96다40486 판결; 대법원 1997. 6. 27. 선고 97다8984 판결 등 참조.
116) 대법원 2000. 4. 7. 선고 99다40005판결 참조.

(4) 북한의 부동산등록제도

북한에서는 부동산등기제도를 폐지한 대신에 국토관리의 일환으로 부동산등록제도를 두고 있다. 국토관리는 국토의 조사와 등록을 통해서 시작되는데, 여기서 국토의 조사와 등록이란 국토를 철저히 보호하고 합리적으로 이용하기 위하여 국토의 자연·경제적 상태와 그에 대한 소유·관리·이용관계를 조사·장악하는 국가기관의 활동을 말한다.[117] 북한의 부동산등록제도는 토지법과 도시경영법 등에서 토지등록과 건물등록에 관한 원칙적인 조문만을 일부 두고 있다는 점에서, 남한의 지적법·건축법 등과 같은 단행법률에 의해서 구체적이고 체계적으로 규율되는 것은 아니다. 토지등록이란 행위적 측면에서는 토지의 소유와 이용상태를 문건에 표시하는 국가의 중요한 토지관리활동을 의미하고, 형식적 측면에서는 국토관리의 일환으로 실시되는 토지조사의 국가적인 기록을 의미한다.[118] 행위적 측면에서의 토지등록에는 토지등록대장이 전혀 없거나 그것이 없어진 경우에 실시하는 시초등록과 지목변경, 소유자 또는 이용자의 변동, 면적변동 등의 사유가 생긴 경우에 실시하는 경상등록이 있다.[119] 그리고 토지등록에 기초하여 토지등록대장, 토지이용허가정리부, 지적도, 토양도 및 토지정리설계도 등의 토지대장이 작성된다.

북한에서는 1958년 농업협동화가 완성되어 사회주의 소유권이 확립된 이후에 1960년 김일성의 지시로 평안남도와 평양시에 대한 국토조사를 시범적으로 실시하였다. 이에는 대학교수와 학생

---

117) 사회과학원 법학연구소, 앞의 책(『법학사전』), 90면.
118) 사회과학원 경제연구소, 앞의 책(『경제사전 2』), 673면.
119) 사회과학원 경제연구소, 앞의 책(『경제사전 2』), 673면.

들, 과학자, 기술자 및 전문가로 구성된 조사대가 1개 군에 20명씩 배치되고, 군에서는 5명씩 4개 그룹으로 나뉘어 한 그룹이 5개 리 정도씩을 3개월간에 걸쳐 조사하였고, 등록양식도 작성하였다. 그리고 이 시범조사의 경험을 토대로 1962년부터 2년 동안에 걸쳐 북한 전체에 대한 국토조사가 실시되었고, 이에 기초하여 1965년 국토건설총계획이 수립되었으며, 그 이후 지역별, 대상별로 국토조사를 정기적으로 실시하고 그 변동상황을 보고하도록 하였다고 한다.[120] 이러한 국토관리의 목적과 내용에 비추어 토지관리는 국토관리의 가장 중요한 부문이므로 북한에서는 국토관리의 일환으로 토지의 조사와 등록이 정기적 또는 수시로 실시되어 오고 있다. 따라서 1965년 전국적인 국토조사가 완료하고 이에 근거하여 토지등록이 이루어졌다는 점을 고려한다면, 1946년의 몰수 당시의 소유관계를 표시하는 토지대장은 존재하지 않으며, 농업협동화 완성 이후에 새로운 국토관리의 차원에서 새로운 이용관계를 나타내는 토지등록이 이루어졌을 가능성이 많다. 따라서 현재 북한에는 1946년의 몰수상황을 표시해 주는 부동산등기부와 토지대장이 존재하지 않는다고 보아야 한다.

(5) 국가공부 부존재의 해결방법

통일 이후에 몰수재산권의 원소유자의 인정문제와 관련하여 독일의 경우를 살펴볼 필요가 있다. 독일은 원소유자의 원상회복과 관련하여 보상원칙을 포기하고 소유권을 반환해 주는 원칙을 채택하였다. 그런데 보상원칙이든 반환원칙이든 한 가지 유념하여야

---

120) 최운숙, 『사회주의하에서 국토관리사업과 민족경제건설』, 사회과학출판사, 1992, 50면 ; 법원행정처, 앞의 책(『북한의 부동산제도』), 191면 참조.

할 사실이 있다. 바로 구동독의 경우에는 권리공시관계를 표시하는 부동산등기부가 분단 이후부터 통일이 될 때까지 여전히 존재하고 있었다는 점이다. 통일 이후 원소유자의 토지소유권은 구동독이 관리하고 있었던 부동산등기부에 기초하여 반환되었던 것이다. 부동산등기부는 원소유자가 가지고 있는 토지관련문건의 진정성 여부를 대조하여 가장 용이하게 판단해 주는 공적 자료가 된다. 따라서 부동산등기부가 不存在하기 때문에 원소유자의 토지관련문건(예: 등기필증)의 진정성이 확보될 수 없는 북한과 부동산등기부가 존재한 상태에서 통일을 한 독일은 그 전제사실부터 相異한 것이다. 따라서 토지관련문건의 진정성의 확보와 관련하여 새로운 접근방식이 필요하다. 그것은 부동산등기부 이외에도 토지관련문건의 진정성을 확보할 수 있는 방법이 있는지, 만약 그러한 방법이 있다면 어느 정도의 사회적 비용이 투입되어야 하는지 등이 다각적으로 고려하여야 한다. 그런데 북한은 부동산등기부 이외에 몰수 당시의 재산권이전상황을 나타내 주는 토지대장도 존재하지 않는다고 보아야 한다. 그렇다면 1920년대 작성된 토지조사부, 지적원도 등에 근거하여 북한지역에서 몰수된 전체 원소유자를 인정하는 방법이 고려될 수 있다. 그런데 1920년부터 1946년의 토지소유권의 몰수시점까지 승계취득을 하였지만 토지관련서류를 구비하지 못한 자들은 어떻게 보호하여야 하는지가 문제이다. 이러한 점들은 통일한국의 재산권문제를 해결하는 데 장애사유가 될 수 있다. 물론 그러한 거래관계를 증명할 수 있는 증인이 있다면 증거자료로서 인정될 수 있겠지만, 이미 50년 이상의 분단 상황이 지속되고 있는 현실에서 그러한 증인이 생존해 있을 가능성은 없다고 보아야 한다. 그리고 원소유자가 가지고 있는 토지관련 문건의 진정성이 인정될 수 있다고 하더라도, 그러한 문건이 없는 진실한 권리자와의 형평성 문제도 고려하지 않을 수 없다. 따라서 통일 이후에 전체 몰수토지를 토지조사부 또는 지적원도를 기준으로 하여 원소유자를 인정시킨다는 것은 그 사회적 비용과 전체 국가의 균형발전이라는 통일의 목적을 고려해 볼 경우에 실익이 없다고 생각된다.

북한이 부동산등기부를 보관하고 있었다고 가정하여도 다음과 같은 문제가 발생한다. 동독의 경우에는 과거 소련점령 시의 몰수 및 분배과정이 기재된 토지등기부가 통일 시까지 그대로 보존되어 있었다.[121] 구동독은 농업집단화 이후에도 형식적으로는 토지의 사적 소유를 허용하고 있었기 때문에 권리공시를 위한 부동산 등기제도가 유지되고 있었다. 이러한 점이 통일 이후 토지반환운동을 유발시킨 중요한 원인으로 작용하였던 것은 부인할 수 없다. 그런데 구동독은 실제에 있어서는 소유권의 행사를 근본적으로 제한함으로써 생산수단의 사적 소유를 형해화시키는 정책을 견지하였다. 따라서 私人의 사적 소유권은 사실상 보호받지 못하였던 것이다. 더욱이 동서독의 분단 이후에 장기간 동안 통일을 기대하는 분위기가 형성되지 않았었다. 그 결과 일부의 토지등기부는 분실 또는 폐기되는 등 사실상 관리가 되지 않은 결과 통일 이후 토지소유권 분쟁의 중요한 원인으로 작용하였다고 한다.[122] 따라서 북한이 당시의 부동산등기부를 보관하고 있다고 하더라도 결국

---

121) 篠塚昭次, 「구동독의 토지문제」, 『토지법학』 제10호, 1994, 30면.
122) 고일동/조동호, 『구동독의 사유화 방안 및 실업대책』, 한국개발연구원, 1992, 23면 참조.

구동독처럼 부동산등기부가 부실하게 관리되었을 가능성이 많다. 이러한 사실들은 통일 이후 제기될 수 있는 토지소유권소송에서 사회적 비용과 국민적 불신을 조장할 가능성이 많다.

3. 몰수재산권의 범위: 역사적 특수성

(1) 과거청산을 위한 토지몰수

1) 의의

종래의 논의는 1946년부터 1947년의 기간 동안에 북한지역에서 몰수되었던 토지소유권을 그 이전의 소유권자가 통일 이후에 회복할 수 있는가에 있었다. 그런데 종전의 소유자가 소유권을 회복할 수 있는가를 논의하기 위해서는 소유권 회복의 대상이 될 수 있는 몰수토지의 범주를 명확하게 설정할 필요가 있다.[123] 왜냐하면 1946년부터 1947년의 기간 동안에 북한에서 몰수되었던 토지 중에는, 만일 당해 토지가 남한에 소재하고 있었다고 하더라도 남한 정부에 의해서 국가로 몰수되었을 토지가 포함되어 있었기 때문이다. 이것은 소련군정당국 및 북한당국이 이 기간 동안에 북한지역에 있는 토지에 대하여 취한 몰수조치 중에는 남한의 입장에서 본다 하더라도 당연히 몰수되어야 하는 공통적인 부분이 존재한다는 것을 의미한다. 이러한 전제사실은 독일의 경우와는 매우 상이하다고 할 수 있다.

---

123) 명순구, 앞의 글(「통일 후 토지소유권의 재편방향」), 10면 참조.

2) 몰수의 범위

북한의 경우에는 「토지개혁에 대한 법령」 제2조와 제3조에 몰
수대상인 토지를 규정하고 있다. 전자는 일제청산과 관련한 규정
이고, 후자는 농지의 분배와 관련한 규정이다. 「토지개혁법에 대
한 법령」 제2조는 몰수의 대상으로 다음과 같은 토지를 들고 있
다. 첫째, 일본국가·일본인 및 일본인 단체의 소유지, 둘째, 조선
민족의 반역자와 조선민중의 이익에 손해를 주며 일본 제국주의
자의 정권기관에 적극 협력한 자의 소유지 그리고 일제의 압박 밑
에서 조선이 해방될 때에 자기 지방에서 도주한 자들의 소유지 등
은 몰수되어 농민의 소유가 된다고 하였다. 북한의 「토지개혁에
대한 법령」 제2조가 정하는 몰수대상은 남한에서 시행된 법과 공
통되는 점이 있다는 점에 유의할 필요가 있다. 「반민족행위처벌법
(1948. 9. 22.)」과 「귀속재산처리법(1949. 12. 19.)」이 그것이다.

남한의 경우에는 과거청산을 위하여 「반민족행위처벌법」을 제
정하였다. 이 법률은 일제강점기에 반민족적 행위를 한 자에 대한
형사적 처벌과 재산몰수를 규정하고 있었다. 이 법률의 주요내용
은 다음과 같다. 이 법 제1조는 "일본정부와 통모하여 한일합병에
적극 협력한 자, 한국의 주권을 침해하는 조약 또는 문서에 조인
한 자 및 모의한 자는 사형 또는 무기 징역에 처하고, 그 재산과
유산의 전부 혹은 2분지 1 이상을 몰수한다."고 규정하였다. 그리
고 제2조는 "일본정부로부터 작위를 받은 자 또는 일본 제국의회
의 의원이 되었던 자는 무기 또는 5년 이상의 징역에 처하고, 그
재산과 유산의 전부 혹은 2분지 1 이상을 몰수한다."고 규정하였
으며, 제3조는 "일본 치하 독립운동자나 그 가족을 악의로 살상

박해한 자 또는 이를 지휘한 자는 사형·무기 또는 5년 이상의 징역에 처하고 그 재산의 전부 혹은 일부를 몰수한다."고 하였다. 그리고 제4조에서는 다양한 부류의 반민족행위자에 대하여 그 처벌 내용을 규정하고 있었다.[124] 이렇게 반민족행위처벌법의 규정내용을 살펴보면 처벌의 주된 내용에는 재산몰수가 포함되어 있었고, 그 범위는 북한의 「토지개혁법에 대한 법령」 제2조 제2항과 유사하다는 것을 알 수 있다. 그리고 「귀속재산처리법」은, 귀속재산에 대한 처리를 규정하는 법률이다. 이 법은 '歸屬財産'의 개념에 대해서 다음과 같이 규정하고 있다. 즉 1948년 9월 11일에 대한민국정부와 미국정부 간에 체결된 '재정 및 재산에 관한 최초협정' 제5조의 규정에 의하여 대한민국정부에 이양된 일체의 재산[125]을 귀속재산이라고 하였다(제2조). 이와 같이 미국정부로부터 한국정부에 이양된 재산은 미군정당국이 일본국 및 일본인들로부터 몰수한 재산이었다.[126] 이렇게 「반민족행위처벌법」과 「귀속재산처리법」

---

124) 제4조는 다음과 같은 자들에게 10년 이하의 징역에 처하거나 15년 이하의 공민권을 정지하고 그 재산의 전부 혹은 일부를 몰수할 수 있는 것으로 정하고 있다. ① 습작한 자, ② 중추원 부의장 고문 또는 참의 되었던 자, ③ 칙임관 이상의 관리 되었던 자, ④ 밀정행위로 독립운동을 방해한 자, ⑤ 독립을 방해할 목적으로 단체를 조직했거나 또는 그 단체의 수뇌간부로 활동하였던 자, ⑥ 군·경찰의 관리로서 악질적인 행위로 민족에게 해를 가한 자, ⑦ 비행기·병기 탄약 등 군수공업을 책임 경영한 자, ⑧ 도·부의 자문 또는 결의기관의 의원이 되었던 자로서 일제에 아부하여 그 반민족 죄적이 현저한 자, ⑨ 관공리 되었던 자로서 그 직위를 악용하여 민족에게 해를 가한 악질적 죄적이 현저한 자, ⑩ 일본국책을 추진시킬 목적으로 설립된 각 단체 본부의 수뇌간부로서 악질적인 지도적 행동을 한 자, ⑪ 종교, 사회, 문화, 경제 기타 각 부문에 있어서 민족적인 정신과 신념을 배반하고 일본침략주의와 그 시책을 수행하는 데 협력하기 위하여 악질적인 반민족적 언론, 저작과 기타 방법으로써 지도한 자, ⑫ 개인으로서 악질적인 행위로 일제에 아부하여 민족에게 해를 가한 자.
125) 이 재산 중에는 주식회사의 株式, 조합의 持分, 사단법인의 社員權 및 재단법인의 理事 行使權까지도 포함된다.
126) 歸屬財産은 특별한 경우를 제외하고는 대한민국의 국민 또는 법인에게 매각하는 것이 원칙이다(귀속재산처리법 제3조). 「귀속재산처리에 관한 특별조치법」은 그 부칙 제5조 제1

에서 규정한 몰수대상이 되는 토지는 북한의 「토지개혁법에 대한 법령」 제2조 제1항에 의해서도 공통적으로 몰수된 토지이었다.

3) 흡수통일 시의 고려점

남북한이 통일의 방식을 흡수통일로 한다면 월남자는 북한에서의 토지몰수가 불법적이라는 것을 전제로 원물반환을 주장할 수 있다. 그런데 흡수통일이라고 하더라도 유념하여야 할 것은 일제 강점기의 반민족행위자 및 일본국가 또는 일본인 소유의 토지는 남북한에서 모두 몰수의 대상이었다는 점이다. 이러한 유형에 속하는 토지몰수는 실질적 정의에도 합치되는 것이므로 북한에서 이루어진 몰수를 불법이라고 평가할 수는 없다고 보인다.

(2) 분배를 전제로 한 토지몰수

1) 의의

북한에서 농지에 대해서는 「토지개혁에 대한 법령」에 근거하여 1946년 3월 5일부터 1946년 3월 31일까지 불과 한 달 안에(토지 개혁에 대한 법령 제17조)[127] 무상몰수와 무상분배가 이루어졌다. 그리고 농업용 외의 토지에 대해서는 1946년부터 1947년까지 별도로 국유화를 진행하여,[128] 현재까지 국유로 되어 있다. 한편, 남

항에서 "1964년 12월 말일까지 매매계약이 체결되지 아니한 귀속재산은 무상으로 국유로 한다. 1964년 12월 말일까지 매매계약이 체결된 귀속재산으로서 1965년 1월 1일 이후 그 매매계약이 해제된 귀속재산도 또한 같다."라고 규정하고 있다. 그러므로 1964년 12월 31일까지 매매계약이 체결되어 있는 것 외의 모든 귀속재산은 1965년 1월 1일자로 국유재산이 되었다.

127) 이와 같이 단시간 내에 토지개혁이 진행될 수 있었던 배경과 원인에 대해서는 법원행정처, 앞의 책(『북한의 부동산제도』), 89면 이하 참조.

128) 법원행정처, 앞의 책(『북한의 부동산제도』), 324면 참조.

한에서도 정부수립 이후에 토지에 대한 적정한 사적 소유를 위하여 농지개혁법(1949. 6. 21. 법률 31호)을 제정하였고, 이에 근거하여 토지를 유상몰수·유상분배하는 조치를 취하였다. 그리고 농업용 외의 토지에 대해서는 「반민족행위처벌법」과 「귀속재산처리법」에 의한 것을 제외하고는 특별한 조치를 취한 바가 없다. 이러한 사정은 통일 이후 토지제도의 재편을 논의함에 있어서 반드시 고려하여야 할 것으로 본다.

2) 농지소유를 위한 몰수

① 몰수의 범위

유상·무상의 차이는 있으나, 남한이든 북한이든 일정한 범위의 농지는 개혁조치에 따라 몰수와 분배가 이루어졌다. 북한의 「토지개혁에 대한 법령」 제3조는 몰수하여 무상으로 농민에게 분여되는 토지를 규정하고 있는데, 그 내용은 다음과 같다. 한 농호에서 5정보 이상 가지고 있는 조선인지주의 소유지, 자기가 경작하지 않고 모두 소작을 주는 소유자의 토지, 면적에 관계없이 계속적으로 소작을 주는 모든 토지, 5정보 이상을 가지고 있는 성당, 승원 기타 종교단체의 소유지 등이 이에 해당된다. 남한에서 「농지개혁법」의 주요한 내용은 다음과 같다.[129] 자경하지 않는 토지, 비농가의 토지, 3町步 이상을 초과하는 지주의 토지를 국가에서

---

129) 자세한 것은 다음의 문헌들을 참조할 것. 정범석, 「농지개혁법소고」, 『사법행정』 제85호, 1968. 2., 25면 이하; 신성택, 「농지개혁법 제19조제2항에 관련한 몇가지 문제점」, 『사법연구자료』제8집, 1981. 4., 211면 이하; 조종식, 「농지개혁법연구」, 『재산법연구』제9권 제1호, 1992. 12., 7면 이하; 윤철홍, 앞의 글(「농지개혁의 법사적 고찰」), 485면 이하 등.

유상으로 매수하였고, 국가에서 매수한 농지는 영세농에게 3정보를 한도로 유상으로 분배하였다. 농민은 분배받은 농지에 대한 상환방법은 생산량의 150%를 5년 均分年賦하여 매년 정부에 납부하도록 하였다. 정부는 몰수한 소유자에게 地價證券을 발급하여 주었는데, 증권액면은 보상액(생산량의 150%)을 환산한 당해 연도 당해 농지 주산물수량으로 표시하는데, 증권의 보상은 5년 均分年賦로 하여 매년 액면농산물의 결정가격으로 산출한 원화를 지급한다. 이와 같이 상환액과 보상액을 동액으로 하였다.

이렇게 남한과 북한의 농지개혁은 그 개혁대상인 농지의 범위, 몰수의 방법, 분배의 방법 등 여러 가지 면에서 커다란 차이가 있다. 이것은 농지개혁의 이념이 상이하기 때문이다. 북한의 경우에 농지개혁의 목적은 역사적·경제적 필요성 때문이라고 한다(북조선 토지개혁에 대한 법령 제1조). 즉 일제하 북한지역이 중공업 위주로 발달됨으로써 남북한 분단 이후에 어려워진 식량문제를 해결하고, 일제하에 집중된 토지소유를 해소하며, 과도한 소작료로 기인한 봉건적인 토지소유제도를 타파하기 위해서 이루어졌던 것이다.[130] 물론 궁극적으로는 사회주의적 소유제도의 확립을 목표로 진행되었던 것이다. 이에 반하여 남한에서의 농지개혁은 농지를 농민에게 적정히 분배함으로써 농가경제의 자립과 농업생산력의 증진으로 인한 농민생활의 향상 내지 국민경제의 균형과 발전을 목적으로 하였다(농지개혁법 제1조). 그런데 종래 소유자로부터 일정한 농지를 몰수하였다는 점에서는 양자가 공통점을 가지고 있다는 점에 유의하여야 한다. 즉 농지개혁의 대상이 된 농지

---

130) 김영윤, 앞의 글(「북한 토지소유제의 전개과정」), 125면 참조.

에 대해서는 원소유자의 물권적 권리를 부인하였다. 남한의 농지개혁법에 따라 몰수의 대상이 되는 농지는 대체로 북한의 「토지개혁에 대한 법령」 제3조에 의하여 포괄되는 관계에 놓이게 된다. 즉 남한의 농지개혁법에 따라서 원소유자의 물권적 권리가 부인되는 성격의 농지는 북한에서도 「토지개혁에 대한 법령」에 따라 원소유자의 물권적 권리가 부인되었던 것이다.[131]

　　논리적으로 볼 때, 월남자의 소유권 회복의 가능성이 가장 극대화되는 것은 통일의 방법을 흡수통일로 전제하면서 북한을 불법단체로 보는 경우이다. 그런데 이러한 전제에 의한다고 하더라도 월남자가 북한에 소재하는 농지에 대해서 그 소유권의 원상회복을 주장하기 어려운 경우가 있다. 그것은 북한에 소재하는 농지로서 만일 분단이 되지 않았더라면 농지개혁법이 적용되어 몰수되었을 농지가 이에 해당된다. 이렇게 최소한 남한의 「농지개혁법」과 「북한의 토지개혁에 대한 법령」의 양자에 공통되는 농지의 경우에는 월남자가 자신의 소유권에 기하여 물권적 청구권을 주장할 수 없도록 하여야 한다. 결국, 북한 소재의 농지 중에서 월남자의 물권적 청구권이 성립할 여지가 있는 것은, 북한 소재의 농지로서 남한의 농지개혁법에 의하여 포섭되지 않는 것이라고 할 수 있다.[132] 종래의 논의는 남한과 북한에서 진행된 농지개혁의 내용과 적용범위를 염두에 두지 않은 것이 대부분이다. 따라서 남북한에서 진행된 농지개혁에서 공통범위가 존재한다는 점을 고려하여 통일한국의 토지소유제도 재편을 논의하여야 한다.

---

131) 명순구, 앞의 글(「통일 후 토지소유권의 재편방향」), 15면 참조.
132) 명순구, 앞의 글(「통일 후 토지소유권의 재편방향」), 15면 참조.

② 북한주민의 고려

북한의 경우에 농지에 대한 사회주의적 소유는 두 단계로 진행되어 현재에 이르고 있다. 제1단계는 토지개혁 단계이고, 제2단계는 농업협동화 단계이다. 제1단계에서는, 「토지개혁에 대한 법령」에 따라 몰수된 토지가 無産農民들에게 무상으로 분배되어 그들의 사적 소유권이 인정되었다. 그러나 1단계에서 재편된 토지소유관계는 봉건적인 토지소유관계를 해소하는 것에는 성공하였지만, 생산구조를 소규모의 개인농업구조로 재편하였기 때문에 농촌의 생활환경을 신속하게 개선시킬 수 없는 한계가 있었다. 따라서 북한은 소규모로 분산된 개인경영을 계획적으로 발전시키고 확대재생산을 하기 위하여 사회주의 집단협동화를 계획하였다. 이러한 집단협동화는 전쟁복구사업을 추진하기 위해서 노동력의 동원이 필요하였고, 농촌 역시 극도로 황폐화되었기 때문에 구조조정의 필요성이 복합적으로 제기된 결과이었다.[133] 그래서 한국전쟁 직후인 1954년부터 1958년에 걸쳐 농업협동화가 진행되었다.[134] 이 단계에서 농지의 소유자[135]는 협동단체에 자신의 농지를 출자함으로써 자신의 사적 소유권은 상실되고, 협동단체의 소유만이 존재하게 된다. 협동단체는 法人의 일종이다.[136] 협동단체소유권은

---

133) 김영윤, 앞의 글(「북한 토지소유제의 전개과정」), 129면 참조.
134) 그 과정에 대해서는 법원행정처, 앞의 책(『북한의 부동산제도』), 93면 이하 참조.
135) 여기에서 말하는 농지의 소유자는 다음과 같은 부류로 구분할 수 있을 것이다. ① '무상분배수익자'(즉 1946년의 「농지개혁에 대한 법령」에 따라 몰수된 농지를 분배받은 사람), ② '소유권유지자'(즉 자신이 보유한 토지가 1946년의 「농지개혁에 대한 법령」의 몰수대상인 농지가 아니어서 토지개혁조치에도 불구하고 계속 종래의 소유권을 유지한 사람).
136) 북한에서 法人은 국가 및 공민과 함께 권리 주체의 하나이다. 법인에는 다음과 같은 세 가지가 있다(최달곤, 앞의 책(『북한민법의 연구』), 48면). ① 국가적 법인(예: 독립채산제 국영기업소), ② 협동단체법인(예: 협동농장, 생산협동조합, 수산협동조합), ③ 사회단체법인(예: 학회, 동맹).

국가소유권에 비하여 그 사회화의 수준이 낮은 것이어서 사회주의사회가 공산주의화하는 날에는 전 인민적 소유로 전환되는 과도기적 소유형태로 본다. 따라서 국가로서는 협동단체소유가 국가적 소유로 될 수 있도록 노력하여야 한다.[137]

북한은 공업부문에 대해서는 1946년 8월에 처음부터 국유화 조치를 취했는데, 농지에 대해서는 제1단계(농민들의 私有)를 거쳐 현재까지도 제2단계(협동소유단계)에 머물고 있다. 공업부문과 달리 농지에 대하여는 초기에 과도기적인 조치로서 사유화 단계를 거친 것은 무엇인지 검토할 필요성이 있다. 그것은 당시의 소수 지주에 의한 토지소유의 집중형상과 자작농의 비율이 현저히 낮았던 북한지역의 상황을 고려해 본다면, 대다수를 차지하는 농민이 토지에 대하여 가지는 소유욕구와 집착이 상당히 강했을 것임을 추단할 수 있다. 따라서 사회주의 정권이 공고히 수립되기 전까지는 토지개혁을 통한 농민소유방안을 채택함으로써 농민의 이러한 정서를 정치적으로 이용할 필요성이 있었던 것이다.[138] 그리고 최종적인 목표가 전 인민적 소유인 국가소유임에도 불구하고[139] 현재까지 농업부문에서 이를 실현하지 못한 이유는 무엇인지 검토할 필요성이 있다. 북한은 그 이유를 다음과 같이 설명하고 있다. 우선 협동단체를 구성하고 있는 농민들의 사상의식수준과 기술문화수준이 현재에도 낮을 뿐만 아니라 농업의 물질적·기술적 토대가 아직까지 미약하기 때문이라고 한다.[140] 북한의 이

---

137) 최달곤, 앞의 책(『북한민법의 연구』), 63면.
138) 김민배, 「북한에서의 토지개혁의 법적 논리와 그 역사적 전개」, 『인하대학교 사회과학연구소 논문집』제11집, 1993, 289면 참조.
139) 최달곤, 앞의 책(『북한민법의 연구』), 61 - 62면 참조.

와 같은 분석을 통해 볼 때, 북한에 있어서 '농지의 국유화'라는 것은 아직도 주민들의 의식 속에 확고하게 뿌리내리지 못한 것으로 판단된다. 북한에 있어서 지금까지도 농지에 대한 국유화는 이루어지지는 않았다. 그렇지만 1953년부터 진행된 농업협동화 과정으로 인하여 당해 농지에 대하여 사소유권을 가지고 있던 농민들은 그들의 소유권을 몰수당한 결과가 되었다. 통일 후 북한지역에 있는 농지의 소유권 재편에 관한 논의에 있어서 이러한 사정도 고려하여야 할 대목이다.[141]

3) 흡수통일 시의 고려점

흡수통일의 경우에 종래의 농지와 관련된 논의는 남북한에서 진행된 농지개혁의 내용과 적용범위를 염두에 두지 않고 월남자의 원소유권의 반환문제를 논의하여 왔다. 그러나 최소한 남한의 농지개혁법에 의하여 포섭되는 농지와 동일한 범위의 북한농지에 대해서는 월남자의 원소유권의 반환청구는 부정되어야 할 것으로 생각된다. 특히 이러한 원소유자의 반환문제는 자신의 의도와 상관없이 북한지역에서 몰수토지를 분배받고 이를 협동농장에 출자한 북한주민의 이익도 균형적으로 고려할 필요가 있다.[142]

---

140) 김승준, 『사회주의 완전승리에서 소유문제와 그 해결방도』, 과학・백과사전종합출판사, 1989, 59-66면 참조.
141) 이에 대한 상세한 예로는 명순구, 앞의 글(「통일 후 토지소유권의 재편방향」), 17면 참조.
142) 명순구, 앞의 글(「통일 후 토지소유권의 재편방향」), 19면 참조.

Ⅳ. 독일의 상황에 대한 비교법적 평가

1. 의의

독일식의 논의가 통일한국에 적용되기 위해서는 우선 그 전제사실이 유사하여야 한다. 첫째, 통일의 방식을 독일과 같이 흡수통일로 하여야 한다. 둘째, 동독과 같이 과거의 재산권몰수행위가 불법하다는 것을 스스로 인정하여야 하고, 또한 통일 이전에 민주화운동으로 사실상 체제가 붕괴되어야 한다. 셋째, 재산권반환의 원칙을 적용하기 위한 전제로서 권리의 진정성을 확보할 수 있는 부동산등기부와 같은 공적 장부가 존재하여야 한다. 그런데 동독과 북한의 몰수재산권의 역사적 전개과정은 그 전제사실에서 매우 상이하기 때문에 이를 고려하여 그 적용가능성을 탐색하여야 한다.

2. 전제사실에 대한 상이

(1) 재산권몰수의 목적

독일의 경우에는 1945년 5월 8일부터 베를린장벽이 설치된 1961년 8월 13일까지 장기간에 걸쳐서 270만 명이 동독을 탈출하였고, 그 이후부터 1988년 말까지 탈출자는 20만 명, 이주자의 수는 40만 명으로 총 330만 명에 이르고 있다.[143] 이렇게 탈출한 사람의 재산권은 몰수되었다. 그런데 소련군정시기에는 소련군이 전

---

143) G. Brunner, 『Systematishe Darstellung Ⅰ: Das Recht zur Regelung offener Vermögensfragen』, Rechtshanbuch Vermögen und Investition in der ehemaligen DDR, 1991, S.4.

쟁배상금을 확보하기 위해서 토지를 몰수하였다. 그리고 동독정부의 경우에는 형벌적 목적으로 탈출한 사람들의 재산권을 몰수하였다는 점에서 체제적 불법행위로서 평가받았던 것이다. 그런데 한국의 경우에는 남북한에서 모두 재산몰수행위가 존재하였다는 점에서 독일과 상이하고 또한 그 목적이 남북한 모두 봉건적 토지소유관계를 타파하여 가난한 소작농민들의 생활을 향상시키기 위한 목적에서 이루어졌다는 점에서도 상이하다고 할 수 있다. 뿐만 아니라 남북한의 몰수행위가 소작농을 위하여 적정한 분배를 전제로 하여 이루어졌다는 점에서 대다수의 일반국민들은 반대하지 않았던 것이다. 물론 당해 몰수행위에 대해서 소수의 지주계급은 반대하였을 것이다. 이와 같이 동독의 경우와 다르게 대다수의 소작농을 위하여 분배를 전제로 하여 이루어진 몰수행위는 보편타당한 가치에 반하여 불법하다고 평가할 수는 없는 것이다. 단지 북한의 경우에 정당한 보상을 하였는지가 문제될 수 있는데, 그렇다면 결국 원소유권의 반환문제는 상정될 수 없는 것이고, 보상의 문제만이 남게 된다. 따라서 독일의 원소유권반환원칙은 통일한국에는 적용될 수 없는 것이다.

(2) 소유관계의 증명방법의 상이

독일이 채택한 몰수재산권의 반환원칙은 권리의 진정성을 확보할 수 있는 부동산 등기부가 통일 시까지 보존되고 있었기 때문에 가능한 것이었다.[144) 그러나 북한의 경우에는 부동산등기부가 존재하고 있지 않기 때문에 권리의 진정성을 객관적으로 확보할 수

---

144) 허영, 『독일통일의 법적조명』, 박영사, 1994, 157면 참조.

없다.[145] 따라서 원소유권의 반환이든 보상이든 상정할 여지가 없다고 보인다. 그리고 한 조사결과에 의하면 자신의 토지소유권을 입증할 수 있는 토지 관련서류를 보유하고 있는지에 대하여 8.2%만이 입증자료가 존재한다고 하였다.[146] 그리고 입증자료가 없는 경우에 증인을 통하여 권리의 진정성을 증명하겠다는 주장이 54%이었다. 그런데 인우보증에 의하여 권리의 진정성을 확보하기에는 시간적 간격이 너무나 크다고 할 수 있다. 소유관계의 진정성을 확보할 있는 공적 장부의 부존재와 관련자들이 현존하지 않는 상황은 반환우선의 원칙과 보상원칙의 논리적 전제가 부존재하다는 것을 의미하는 것이다. 따라서 독일식의 재산권 처리방식은 통일한국에 적용할 수 없는 것이다. 그리고 조사결과에 따르면 통일을 위해서라면 기꺼이 소유권을 포기하겠다는 월남자도 조사대상자의 58%이었고,[147] 포기한 소유권의 향방에 대해서는 통일정부의 정책에 따른다는 입장도 50.9%이었다는 점은 시사하는 바가 크다.[148]

(3) 재산몰수의 불법성 인정 여부

동독의 경우에는 통일 직전에 민주화운동에 의해서 체제가 붕괴되었을 뿐만 아니라, 과거의 재산몰수행위에 대해서 스스로 체

---

145) 오종근, 「북한민법의 소유형태」, 『북한연구』, 1992. 12., 181면.
146) 그 설문조사의 결과는 다음과 같다. 북한에 개인적 토지나 소유권이 있는 토지가 있는지에 대하여 응답자 244명 가운데 222명이 월남 당시 북한에 개인적 토지나 소유권이 있었다고 답변하였다. 그리고 현재 북한에 있는 토지에 대하여 자신의 권리임을 증명할 만한 입증자료가 있는지에 대해서 18명(8.2%)만이 입증자료가 있다고 답변하였다(김민배, 앞의 글(「월남자의 북한토지 소유권에 대한 실증적 접근」), 168 - 170면 참조).
147) 김민배, 앞의 글(「월남자의 북한토지 소유권에 대한 실증적 접근」), 173면 참조.
148) 김민배, 앞의 글(「월남자의 북한토지 소유권에 대한 실증적 접근」), 174면 참조.

제적 불법행위라고 인정하는 법률을 제정하였다. 즉 1990년 3월 7일 동독은 과거의 체제적 불법행위의 존재를 인정하여 「사기업의 설립과 활동 및 기업지분에 관한 법률」을 제정하였다. 이 법률에 의하여 1972년 이후 국유화된 사기업을 원소유자에게 반환하도록 규정하고 있었다. 그리고 1990년 6월 15일 동독과 서독은 과거에 몰수시킨 재산권을 원소유권자에게 반환 내지 보상해 주기 위하여 '공동성명'을 제정하였다. 그리고 이러한 내용은 통일조약에 의해서 규범적 효력을 가지는 것으로 연결되었다. 그런데 주체사상과 1인 독재체제가 확고하게 정립된 북한은 동독과 상이한 정치문화가 잔존하기 때문에 통일의 과정에서 체제의 정당성을 부정하는 일련의 행위를 할 것으로 기대되지 않는다. 오히려 북한의 경우에는 과거 체제수호를 위한 제 행위가 불법하지 않다는 것을 전제로 하여 대등한 관계에서 통일조약에 합의할 가능성이 높다는 점에서 독일과 相異하다고 할 수 있다.

3. 독일식 통일논의의 재고

독일은 흡수통일의 방식을 채택하여 동독의 재산권몰수를 반법치국가적 행위로 평가하였고, 그 결과 원상회복의 원칙을 적용하여 재산권문제를 해결하였다. 그러나 이러한 원상회복방식은 소유관계를 조속하게 확정 짓지 못함에 따라서 동독의 투자를 저해하였고, 동서독일의 정서적 통합에도 기여하지 못한 점이 있다. 그리고 한국의 경우에는 북한뿐만 아니라 남한의 경우에도 단순히 경작을 하지 않는다는 이유로, 농업을 주업으로 하지 않았다는 이유로 토지 전부를 몰수한 점이 고려되어야 한다. 만약 북한의 몰수토지를 반환하여야 한다면 남한의 몰수토지가 반환되지 말아야 하는 이유를 설명할 수 없다. 단순히 보상이 없었다는 것이 합리적인 이유가 될 수 없다. 왜냐하면 남북한에서 토지를 몰수한 이유는 모두 분배를 전제로 하여 지주에게 집중된 토지소유를 분산시킬 목적에서 이루어졌기 때문이다. 따라서 원소유권의 반환원칙은 통일한국의 경우에는 타당하지 않다고 생각된다. 그런데 보상원칙을 적용하는 것도 막대한 통일비용과 관련하여 문제가 되지만, 토지소유관계의 진정성을 확보할 수 있는 방법이 부존재하다는 사실도 고려되어야 한다.

제3절 합의통일의 경우

Ⅰ. 서설

독일은 정치·경제적 상황이 한국과 유사하였기 때문에 통일한 국의 정립방향에 중요한 참고가 될 수 있는 것은 분명하다. 특히 재산권몰수과정을 살펴보면 매우 유사한 점들을 발견할 수 있다. 이러한 이유로 독일의 몰수재산권 처리방식을 적용하여야 된다는 견해도 있다. 그런데 양자의 재산몰수과정을 면밀하게 살펴보면 일정한 차이점이 존재한다는 점에서 독일식의 몰수재산권 처리방 식은 再考될 필요가 있음을 발견할 수 있다. 물론 몰수재산권의 처 리문제는 통일의 방식에 따라서 결론이 달라질 수 있다. 그리고 통일의 방식은 국가의 최고통수권자가 정치적 상황과 국민적 통 합가능성을 염두에 두고 결정하는 것이기 때문에 법 논리적인 문 제라기보다는 오히려 정치적 결단의 문제라고 할 수 있다. 따라서 다양한 방식이 상정될 수 있다. 이것은 북한지역의 몰수토지의 소유권 회복문제도 결국 통일의 방식에 따라서 그 결론이 상이할 수 있음을 의미한다. 먼저 흡수통일의 경우에는 북한을 불법단체로 인정하는 경우와 대등한 정부로 인정하는 경우로 나누어 살펴보아야 한다.[149] 전자의 경우에는 남한의 현행헌법과 민법에 따른 권리구제, 즉 소유물반환청구권과 불법행위에 기한 손해배상청구권을 인정할 수도 있고, 통일비용문제와 현재 이용자의 이용권 보호문제 등을 고려하여 정책적으로 보상청구권이 고려될 수 있다. 그리고 후자의 경우 북한이 정권수립 이후 행한 국유화조치는 정당화되지만, 정권수립 이전에 행해진 몰수조치에 대하여는 이를 보상 없는 공용수용으로 보아 행정법상 손실보상청구권이 고려될 수 있다. 그런데 독일식의 흡수통일에 의한 원상회복방식은 통일 직후부터 소유권확정문제가 발생하였고, 남북한의 몰수토지의 연역을 살펴볼 때 채택하기 어려운 점이 있다. 따라서 북한을 대등한 당사자로서 인정하는 것을 전제로 한 합의통일의 방식이 대안이 될 수 있다. 이 접근방식에 의하면 통일로 인한 후유증을 최소화시킬 수 있다.[150] 즉 합의통일방식은 토지소유권 등 재산권문제 해결에 있어서 통일정부의 재정적 부담과 장래의 법적 분쟁의 여지를 감소시키는 효과를 기대할 수 있기 때문에 북한의 경제재건에 유익할 수 있는 장점이 있다. 또한 권리의 진정성이 확보되기

---

149) 정영화, 앞의 글("통일후 북한의 재산권문제에 관한 헌법적 연구", 263면 참조.
150) 예멘의 경우 1990년 5월 22일 자본주의체제의 북예멘과 사회주의체제의 남예멘이 대등한 조건에서 합병하는 형식으로 통일하면서 남예멘의 사회주의 경제체제를 폐지하였는데, 남예멘지역의 소규모 토지만 사유화시키고 외국인 소유 토지와 대지주 토지에 대해서는 국유화하였다. 이후 내전의 발발로 다시 분단되었고 결국 무력통일에 의해서 1994년 정치적 통합을 이루게 되었다(민족통일연구원, 『예멘 통합 사례연구』, 1993, 101면).

곤란한 현재의 상황을 고려해 보았을 경우에도 이 방식이 가장 합리적이라고 생각된다. 이 경우 몰수토지의 소유권 회복문제는 통일조약과 통일헌법에 의해서 규율되겠지만, 그렇다고 하더라도 대등한 당사자로서 북한이 행하고 48년 헌법으로 추인한 토지개혁과정의 몰수조치는 적법한 것으로 인정할 수밖에 없다. 따라서 원상회복 또는 행정법상 손실보상청구권은 인정될 여지가 없다.[151]

이하에서는 남북한의 정부수립과정과 이후의 UN 동시가입의 의미를 합의통일의 논리적 전제로서 살펴보고, 통일 이후의 북한지역의 토지소유제도 재편방향을 유형화하여 그 입법론을 제시하고자 한다.

Ⅱ. 합의통일의 전제

1. 의의

북한지역에서 과거에 시행된 토지소유제도의 재편행위를 어떻게 평가하여야 하는지의 문제는 현재의 시점에서도 중요한 논점이지만, 보다 실질적으로는 장래 통일한국이 어떠한 방식으로 통합되어야 하는지의 문제와 밀접한 관련이 있게 된다. 이 문제는 결국 북한을 불법단체로 인정하여야 하는지 아니면 국가성을 인정하여야 하는지의 여부에 따라서 상이한 결과가 발생하게 된다. 만약 남한이 북한을 불법단체로 인정하여 흡수통일을 하게 된다

---

151) 이 경우 공법상의 특별한 보상청구권을 인정할 것인지의 여부는 논의될 수 있다. 정영화, 앞의 글("통일후 북한의 재산권문제에 관한 헌법적 연구", 264면 참조.

면 과거의 토지개혁행위는 불법적인 평가를 받게 될 것이고, 토지개혁행위는 무효가 된다. 따라서 사유재산권을 몰수당한 원소유자들은 자신의 소유권을 반환받을 수 있게 된다. 그러나 남한이 북한을 대등한 당사자로 인정하여 합의통일을 하게 된다면 북한의 과거 토지개혁행위는 적법행위로 평가받게 될 것이고, 원소유권의 반환문제는 상정될 수 없게 된다. 단지 통일한국 정부에 의해서 공법상의 특별한 보상청구권이 고려될 수는 있다.

2. 종래 남북한 정부의 입장

남한헌법에 의한다면 1948년 7월 17일 제정된 헌법에 기초하여 남한정부가 수립되었고, 북한헌법에 의한다면 같은 해 9월 8일 제정된 헌법에 기초하여 북한정부가 수립되었다. 남한의 제헌헌법 제4조(영토조항)에 의하면 "대한민국의 영토는 한반도와 그 부속도서로 한다."라고 규정하고 있었다. 이렇게 남한헌법의 영토조항에 의한다면 북한지역은 당연히 대한민국의 영토가 된다. 이러한 논리에 의한다면 현재 북한지역에는 남한헌법이 지향하는 자유민주주의 기본질서와 시장경제체제를 부정하는 불법단체가 존재하게 되는 것이다. 그러므로 그러한 불법단체가 행한 행위는 결국 불법적 행위로 평가되어 유효성이 부정되어야 한다는 결론에 이르게 된다. 법원도 이러한 영토조항에 의해서 제헌헌법 이후 현재에 이르기까지 일관되게 다음과 같은 입장을 유지하고 있다. 즉 "북한지역은 대한민국의 영토에 속하는 한반도의 일부를 이루는 것이므로, 이 지역에는 대한민국의 주권이 미칠 뿐, 대한민국의 주

권과 부딪치는 어떠한 주권도 법리상 인정될 수 없다."라고 하여 북한의 국가성을 부정하고 있다.[152]

북한도 또한 사회주의 정부수립 이후부터 남한과 동일한 입장을 채택하고 있다는 점을 유념하여야 한다. 즉 48년 헌법 제103조는 "조선민주주의인민공화국의 수도는 서울이다."라고 규정하여, 남한지역을 '공화국 남반부'의 북한영역으로 지칭하고 있었기 때문이다. 물론 1972년 12월 27일 최고인민회의 제5기 1차 회의에서 개정된 조선민주주의인민공화국 사회주의헌법 제149조에는 "조선민주주의인민공화국의 수도는 평양이다."라고 하여 이를 변경하였지만, 그렇다고 하더라도 북한은 여전히 남한지역을 미해방지역 내지 미수복지역으로 인식하는 기본적인 입장에는 변함이 없다고 보아야 한다. 이러한 남북한의 상이한 입장에 따라서 한국과 북한정부는 1950년의 무력분쟁을 국제법상의 전쟁[153]이 아니라 内亂[154]이라고 평가하였던 것이다.[155]

---

152) 대법원 1961. 9. 28. 4292 행상48판결; 대법원 1991. 2. 8. 선고 90도2607 판결 참조.
153) 전통적 국제법은 전쟁을 평화관계를 단절한 국가 간의 무력상태라고 정의한다. F. Berber, Lehrbuch des Volkerrechts Bd. Ⅱ. Kriegsrecht, 2. Aufl., Munchen 1969. S.1ff.; F. Grob, The Relativity of War and Peace, New Haven 1949, S.173ff.
154) 내란은 한 국가 내에서 주민의 일부와 국가기관 간의 무력사용의 상태로서 해당 국가의 内政문제이므로 국제법적으로는 관련이 없다(P. Guggenheim, Lehrbuch des Volkerrechts Ⅰ. Basel 1948, S.193f.; A. Randelzhofer, Der Burgerkrieg, in: Zeitschrift fur Politik 1971. S.237f).
155) UN Doc. S/PV. 482, S.7; M. Whiteman, Digest of International Law vol. 13, Washington 1973. S.423f.; J. Frowein, Das de facto – Regime im Volkerrecht, Koln, Berlin 1968, S.44. 일부 서방학자들도 한국분쟁을 내란으로 본다(Berber, a.a.O., S.42. J. Kunz, The Chaotic Status of the Laws of War and the Urgent Necessity for their Revision, in: AJIL 45(1951), S.55; H. Kelsen, The Laws of United Nations, London 1951, S.930f, 934f).

3. 북한의 국가성 인정 여부

(1) 남북한 정부수립 과정의 고려

종래 남한의 기본적인 입장에 의한다면 북한은 불법단체가 되고, 이에 따라서 북한의 과거 토지소유제도 재편행위는 무효가 된다. 그런데 이러한 종래의 시각을 통일과정에서도 그대로 견지할 필요는 없다고 생각된다. 정전협정하에서 전쟁발발의 위험성이 항시 존재하고 있었던 종래의 시점에서는 북한을 불법단체로 평가하여 민주주의 체제를 수호할 필요가 있다. 그러나 남북한의 통일과정에서는 더 이상 이러한 입장을 견지할 필요성이 없다. 그리고 남북한의 정부수립과정을 살펴본다면 반드시 북한을 불법단체로만 평가할 수는 없다고 생각된다. 그 이유는 다음과 같다.[156] 우선 일제의 항복에 의해서 조선은 독립을 쟁취하였다. 그런데 연합국에 대한 항복으로 인하여 일제의 實力行使가 사실상 불가능해졌다면, 그 상태를 어떻게 평가하여야 하는지 생각해 볼 필요가 있다. 그 상태를 독립 이전의 대한제국으로 복귀된 것인지 아니면 새로운 국가정립을 위한 과도적인 무정부상태라고 평가하여야 할 것인지는 간단하지가 않다. 논리적으로 본다면, 한일합병조약은 조약체결권자 및 비준절차 그리고 국가대표자에 대한 강박 등의 사유로 체결된 것이기 때문에 무효이고, 따라서 해방으로 인하여 대한제국이라는 전제군주국가로 복귀되어야 한다.

만약 단기간의 식민지 지배상태하에 있었던 국가가 그러한 실력적 지배 상태에서 해방이 되었다면 신속하게 이전의 정부조직

---

156) 나인균, 「한국헌법의 영토조항과 국적문제」, 『헌법논총』제5집, 1994. 9., 470면 참조.

을 완비하여 본래의 상태로 복귀되었을 가능성도 상정할 수 있다. 그러나 대한제국의 경우에는 일제강점의 기간이 35년이나 경과하였기 때문에 국권침탈 이전의 대한제국으로 복귀하기 위한 제반조건은 이미 상실되었다고 보아야 한다. 또한 자칭 정부조직을 자처하는 정치세력들은 이미 정치권력이 군주가 아닌 국민 내지 인민으로부터 창출되어야 한다는 이데올로기(ideology)를 강조하고 있었던 상태였고, 이러한 정치이념은 당시의 국민들에게 용이하게 받아들여졌을 가능성이 있다. 이러한 국민의 사상적 변화를 극복하기에는 사실상의 실력이 존재하여야 한다. 그러나 해방 당시는 이미 군주의 권위는 상실되었을 뿐만 아니라 왕실의 정치적·물적 기반 또한 형해화된 상태였다.

이러한 사실들을 종합해 본다면 해방 당시에 대한제국은 과거로 복귀될 수 없었던 것이다. 따라서 해방 당시의 상황은 새로운 국가정립을 위한 잠정적인 무정부상태를 의미한다고 생각된다. 또한 해방 이후에 한반도를 분할 점령한 미·소군정의 기본입장도 고려되어야 한다. 미·소군정은 설령 우리 국민이 과거로의 복귀, 즉 전제군주국가로의 복귀를 원한다고 하더라도, 점령의 목적이 국민 내지 인민으로부터 권리가 창출되는 민주주의 내지 사회주의(공산주의)국가의 건설 및 확대를 예정하고 있었기 때문에, 결과론적으로 어떠한 경우에도 과거로의 복귀는 불가능한 상황이었다. 그리고 개인의 권리가 절대적으로 보호되고 국가의 자의적인 권력행사가 자유롭지 못한 근대법이 이미 이식된 상태였기 때문에, 국민들이 전제군주국가인 대한제국으로의 회귀는 '부당한 신분적 역차별의 부활'을 의미하는 것으로 우려했을 수도 있다. 따라서 해방 이후에 분할된 한반도의 남북한지역에서 새로운 정치이데올로기로 무장한 정치세력이 각각의 지역을 법규범에 의해서 통치하였다고 한다면, 그 새로운 정치조직은 양자가 정당성과 정통성을 가진 유일한 정부라고 주장할 수 있는 것이다. 따라서 남북한 정부는 정부수립을 공포한 1948년 이후부터 현재에 이르기까지 서로의 정치조직과 사회질서 및 국제관계 등에 있어서 많은 변화가 있었다는 사실을 인식하고, 양자의 존재를 인정할 필요가 있다. 즉 남한과 북한 간에 존재하였던 통치권의 경합이 1950년에서 1953년에 걸친 무력충돌에 의해서도 그 결론을 내릴 수 없었다면, 휴전협정 이후에 경합하는 남북한의 정부조직은 각각 그들의 영토와 체제를 고정시키고 상호간의 경계를 배타적으로 확정하면서, 그 국가적 기능을 수행하기 위한 기관 내지 기구를 조직하여 규범력 있는 법질서를 확립하였던 것이다. 그렇다면 그 이후에는 이 모든 것들이 지속성과 실효성을 가지게 되는 것이다.[157] 그러한 조직이 실효성의 원칙[158]에서 본 국가로서의 요건(법적·형식적 의미에서 국민, 영토, 국가권력)을 구비하였는가는 단지 시간의 문제인데, 한국과 북한은 그동안 그러한 요건을 충족한 것으로 판단하여야 한다.[159] 물론 남북한이 각각 언제 국가로 되었는지를 정확히 확정짓는 것은 쉬운 것이 아니지만 1953년 停戰協定의 성립

---

157) 나인균, 앞의 글(「한국헌법의 영토조항과 국적문제」), 471면 참조.
158) 통치권력이 확고한 것으로 보이고 통치권의 주체가 일정한 공간적 범위에서 실제의 권력을 일정기간 지속적으로 행사하고 그에 의하여 법이 제정되고 시행된다면 그 통치권은 실효성이 있다. 실효성의 원칙에 관하여는 J. Kunz, Die Anerkennung von Staaten und Regierungen im Volkerrecht, Stuttgart 1928, S.55, 138; H. Lauterpacht, Recognition in International Law, Cambridge 1948, S.28ff.; T. Chen, The International Law of Recognition, London 1951, S. 117ff.
159) 나인균, 앞의 글 (「한국헌법의 영토조항과 국적문제」), 471-472면 참조.

으로 인하여 한반도 분단이 사실상 고정화되었다는 사실은 국가
성의 판단에 중요한 전환점이 될 수 있다.160)

(2) 국제법적 인정: 남북한의 UN 동시가입

북한의 국가성을 부인하는 입장은 남북한이 UN 동시가입을 한
이후에는 더욱 유지될 수 없게 되었다. UN 가입은 UN 헌장 제4
조 제1항에 따라 가입신청단체가 헌장에 규정된 의무를 수락하고
이러한 의무를 이행할 능력과 의사가 있다고 판단하는 '국가'임을
그 전제로 하고 있기 때문이다. 그리고 새로운 국가조직의 가입은
UN 총회의 3분의 2의 다수에 근거하여 모든 회원국에 구속력을
가지게 된다.161) 물론 국가성에 관한 UN 기구의 판단과 個個 회원
국의 승인은 구별해야 할 것이다. 그러나 어느 정부가 회원국으로
서 투표를 통하여 또는 비회원국으로서 공식선언을 통하여 통치
단체의 UN 가입을 찬성했다면 이 단체의 국제법 주체로서의 성
격을 더 이상 부인할 수 없다고 보아야 한다.162) 그렇다면 북한의
UN 가입으로 한국을 포함한 모든 회원국은 북한의 주권평등, 영
토보전 및 정치적 독립을 존중하여야 하고,163) 그의 국내관할권
내에 있는 사항에 관하여 간섭하지 말아야 할 의무가 있다.164) 따
라서 대한민국은 북한의 법질서가 국제법상의 강행규정(jus

---

160) J. Crawford, The Creation of States in International Law, Oxford 1979, S.284에 의하면
  북한은 1953년 7월 27일 정전협정의 체결과 동시에 한국으로부터 分離되어 국가가 되
  었다고 한다(나인균, 앞의 글(「한국헌법의 영토조항과 국적문제」), 472면 참조).
161) Dahm, a.a.O., S.144; B. J. Meissner, Formen stillschweigender Anerkennung im
  Volkerrecht, Koln, Berlin, Bonn, Munchen 1966, S.49.
162) W. Kewenig, Deutschland und die Vereinten Nationen, in: Europa - Archiv, 1970,
  S.341f.
163) UN헌장 제2조 1항, 4항 5항 참조.
164) UN헌장 제2조 제7항 참조.

cogens)에 위반되지 않는 한, 그 유효성을 인정해야 할 국제법적 의무를 지게 되는 것이다. 즉 통치단체의 국가성은 인정하면서 그의 국민을 규율할 통치권의 행사를 부인하는 것은 논리적인 모순에 해당되어 부당하기 때문이다.[165]

한 가지 유의할 것은 북한이 국가인지의 여부와 북한이 민주주의적 정통성을 가지고 있는지의 문제는 구별되어야 한다는 점이다.[166] 국가권력이 민주주의적 정통성이 있느냐의 여부는 국제법이 아닌 국내법에 의하여 규율되어야 할 문제이기 때문이다. 그리고 민주주의적 정통성을 국제법적 의미에서 국가개념의 한 요소로 포함시키고자 한다면 이것은 내정불간섭의 원칙에 위배되는 것이다. 뿐만 아니라 이데올로기적 대립으로 인하여 '민주주의'라는 것이 사회주의 국가와 서방국가에서 전혀 상이하게 이해될 가능성이 있다.[167] 결국 양자는 당연히 서로를 국가로서 인정하지 않게 될 것이다. 따라서 민주주의적 정통성의 여부는 국제법상 국가개념의 요건과는 별개의 문제라고 보아야 한다.[168]

4. 통일한국의 선택

북한의 토지소유제도 재편행위가 유효한지 여부는 북한을 불법

---

165) 나인균, 앞의 글(「한국헌법의 영토조항과 국적문제」), 475면 참조.
166) 나인균, 앞의 글(「한국헌법의 영토조항과 국적문제」), 473면 참조.
167) Kunz, The Changing Law of Nations, in: AJIL 51, 1957, S.77ff.; W. Marschall von Biberstein, Zum Problem der volkerrechtlichen Anerkennung der beiden deutschen Regierungen, Berlin 1959, S.168.
168) 국제법과 국제관계에서 이러한 정통성의 원칙이 우선한다면 이는 국제법의 분열과 그의 평화적 기능의 상실을 가져왔을 것이고, 국제법질서의 보편성은 서구민주주의적 및 사회주의적 국제법으로 분열되었을 것이다.

단체로 인정하여 흡수통일을 하느냐, 아니면 대등한 당사자로 인정하여 합의통일을 하느냐에 따라서 달라질 수 있다. 그런데 1948년의 정부수립과 1950년 무력충돌 및 정전협정 이후에는 그 정치적 발전에 따라 헌법, 사회질서 및 경제체제 등이 상이한 대립된 두 개의 국가가 존재하고 있다고 평가하여야 한다. 그렇다면 탈냉전이라는 시대적 상황과 평화적 통일을 지향하여야 한다는 관점에서 볼 때, 제헌 헌법 제4조(현행 헌법 제3조)를 "북한지역도 대한민국의 영토이다."라는 식으로 해석할 것이 아니라 "북한은 단순한 외국과는 다르다." 정도로 해석할 필요가 있다.[169] 이러한 시각에 의한다면 남한의 헌법제정 이후에 행하여진 북한의 토지소유제도 재편행위는 적법한 통치권의 행사에 의해서 이루어진 토지개혁행위에 해당되므로 남북한의 통일까지 유효성이 인정된다고 보아야 한다. 물론 북한정권이 수립되기 이전의 토지개혁행위도 북한 헌법에서 추인하였기 때문에 유효한 행위가 된다. 이렇게 남북한의 정부수립과정과 국제법적인 국가인정 등을 고려한다면, 장래 남북한의 통일과정에서 북한을 불법단체로 하여 흡수통일을 하는 방식보다는, 북한의 국가성을 인정한 상태에서 합의통일을 하는 방식을 선택하는 것이 타당하다고 생각된다.

III. 농지의 경우

대한민국 노무현 대통령의 방북이 2007년 10월 2일이 이루어졌

---

169) 명순구, 앞의 글(「통일 후 토지소유권의 재편방향」), 8면 인용.

고, 4일에는 조선민주주의인민공화국 김정일 국방위원장과의 정
상회담의 합의내용이 '남북관계 발전과 평화번영을 위한 선언'이
란 명칭으로 발표되었다.[170] 이러한 남북공동선언의 발표로 인하
여 남북한의 신뢰관계는 보다 공고하게 구축될 것으로 생각된다.
그런데 남북한 공동선언의 내용을 살펴보면, 경제관계의 협력을
통한 북한의 개방화는 점진적으로 변화될 가능성이 있지만, 농지
소유(農地所有)와 관련한 농업 부분의 변화가능성은 여전히 북한정
권의 전속적 관할에 놓여 있는 실정이다. 그렇다고 하더라도 북한
의 농업 부분이 변화되고 있는지에 대해서, 최근의 실상을 살펴보
면 그 변화의 범위가 조금씩 확대되고 있다고 생각한다. 즉 개인
사경지의 경우에 함경도 회령을 중심으로 2002년 7·1조치 이후
에 30평 내지 50평에서 400평(뙈기밭)으로 확대되었고,[171] 또한
함경북도 온성군 등 일부지역에서는 2003년부터 협동농장의 토지
도 개인에게 할당하여 경작하는 개인경작제를 실시하고 있기 때

---

170) 그 주요한 내용은 다음과 같다. 1. 남과 북은 6·15공동선언을 고수하고 적극 구현해
나간다. 2. 남과 북은 사상과 제도의 차이를 초월하여 남북관계를 상호존중과 신뢰 관계
로 확고히 전환시켜 나가기로 하였다. 3. 남과 북은 군사적 적대관계를 종식시키고 한반
도에서 긴장완화와 평화를 보장하기 위해 긴밀히 협력하기로 하였다. 4. 남과 북은 현
정전체제를 종식시키고 항구적인 평화체제를 구축해 나가야 한다는 데 인식을 같이하고
직접 관련된 3자 또는 4자 정상들이 한반도지역에서 만나 종전을 선언하는 문제를 추
진하기 위해 협력해 나가기로 하였다. 5. 남과 북은 민족경제의 균형적 발전과 공동의
번영을 위해 경제협력사업을 공리공영과 유무상통의 원칙에서 적극 활성화하고 지속적
으로 확대 발전시켜 나가기로 하였다. 6. 남과 북은 민족의 유구한 역사와 우수한 문화
를 빛내기 위해 역사, 언어, 교육, 과학기술, 문화예술, 체육 등 사회문화 분야의 교류와
협력을 발전시켜 나가기로 하였다. 7. 남과 북은 인도주의 협력사업을 적극 추진해 나가
기로 하였다. 8. 남과 북은 국제무대에서 민족의 이익과 해외 동포들의권리와 이익을
위한 협력을 강화해 나가기로 하였다. 남과 북은 이 선언의 이행을 위하여 남북총리회
담을 개최하기로 하고, 제1차회의를 2007년 11월 중 서울에서 갖기로 하였다. 통일부
발표자료, 〈http://www.unikorea.go.kr〉(검색일: 2007. 10. 13).
171) 최수영, 『7.1조치 이후 북한의 농업개혁과 과제』, 통일연구원, 2006. 12., 10면 참조.

문이다.[172) 그런데 이렇게 북한 농업 부분이 변화하고 있다고 하더라고, 전속적 관할하에서의 변화이기 때문에 태생적 한계를 벗어날 수는 없다고 보인다.

농지소유제도(農地所有制度)와 관련하여 남북한 통합과정에서 발생할 수 있는 문제점들을 합리적으로 해결하기 위해서는 현재의 농지소유제도 특히 '협동농장의 소유체제'가 형성된 과정을 선행적으로 검토할 필요가 있는데, 이와 관련한 내용은 서술(敍述)하였다. 따라서 이하에서는 현재의 협동농장 소유체제의 변화모습과 통일 이후 전환과정에서 고려될 수 있는 요소들에 대하여 입법론을 제시하고자 한다.

1. 북한 협동농장 소유체제의 변화

북한의 농지소유체계가 협동농장을 중심으로 편재된 이후에 비효율적인 집단영농체제는 상당한 기간 동안 지속되었다. 그런데 이러한 협동농장의 소유체계는 2002년을 전환점으로 변화하게 된다. 즉 북한은 경제난을 해소하고 실질적인 경제발전을 모색한다는 명분으로 '7·1경제관리개선조치(2002)'를 단행하게 된다.[173) 또한 농업법(2002.6)을 개정하여 분조규모를 축소하고 협동농장에 생산계획 수립권한을 부여하는 등 농장의 재량권을 확대하는 조치를 채택하였던 것이다. 북한의 분조관리제는 1966년 시행된 것

---

172) 최수영, 앞의 책(『7.1조치 이후 북한의 농업개혁과 과제』), 12면.
173) 그 주요한 내용은 물가(25배), 임금(18배), 환율(70배)을 인상하고, 기업경영 자율권을 확대하며, 영농인센티브제를 강화하고 저가배급제를 폐지하는 조치를 단행하였다(최수영, 앞의 책(『7.1조치 이후 북한의 농업개혁과 과제』), 3면 참조).

으로 협동농장 내 작업반의 하부단위인 분조에 땅과 노동력 등 생산수단을 고정시킨 뒤 생산결과 평가를 거쳐 분배하는 제도이다.

북한은 1996년부터 분조규모를 줄이고 초과생산분에 대한 자유처분권을 허용하는 등 개선조치를 시행하였고, 2002년 6월 농업법 개정을 통하여 농장관리의 양대 축으로 명시하였던 작업반우대제와 분조관리제 중에서 작업반우대제를 삭제하였으며, 2005년 이후에는 분조규모를 더욱 축소하여 생산성을 제고하는 변화를 모색하고 있다. 이와 관련한 사례가 노동신문에 소개되기도 하였다. 노동신문(2005. 1. 23)은 평안북도 염주군 학소협동농장이 곡물 생산을 늘리기 위해 분조규모를 새로 정하고 분조장의 역할 강화에 주력하고 있으며, "농장 일꾼(간부)들은 올해에 분조규모를 실정에 맞게 정하고 분조장의 책임성과 역할을 높이는 데 더욱 힘을 쓰고 있다."는 보도를 하였다.

(1) 생산에 있어서의 변화

북한은 농업생산성을 증대하기 위하여 작업반우대제를 삭제하고, 분조관리제 중심으로 관리운영을 전환하면서(2002년 농업법 제72조), 협동농장의 기초생산 단위인 분조인원을 기존의 10~25명에서 7~8명으로 축소하여 집단주의를 완화하고 책임경영을 유도하고 있다. 그리고 중국동포 신문인 흑룡강 신문의 보도(2005. 4. 26)에 의하면 "축소된 분조인원은 일반적으로 혈연관계가 있는 친척들로 조성된다."고 한다.[174] 특히 개인경작지를 확대하고 토

---

174) 이와 관련한 내용에 대해서는 조선일보 통일문제연구소 사이트를 참조할 것.
〈http://nkchosun.com/news/news.html?ACT=detail&cat_id=2&res_id=62303&page=1〉 (검색일: 2007. 10. 13).

지사용료를 신설하는 조치를 통하여 개인경작지의 허용면적은 종래 30~50평(1958년)에서 2002년 7·1경제조치 이후 400평(뙈기밭)으로 확대되었다. 이러한 뙈기밭(텃밭)의 확대는 자연스럽게 잉여농산물의 거래로 이어지고 있는 실정이다.

또한 협동농장 소유체제의 비효율성을 개선하기 위한 변화는 협동농장에서 포전담당제(가족단위 영농)가 시행되고 있다는 사실에서도 추단할 수 있다. 중국동포 신문인 흑룡강 신문의 보도(2005. 4. 26)에 의하면 "북한은 2004년부터 황해북도 수안군과 함경북도 회령 등 일부 협동농장을 선정해 분조를 가족단위로 재편하고 농지를 할당해 경작도록 하는 포전담당제가 시범적으로 실시되었는데, 2005년에는 부분적으로 시행하였던 포전담당제(중국식 농호별 생산량 도급책임제)가 전면적으로 추진되고 있다."고 한다.

(2) 분배에 있어서의 변화

북한은 2002년 7·1경제조치 이전에도 협동농장마다 1년간의 총생산량에서 국가납부금(세금)과 생산비 등을 공제한 후에 생산실적에 따라서 작업반별로 연말에 일정하게 분배하였지만, 분조에 대해서는 평균주의 원칙을 유지하고 있었다. 그런데 7·1경제조치 이후에는 실적분배원칙을 채택하고 이를 하급조직까지 확대하는 변화를 보이고 있다. 이와 관련하여 조선신보[175]는 "7.1경제조치로 '일한 만큼, 벌어들인 만큼 분배한다.'는 사회주의 분배원칙이 정착되어 연말 결산분배에서 최하위단위인 분조도 생산실적에

---

175) 『조선신보』의 자매지인 조총련 월간지 『조국』, 2004년 2월 인용, 『조선신보』, 2004년 1월 23일.

따라서 분배를 받고 있으며, 분조 간에도 분배 몫에 큰 차이를 보이고 있다.”고 보도하였다. 이에 따라서 종래에 협동농장원이 농장에 출근하여 일을 성실하게 했는지의 여부를 불문하고 가동 일수만 보장되면 협동농장은 1년 식량을 일률적으로 배급해야 하는 문제는 사라지게 되었다. 이러한 결산분배방법의 변화로 인하여 보다 많은 분배 몫을 받기 위하여 협동농장 구성원들의 생산의욕이 증진되고, 생산품의 질을 향상시키려는 의식도 변화하게 되었다고 한다. 이렇게 북한은 협동농장의 연말분배 시의 실적평가 단위를 작업반에서 분조로 전환하여 농민들의 경쟁심리를 자극하여 농업생산성을 향상시키려는 농업정책을 시행하고 있다.[176]

2. 남한 농지개혁법의 적용가능성

통일한국은 기본적으로 사유재산권이 보호되는 자본주의 경제체제를 채택할 것이기 때문에 모든 토지를 무상으로 국·공유화하는 것은 통일헌법에 위반될 수 있다. 토지의 사유화는 자본축적에 의한 사회발전의 원동력이 된다는 점에서 어느 나라에서나 그 정도의 차이는 있지만 사회적·경제적 측면에서 허용의 필요성을 인식하고 있다. 따라서 북한지역에서도 토지의 사유화가 인정되어야 할 것인데, 문제는 어느 정도의 사유화가 진행되어야 할 것인지에 있다. 이 문제는 남한의 농지개혁법에 의한 농지소유제도 재편과정을 검토하는 것이 유용할 수 있다. 왜냐하면 농지소유제도를 비롯한 모든 사회제도는 사회적·역사적 산물이기 때문에 사

---

176) 최수영, 앞의 책(『7.1조치 이후 북한의 농업개혁과 과제』), 14면.

회가 발전하기 위해서는 유사한 제도가 시행되는 과정에서 발생한 문제점들을 검토하고 이를 바탕으로 새롭게 보완하는 과정이 수반되어야 한다. 이러한 보완을 통하여 보다 효율적인 제도가 생성될 수 있기 때문이다. 그리고 북한이 현재 농업국가일 뿐만 아니라, 남한의 농지개혁법이 시행될 당시와 유사하다는 점에서 더욱 그러하다. 따라서 정부수립 이후에 남한의 농지개혁 전개과정에서 발생하였던 문제점들은, 통일 이후에 북한의 농지소유제도를 재편함에 있어서 훌륭한 참고가 될 수 있다.

이하에서는 남한의 농지개혁법상의 문제점들을 고려하면서, 북한의 농지소유제도 재편방향에 대한 입법론을 제시하고자 한다.

(1) 토지소유제도 재편목적

남한의 경우에는 정부수립 이후에 토지소유제도를 재편한 목적이 농업생산성을 향상시키고자 하는 것도 존재하였지만, 그것보다는 오히려 반봉건적 토지소유제도를 폐지하려는 것이 주요한 목적이었다. 그리고 북한의 경우에도 1946년 토지개혁의 경우에는 이러한 목적이 있었다. 그러나 현재 북한은 실질적으로는 1958년 이후에, 법적으로는 1972년 사회주의 헌법제정에 의해서 사회주의 토지소유제도가 확립되었기 때문에 더 이상 반봉건적 토지소유제도를 폐지하기 위한 토지개혁은 상정할 필요가 없게 되었다. 왜냐하면 생산수단인 토지의 사적 소유를 인정하여야만 지주의 개념이 도출되기 때문이다. 즉 남한의 농지개혁 당시를 살펴보면, 생산수단의 사적 소유를 인정하는 전제에서 개인의 사유재산권을 헌법이 보장하는 규범체계를 채택하고 있었고, 국가가 사유재산권을 침해할 경우에는 반드시 정당한 보상을 하도록 규정하고 있다. 그런데 정당한 보상인지의 여부는 지주를 전제로 하는 논의이다. 그러나 북한의 경우에는 생산수단의 사적 소유를 부정하는 사회주의 국가이기 때문에 지주의 보상문제 또는 3정보 초과의 자작농의 보상문제는 처음부터 발생하지 않는다. 따라서 남한과 같이 개인으로부터 토지를 유상매수하는 경우는 상정할 수 없다. 따라서 통일 이후에 북한의 협동농장 소유체제를 재편하는 목적은 남한의 농지개혁법이 입법된 배경과 상이하다는 전제에서 검토되어야 한다. 결국 북한의 협동농장을 재편하는 목적은 농업생산성을 향상시켜서 자본축적의 기회를 통하여 생활의 안정을 주기 위함일 것이다.

결국 북한의 협동농장 소유체제는 통일 이후에 협동농장의 경작인들에게 어떻게 분배하여야 하는지의 문제만이 남게 되는데, 장기간에 걸친 계획경제하에서 자본축적의 경험이 없는 북한주민에게 농지소유권의 원시취득과 상응하는 반대급부를 대가로서 요구하는 것은 무리라고 생각된다. 그리고 남한의 농지개혁 당시에는 국가재정능력을 고려하여 지주에 대한 보상의 반대급부로서 수배농민들에게 지가상환을 요구한 것이기 때문에, 북한의 현재 상황과는 전혀 다르다는 점을 인식하여야 한다. 따라서 국가재정에 영향이 없다고 한다면, 북한주민들에게 자본축적을 통한 농업민주화를 신속하게 정착시키기 위해서도 무상분배하는 것이 타당하다고 생각한다. 단지 어느 정도의 농지를 분배할 것인지 그리고 어떠한 방식으로 소유권을 인정해 주는지가 문제될 뿐이다.

(2) 소유상한제의 문제

남한 농지개혁법상의 중요한 특징 중 하나가 농지소유상한제의 설정, 즉 농지소유의 상한을 3정보로 한 점이다. 그런데 농지개혁법의 입법목적이 소수 지주에게 집중되어 있던 농지를 다수 경작농가에게 균등분배하기 위함이었기 때문에, 이러한 상한선을 설정하는 것은 불가피한 조치였다고 볼 수 있다. 그런데 통일 시점에서의 농업기술력 발전은 더욱 가속화될 것이기 때문에, 남한 농지개혁법 시행 당시의 상황과는 근본적으로 상이할 수밖에 없다는 점을 고려할 필요가 있다. 그리고 협동농장 소유체제를 대규모의 기업농으로 육성할 경우에 보다 효율적인 경우와 개인 자작농으로 농지를 분배하여도 그 효율성이 기대될 수 있는 경우를 분리하여 재편하는 경우에 토지소유의 상한을 어떻게 설정하여야 하는지가 문제가 된다. 특히 협동농장의 소유상한을 어떻게 설정할 것인지는 매우 어려운 문제가 된다.

생각건대, 획일적으로 농지의 상한을 3정보 내지 5정보 이렇게 결정할 것이 아니고, 현재 협동농장의 생산량과 남한의 농업기술력이 이식되었을 경우 농업생산성 향상 정도를 비교 검토하여 그 소유상한을 합리적으로 결정하는 것이 타당하다고 생각된다. 또한 북한은 협동농장 경험이 이미 있었음에도 불구하고 농업생산력이 향상되지 않았던 이유는 바로 토지의 사용권만을 국가가 인정하고, 토지의 처분권과 특히 수익권을 국유로 하였기 때문에 농업의 욕이 고취되지 않았던 것이다. 따라서 농지소유권을 분배하여 준다면 수익권 또한 당연히 인정되기 때문에 현재의 협동농장체제를 유지하면서 대규모의 기업농을 집중적으로 육성한다면 조속한

시기에 농업생산성이 향상될 것으로 기대된다.

(3) 분배의 방식

남한의 농지개혁법 시행 당시에는 보상을 해주어야 할 지주가 있었기 때문에 유상매수를 하고 유상매수와 동일한 액수를 경작농민에게 상환받는 형식을 취했지만, 북한의 경우에는 유상매수의 대상이 존재하지 않기 때문에 정부의 소유권 취득과정이 생략될 수 있다. 그렇다면 어떠한 방식으로 협동농장의 구성원인 농민에게 소유권을 분배되어야 하는지의 문제만이 남게 된다. 그런데 북한의 협동농장 소유체제를 재편하여 시장경제의 원리에 기초한 사유화를 이루기 위해서 고려되어야 할 점이 있다. 남한의 농지개혁법과 같이 경자유전의 원칙을 그대로 적용한다면 북한의 경우에도 개인농을 중심으로 하여 토지를 그 비율에 따라 분배하여야 될 것이다. 그런데 북한지역의 농민들은 아직 개인농 및 시장경제에 대한 경험이 부족하고 또한 국가 중심의 수동적인 계획경제하에 있었기 때문에 북한의 토지를 개인농 중심으로 단순하게 분배할 경우 북한농업의 자본화 및 농업생산성의 향상이 기대될 수는 없다고 보인다.

그렇다고 모든 농지를 현재의 협동농장 소유체제로 그대로 유지시키면서 농지를 출자하는 방식을 채택하여야 한다는 것도 합리적인 대안이 될 수 없다. 즉 가족농 중심으로만 무리하게 육성하는 것보다는, 현실적으로 경쟁력이 있고 성장가능성이 있는 협동농장 소유체제로 개편되어야 한다는 의미이다.[177] 따라서 대규

---

177) 김영윤, 「소규모 협동농장과 농민시장 활성화로 농업생산성 제고해야」, 『북한』, 북한연구

모의 기업농으로 육성할 경우에 보다 효율적인 경우와 개인 자작농으로 농지를 분배하여도 그 효율성이 기대될 수 있는 경우를 분리하여 검토하여야 한다. 전자의 경우에는 농지를 분할하여 개인소유권으로 분할하는 것보다는 농지의 출자에 의한 공동사업의 경영을 목적으로 하는 공동소유형태인 합유적 조합을 설립하는 것이 타당하다. 왜냐하면 합유지분의 처분이 자유롭지 않은 민법상의 조합으로 하여야만 협동조합이 영속성을 가지고 안정적으로 유지될 수 있기 때문이다. 따라서 당해 협동농장에 소속된 경작농에게 합유지분의 형식으로 소유권을 분배하는 방안이 검토될 필요성이 있다. 후자의 경우처럼 조합형태를 원하지 않는 주민의 경우에는 그 희망자에 따라서 적절한 기준에 따라서 소유권을 분배해 주면 된다. 그런데 북한주민들이 민법상의 조합과 사회주의식 협동농장을 동일시하여 출자를 희망하지 않고 모두 또는 대부분이 개인농지의 분배를 원할 경우가 문제가 된다. 만약 이를 허용하지 않는다면 이것은 헌법이 보장하는 재산권행사의 자유를 합리적인 이유 없이 제한하는 것이므로, 결국 재산권의 본질적 부분을 침해한 것으로 위헌이 될 가능성이 있다. 따라서 헌법적 규정을 통하여 처음부터 조건부의 농지소유권을 분배하는 것도 검토할 실익이 있다.

북한지역 농지소유권의 재편목적은 불합리한 토지소유제도를 철폐하는 것이 아니라 사회주의 토지소유제도를 철폐하여 북한지역의 농지를 농민에게 적정히 분배함으로써 북한농가의 경제자립과 농업생산력의 증진을 통하여 북한농민들의 생활을 향상시키고

소, 2002. 11., 127면 참조.

그 결과 국민경제의 균형과 발전을 이룩하기 위해서 농지개혁을 하는 것이다. 따라서 그 목적이 효율적으로 달성될 수 있도록 헌법적 규정을 통하여 국가가 농지소유의 형태와 방법 그리고 방향을 적극적으로 형성할 수 있도록 하여야 한다.

(4) 거래제한의 문제

남한의 경우에는 분배받은 농지에 대해서는 상환이 완료될 때까지는 수분배자가 매매, 증여 기타 소유권의 처분, 저당권, 지상권, 선취특권 기타 담보권의 설정 등을 하지 못하도록 하였다.[178] 북한의 경우에도 조합의 경우에는 임의 탈퇴[179] 또는 개인의 경우에는 농지소유권에 대한 매매 및 담보 등의 농지소유권 처분행위를 인정할 것인지에 대해 검토할 필요가 있는데, 통일 이후에 일정기간 동안은 조건부로 제한할 필요가 있다. 왜냐하면 북한의 농업구조는 여전히 불안정할 뿐만 아니라 농민의 자본주의식 경제체제에 대한 경험이 미숙하기 때문이다. 모든 조합원의 동의하에 지분의 양도를 인정할 경우 시장경제시스템과 정보력의 부지 등으로 지분의 이합 · 집산과정에서 북한주민이 枯死될 가능성이 있고, 분배된 지분이 투기의 대상이 되어 결국 북한주민들이 희생될 가능성이 높기 때문이다.[180]

---

178) 1950년 농지개혁법 제16조 참조.
179) 모든 조합원이 지분의 양도에 합의한 경우에는 조합원의 지위를 양도할 수 있다. 조합원의 지위가 양도되면 새 조합원은 조합에 가입하게 되고 구 조합원은 조합원에서 이탈한다는 점에서 주체의 변경에 지나지 않기 때문이다. 그러나 북한의 경우에는 일시적인 제한은 고려해 볼 필요가 있다.
180) 박동삼, 「북한의 집단농장과 통일이후의 토지문제」, 『북한』, 1993.10., 129면 참조.

3. 농지의 재편방향

북한농지의 경우에는 즉시 사유화하여 생산물의 수익권을 보장해 줌으로써 농업생산성을 향상시킬 필요가 있다. 문제는 북한주민이 오랜 기간 자본주의의 경험이 없는 계획경제하에서 생활하였다는 점이다. 따라서 토지개혁을 함에 있어서 남한의 농지개혁법 경험을 그대로 적용할 수는 없다고 보인다. 왜냐하면 북한의 경우에는 남한과 같은 지주에 대한 보상의 문제, 수분배자의 상환문제 등은 발생할 여지가 없기 때문이다. 그러나 토지소유권의 분배방식과 분배농지의 면적, 그리고 거래제한의 정도 등 여러 가지 문제들은 발생할 가능성이 있다. 우선 국가재정에 영향이 없다고 한다면 북한주민들에게 경작하는 토지를 무상으로 분배하여야 한다. 그런데 북한지역의 농민들은 아직 개인농 및 시장경제에 대한 경험이 부족하고 또한 국가 중심의 수동적인 계획경제하에 있었기 때문에 북한의 토지를 개인농 중심으로 단순하게 분배할 경우 북한농업의 자본화 및 농업생산성의 향상이 기대될 수는 없다고 보인다. 따라서 농지를 개인농으로 분배하는 것보다는 농지의 출자에 의한 공동사업의 경영을 목적으로 하는 공동소유형태인 합유적 조합을 설립하는 것이 타당하다. 그리고 농지의 소유상한은 획일적으로 3정보 내지 5정보 이렇게 결정할 것이 아니고, 현재의 협동농장의 생산량과 남한의 농업기술력이 이식되었을 경우의 농업생산성 향상정도를 비교 검토하여 그 소유상한을 합리적으로 결정하여야 한다. 그런데 이러한 모든 논의의 전제는 북한농가의 경제자립과 북한주민들의 법 감정을 상호 고려하면서 진행되어야 한다는 점이다.

Ⅳ. 일반토지의 재편방향

통일한국의 토지소유제도 재편은 북한지역에 자본주의 토지소유제도를 이식하여 북한의 경제발전을 신속하게 이룩하는 데 그 목적이 있는 것이다. 따라서 일반토지의 재편방향은 북한지역의 국토이용계획과 국토개발계획이 구체적으로 수립된 이후에 사유화 여부를 결정하여야 한다. 이를 구체적으로 살펴보면 일반토지 중에서 일부는 국유화한 이후에 국가산업발전의 기반으로서 중시되는 사회간접자본에 즉시 공급되어야 하고, 사회간접자본에 확충되지 않은 토지 중에서 일부 토지는 국가 주도의 임대제를 채택함으로써 국가의 토지이용계획에 따라 토지를 탄력적으로 공급하는 등 도시재개발 사업을 국가주도로 추진하는 데 공급되어야 한다. 그리고 나머지 토지의 경우에는 입찰 등의 방법으로 사유화시켜서 私人에 의한 개발도 함께 추진될 수 있도록 하여야 한다.

Ⅴ. 주택 및 부속 토지의 재편방향

현재 북한의 모든 주택은 원칙적으로 국가의 소유로 되어 있기 때문에 주택의 건축과 처분 등의 행위는 개인에게 인정되지 않는다. 북한의 주택은 특호에서 제4호까지 5등급으로 분류하여 신분에 따라서 배분하고 있다.[181]북한의 주택과 그 부속토지의 경우에도 사유화를 하여야 한다는 데 의문이 없지만, 어떠한 기준으로 사유화하여야 하는지에 대해서는 검토할 필요성이 있다. 특호와 4호의 주택 등 호화주택은 현재의 점유자 또는 이용자에게 임대하여 일정기간이 지난 뒤에 사유화하는 것이 합리적이고, 공동주택의 경우에는 현 점유자가 아닌 외부투자자에게 일정한 조건으로 양도하는 방안을 고려해 보는 것도 타당하다는 견해가 있다.[182] 생각건대 통일한국은 계급 간의 생활수준 차이를 현상대로 인정하여 기존의 북한질서에 의해서 편재된 주택 및 부속토지의 소유권은 현재의 점유자에게 귀속시키는 것이 타당하다고 생각된다. 왜냐하면 정치체제를 달리하면서 장기간에 걸쳐서 형성된 국가의 계층별·계급적 현상은 합리적인 이유가 없는 한 그대로 인정될 필요가 있고, 그것이 생활의 가장 기본이 되는 주거상태라고 한다면 더욱 부정될 필요는 없는 것이다.

---

181) 최고급주택인 호화주택(단독고급주택)은 당 및 정무원 부부장급 이상 또는 인민군 소장 이상의 고위간부들에게 배정된다. 4호주택(신형고층아파트)은 중앙당 과장급 및 정무원 국장급, 인민배우, 공훈예술인, 대학교수, 기업소책임자 등에게 배분된다. 3호주택은 중급의 단독주택과 신형아파트로 중앙기관과 지도원, 도급기관의 부부장 이상 또는 기업소부장 및 학교교장에게 배정된다. 2호주택은 일반아파트로 도급기관의 지도원과 시·군의 과장급, 학교교원과 천리마작업반장 등에게 배분된다. 1호주택은 집단공영주택과 농촌문화주택 및 구옥 등이 해당되며 일반근로자와 사무원, 협동농장원, 농촌지역의 주민 등에게 배분된다(김연중, 「통일 이후의 토지소유권 사유화 방안에 관한 연구」, 『북한연구학회보』, 북한연구학회, 2000, 206면 각주33 참조).
182) 김연중, 앞의 글(「통일이후의 토지소유권 사유화 방안에 관한 연구」), 206면 참조.

제4절 논의의 정리

통일 이후 북한의 토지소유제도 재편과 관련하여 다양하게 고려되어야 할 문제들이 있음을 살펴보았다. 우선 통일한국의 기본적인 경제체제는 수정자본주의적 시장경제를 기본으로 하여 운영되어야 한다. 몰수재산권 문제와 관련해서는 통일방식에 따라서그 해결방식도 상이하게 발생할 수 있는데, 만약 독일과 같은 흡수통일을 할 경우에 한국의 특수한 사정이 고려되어야 한다. 한국의 경우에는 독일과 같이 토지몰수가 사회주의 지역(동독)에서만이루어진 것이 아니라, 남북한에서 공통적으로 이루어졌기 때문이다. 특히 반민족행위자들로부터 몰수한 토지와 농지개혁의 대상토지 중 공통되는 부분은 합리적인 목적으로 몰수된 것이므로 원소유권을 주장할 수 없다고 보아야 한다. 또한 통일 이후에 원물반환이든 금전보상이든 토지소유권의 회복을 인정하기 위해서는 소유권의 존재를 공정하게 확인할 수 있는 公簿의 존재가 전제되어야 한다. 그러나 북한에는 분단 당시 토지소유권의 진정성을 증명할 수 있는 公簿가 존재하지 않는다고 보인다. 이러한 상황은 소유권 회복을 인정하기 어려운 중대한 사유에 해당한다. 특히 남북한의 정부수립과정과 양자가 현재 국제사회에서 국가성을 인정받고 있다는 점을 고려한다면 합의통일의 방식이 타당하다고 생각된다.

그리고 북한이 현재 농업국가라는 점을 고려한다면 북한농업의 생산성을 향상시킬 필요가 있는데 이를 위해서는 남한의 농지개혁법이 참고될 수 있다. 그런데 북한지역의 농민들은 아직 개인농 및 시장경제에 대한 경험이 부족하고 또한 국가 중심의 수동적인 계획경제하에 있었기 때문에 북한의 토지를 개인농 중심으로 단순하게 분배할 경우에 북한농업의 자본화 및 농업생산성의 향상은 기대할 수 없다고 보인다. 따라서 대규모의 기업농으로 할 경우에 보다 효율적인 경우와 개인 자작농으로 농지를 분배하여도 그 효율성이 기대될 수 있는 경우를 분리하여 검토되어야 한다. 전자의 경우에는 농지를 분할하여 개인소유권으로 분할하는 것보다는 농지의 출자에 의한 공동사업의 경영을 목적으로 하는 공동소유형태인 합유적 조합을 설립하는 것이 타당하다. 결론적으로 분단 이후에 남한과 북한에서 이루어진 토지소유제도는 통일 후에도 그 현상 그대로 유지하는 전제 위에서 통일한국의 토지소유제도를 재편하여야 한다. 즉 통일 후에 소유권 회복은 원물반환이든 금전보상이든 허용될 수 없다.[183] 북한소재 토지 중에서 농지의 경우에는 무상으로 사유화시켜야 하겠지만, 자본주의 체제에

---

183) 헌법상의 평화통일 이념(헌법 제4조)에 따른 합의통일을 전제로 할 때 만일 협상과정에서 북한지역 토지에 대한 원소유자의 권리회복을 주장하게 되면 이는 통일협상에 큰 걸림돌이 될 것이 분명하다.

순응할 수 있을 때까지는 일시적으로 처분권을 제한하는 것도 고려될 수 있다. 기타 토지의 경우에는 국토종합개발계획을 고려하여 도로·철도 등의 사회간접자본의 경우와 도시개발을 위한 토지의 경우에는 국·공유화시키고 그 이외의 토지는 점진적으로 사유화하는 방향에서 토지소유권을 재편하여야 한다.

제5장 결론

남북한의 분단은 미군과 소련군이 일본군의 무장해제를 위하여 한반도를 분할점령한 사실에서 비롯되었다. 이러한 남북한의 분단 상황은 결국 1950년의 무력충돌에 의해서도 해결되지 못하고 현재까지 계속되고 있는 실정이다. 더욱이 남북한의 분단이 고착화된 이후에 양자는 전혀 상이한 정치 및 경제체제를 채택하여 현재의 규범질서를 유지하고 있다. 특히 토지소유제도는 남북한의 사법질서가 근본적으로 구별되는 핵심적인 표지이기 때문에 제도적 통합과정에서 신중한 접근방법이 필요하다. 그런데 토지소유제도는 새롭게 창출되는 제도가 아니고, 인류의 역사와 함께 발전되어 온 제도라는 점에서 종래에 발생한 문제점들을 면밀하게 파악한다면, 장래에 정립될 법제도는 보다 합리적이고 실질적 정의에 합치되도록 할 수 있다. 따라서 통일한국의 토지소유제도를 합리적으로 재편하기 위해서는 토지소유제도의 역사적 재편과정을 검토할 필요성이 있다.

근대적 토지소유제도는 일제강점기에 근대법이 이식되면서 성립되었다고 할 수 있다. 그런데 일제강점기의 토지소유제도 특징은 토지소유의 집중현상과 고율의 소작료부담 등 불합리한 사회현실은 그대로 방치한 상태에서, 절대적으로 보호되는 근대적 소유권을 중심으로 물권관계가 재편되었다는 점에서 문제가 있었다. 그 결과 지주의 소유권은 더욱 강한 보호를 받게 됨에 따라서 토지소유의 집중현상은 고착화될 수밖에 없었다. 이것은 결국 해방 이후에 남북한이 토지개혁을 할 수밖에 없는 직접적인 원인으로 작용하였다. 그 결과 남북한은 일제강점기의 불합리한 토지소유제도를 해소하기 위하여, 그리고 과거를 청산하기 위하여 반민족행위자들의 토지를 공통적으로 몰수하였다.

과거에 시행한 남북한의 토지몰수행위를 비교·검토함이 없이 단순하게 통일방식에 따라 재산권문제에 접근하게 되면 불합리한 결과가 발생하게 된다. 이러한 불합리성은 흡수통일의 경우에 극대화된다. 즉 독일과 같이 흡수통일방식을 채택할 경우에 과거의 토지몰수행위는 불법행위로 평가받기 때문에 원소유권은 반환되어야 한다. 그런데 한국의 경우에는 남한에 의해서 흡수통일을 한다고 하더라도 남한의 실정법이 전면적으로 북한지역에 적용될 수 없는 특수성이 존재한다. 즉 해방 이후에 남북한지역에서 이루어진 토지소유제도의 재편과정을 살펴보면 당시 사회현실이나 대다수 국민들의 법 감정에 반하지 않으면서 양자에 공통되는 일정한 토지개혁조치를 발견할 수 있다. 이를 구체적으로 살펴보면 남북한은 모두 경자유전의 원칙과 소수 지주에 의한 토지집중현상이라는 불합리한 토지소유제도를 해소하기 위해서 토지를 몰수하였는데, 그 대상범위는 자신이 직접 경작하지 않는 농지 또는 농가가 아닌 자가 경작하는 농지, 일정규모 이상의 농지가 이에 해당되었다. 그리고 반민족행위자들의 소유토지 몰수도 공통되는 부분이 존재한다는 점에서 북한의 토지몰수행위를 남한법에 위반되는 불법행위라고 평가 내릴 수는 없다고 보인다. 또한 통일 당시에 북한이 여전히 협동농장체제를 유지하고 있다면 통일한국은 북한농업의 생산성을 향상시키기 위해서 농지개혁을 할 필요가 있다. 이를 위해서는 남한의 농지개혁법이 참고될 수 있다. 특히 남한의 농지개혁법은 소작농의 창설에만 치중하여 결국 소농 중심으로 재편되었고, 경자유전의 원칙을 엄격하게 적용하여 오히려 농업생산성이 저해된 면이 있다. 결국 사회발전 속도에 상응하여 농지의 위탁경영, 임대차를 통하여 이를 해소하는 개정을 하였다는 점들은 북한의 농지소유제도의 재편에 참고될 수 있다. 이렇게 통일한국의 토지소유제도를 재편하기 위해서는 남북한에서 공통적으로 이루어진 토지소유제도의 역사적 전개과정이 고려되어야한다.

남북한의 통일은 분단의 아픔을 더 이상 후세에게 물려주지 말아야 한다는 민족통합의 차원에서, 그리고 통일 이후의 북한경제 활성화를 통하여 국가 전체의 경쟁력을 상승시키고자 하는 데 그 주된 목적이 있는 것이다. 따라서 남한헌법상의 재산권 보장규정을 통일이라는 사회변혁상황에 그대로 대입하여 원소유자의 권리회복문제를 논의할 필요는 없다고 생각된다. 그렇다면 통일한국의 토지소유제도는 민족적·국가적 차원에서 접근하여 규범경제학적인 방법을 모색하여야 한다.

그 방법을 구체적으로 제시하면 다음과 같다. 우선 장기간에 걸쳐서 남북한이 전혀 이질적인 경제체제를 채택하였기 때문에 어떠한 경제규범질서를 통일한국이 채택하여야 하는지 문제가 된다. 그런데 분명한 것은 현재 자본주의 국가는 시장경제의 폐해 때문에 사회주의적 요소를 도입하고 있고, 사회주의 국가는 계획경제의 폐해 때문에 자본주의적 요소를 도입하고 있다는 점이다. 이러한 사실은 양 체제가 조금씩 접근하고 있다는 것을 보여 준다. 결국 혼합형의 경제규범질서를 채택하여야 하는데, 구 사회주의 국가들의 계획경제는 실패하였다는 점에서 통일한국의 경제체제는 기본적으로 남한의 수정자본주의적 시장경제 속에서 운영되어야 한다. 또한 과거에 몰수된 재산권을 통일 이후에 회복할 수 있는지의 여부는 통일방식에 따라서 상이하게 발생할 수 있다. 만약 독일과 같이 흡수통일에 의해서 남북한이 통일을 한다면, 사회주의 토지소유제도는 자본주의 헌법에 위반되므로 북한의 토지몰수 행위는 불법행위로 평가받을 수 있다. 그런데 독일의 경우에는 토지몰수가 사회주의 지역(동독)에서만 이루어졌지만, 남북한의 경우에는 공통적으로 이루어졌다는 사실이 고려되어야 한다. 따라서 해방 이후 반민족행위자들로부터 몰수한 토지와 농지개혁의 대상 토지 중 공통부분은 합리적인 목적으로 몰수된 것이므로 원소유권을 주장할 수 없다고 보아야 한다. 그리고 통일 이후에 원물반환이든 금전보상이든 토지소유권의 회복을 인정하기 위해서는 소유권의 존재를 객관적으로 확인할 수 있는 공적 장부가 존재하여야 한다. 그러나 북한에는 분단 당시 토지소유권의 진정성을 증명할 수 있는 公簿가 존재하지 않는다고 보인다. 이러한 상황은 소유권 회복을 인정하기 어려운 중대한 사유에 해당한다. 그런데 통일 방식과 관련하여 한 가지 유념하여야 할 점은 남북한이 분단 이후부터 현재에 이르기까지 각각의 지역에서 정부를 수립하여 규범력 있는 통치권을 행사하고 있고, 국제사회에서 양자가 국제법 주체로서 평가받고 있다는 점을 고려할 필요가 있다. 특히 과거 남북한의 토지몰수의 목적이 불합리한 토지집중현상을 해소하고, 반민족행위자들의 소유토지를 몰수하기 위해서 공통적으로 이루어졌다는 점을 고려한다면, 대등한 당사자의 관계에서 합의통일을 하는 것이 타당하다고 생각된다. 따라서 북한의 토지몰수행위를 불법행위로 평가하여 원소유권을 회복시키려는 흡수통일방식은 재고될 필요가 있다.

통일 이후에 북한지역의 농업생산성을 향상시키기 위해서는 남한의 농지개혁법이 참고될 수 있다. 그런데 북한지역의 농민들은 아직 개인농 및 시장경제에 대한 경험이 부족하고 또한 국가 중심의 수동적인 계획경제하에 있었기 때문에 북한의 토지를 개인농 중심으로 단순하게 분배할 경우 북한농업의 자본화 및 농업생산성의 향상이 기대될 수는 없다고 보인다. 따라서 대규모의 기업농으로 할 경우에 보다 효율적인 경우와 개인 자작농으로 농지를 분배하여도 그 효율성이 기대될 수 있는 경우를 분리하여 검토하여야 한다. 전자의 경우에는 농지를 분할하여 개인소유권으로 분할하는 것보다는 농지의 출자에 의한 공동사업의 경영을 목적으로 하는 공동소유형태인 합유적 조합을 설립하는 것이 타당하다. 특히 현재 북한의 경제특구지역에서 토지이용권을 보유한 외국기업 또는 한국기업의 경우에는 통일 이후에 어떠한 방식으로 보호할 것인지가 문제가 된다. 이에는 재임대방식으로 기존의 토지이용관계를 유지하는 방법과 우선매수권을 부여하는 방법이 고려될 수 있다. 어떤 방법에 의하든 토지임대료과 토지사용료를 통일 시까지 부담하고 있다는 점과 기존의 존속기간이 고려될 필요가 있다.

요컨대, 분단 이후에 남북한에서 이루어진 토지소유제도는 모두 유효하다는 전제 위에서 통일한국의 토지소유제도를 재편하여야 한다. 그리고 통일 후에 소유권 회복은 원물반환이든 금전보상이든 허용될 수 없다. 특히 북한소재 토지 중에서 농지의 경우에는 무상으로 사유화시켜야 하겠지만, 자본주의 체제에 순응할 수 있을 때까지는 일시적으로 처분권을 제한하는 것도 고려될 수 있다. 기타 토지의 경우에는 국토종합개발계획을 고려하여 도로·철도 등 사회간접자본의 경우와 도시개발을 위한 토지의 경우에는 국·공유화시키고 그 이외의 토지는 점진적으로 사유화하는 방향에서 토지소유제도를 재편하여야 한다.

참고문헌

1. 국내문헌

가. 단행본

강진철, 『고려토지제도사연구』, 고려대학교출판부, 1984.

고일동·조동호, 『구동독의 사유화방안 및 실업대책』, 한국개발연구원, 1992.

곽윤직, 『물권법』, 박영사, 1994.

_____, 『부동산등기법』, 박영사, 1987.

김병화, 『한국사법사』, 일조각, 1979.

김상용, 『물권법』, 박영사, 1994.

_____, 『토지법』, 법론사, 1988.

_____, 『토지소유권 법사상』, 민음사, 1995.

김성호 외 3인, 『농지개혁사연구』, 한국농촌경제연구원, 1989.

김영수, 『대한민국임시정부헌법론』, 삼영사, 1980.

김준보, 『한국자본주의사연구』(II), 일조각, 1982.

김홍식 외, 『대한제국기의 토지제도』, 민음사 1990.

_____, 『조선토지조사사업의 연구』, 민음사, 1997.

명순구, 『민법총칙』, 법문사. 2005.

박병호, 『한국법제사고』, 법문사, 1974.

박시형, 『한국사와 토지』, 신서원, 1998.

박윤흔, 『행정법강의』(상), 박영사, 1997.

법무부, 『통일독일의 구동독체제불법청산 개관』, 1995.

_____, 『독일통일 10년의 법적 고찰』, 2000.

_____, 『독일 법률·사법통합 개관』, 법무자료 제165집, 1992.

_____, 『동구제국 체제개혁 개관 ― 법제·사법개혁과 체제불법청산』, 법무
　　　　자료 제204집, 1996.

_____,『북한법의 체계적 고찰(Ⅰ) ― 민사관계법 ―』, 법무자료 제166집, 1992.

_____,『통일독일·동구제국 몰수재산처리 개관』, 법무자료 제181집, 1994.

법원행정처,『북한사법제도개관』, 통일사법정책자료 96-Ⅰ, 1996.

_____,『독일통일과 사법통합』, 통일사법정책자료 95-Ⅱ, 1995.

_____,『북한의 부동산제도』, 1997.

_____,『구법령집』(상), 재판자료 41집, 1987.

_____,『북한의 토지소유 및 토지등록제도』, 1994.

법제처,『북한법제개요』, 법제자료 제157집, 1991.

북한연구소,『북한의 민법개요』, 1992.

사쿠라이 히토시 외,『한국 현대사의 재조명』, 돌베개, 1982.

송남헌,『해방 3년사 Ⅰ(1945~1948)』, 까치, 1985.

신용하,『조선토지조사사업연구』, 지식산업사, 1982.

우병창,『조선시대재산법』, 세창출판사, 2006.

원영희,『한국지적사』, 보문출판사, 1972.

윤철홍,『소유권의 역사』, 법원사, 1995.

이시윤,『민사소송법』, 박영사, 1997.

이진호,『대한제국지적 및 측량사』, 토지, 1989.

이태진,『일본의 대한제국 강점』, 까치, 1995.

이희근,『(주제로 보는) 한국사』3(조선편), 고즈윈, 2005.

임건언,『한국현대사』, 지성당, 1967.

전운성,『세계의 토지제도와 식량』, 한울아카데미, 1999.

조은석 외 4인,『남북한 법 통합 및 재산권 문제 해결방안 연구』, 통일연구원, 2002.

주종환,『한국자본주의사론』, 한울, 1988.

최달곤,『북한민법의 연구』, 세창출판사, 1998.

최수영,『7.1조치 이후 북한의 농업개혁과 과제』, 통일연구원, 2006. 12.

한국정신문화원,『역주 경국대전』, 1986.

허영,『독일통일의 법적조명』, 박영사, 1994.

나. 논문

고창현, 「농지소유제도와 부재지주」, 『사법행정』, 한국사법행정학회, 1989.

구재군, 「등기의 추정력에 관한 약간의 문제」, 『판례월보』제359호, 판례월보사, 2000.

권병탁, 「농지개혁의 과정과 경제적 기여」, 『농업정책연구』11권 1호, 1984.

금상문, 「남북예멘의 통합과 분열에 대한 연구」, 『한국중동학회논총』, 한국중동학회, 1994.

기광서, 「해방후 소련의 대한반도정책과 스티코프의 활동」, 한양대아태지역연구센터, 2002.

김낙년, 「일본제국주의 식민지지배의 특질」, 『식민지시기의 사회경제』, 한길사, 1994.

김민배, 「북한에서의 토지개혁의 법적 논리와 그 역사적 전개」, 『인하대학교 사회과학연구소 논문집』제11집, 인하대학교 사회과학연구소1993.

_____, 「월남자의 북한토지 소유권에 대한 실증적 접근」, 『민주법학』 9호, 관악사, 1995.

김병기, 「북한지역 몰수재산권의 원상회복 여부에 관한 고찰」, 『행정법연구』창간호, 행정법이론실무학회, 1997.

김삼수, 「왕토사상의 한국적 전개」, 『한국사상대계』Ⅲ(정치·법제사상편), 성균관대학교 대동문화연구원, 1979.

김상용, 「인격권 침해에 대한 사법적 구제방법의 비교고찰」, 『사법행정』 322호, 한국사법행정학회, 1987.

_____, 「구동독과 북한의 토지제도의 비교」, 『토지연구』제5권 제5호, 1994.

김성주, 「남북한 통일헌법의 경제질서 문제」(상), 『사법행정』, 한국사법행정학회, 1992.

김승환, 「기본권 제한적 법률유보와 기본권형성적 법률유보」, 『현대법의 이론과 실제』(금랑김철수교수환갑기념논문집), 박영사, 1993.

김연중, 「통일이후의 토지소유권 사유화 방안에 관한 연구」, 『북한연구학회보』, 북한연구학회, 2000.

김영윤, 「북한 토지소유제의 전개과정」, 『북한』통권 300호, 북한연구소, 1996.

김용섭, 「光武年間의 量田·地契事業」, 『아세아연구』31. 1968.

김재호, 「한말 궁방전의 지대」, 『조선토지조사사업의 연구』, 대우학술총서, 민음사, 1997.

김창록, 「4·3 계엄령을 통해 본 일제법령의 효력」, 法學研究, 修廷 金均保

敎授 停年紀念 論文集』39권 1호, 부산대학교법학연구소, 1998.

_____, 「식민지 피지배기 법제의 기초」, 『법제연구』제8호, 한국법제연구원, 1995.

_____, 「일본제국주의의 헌법사상과 식민지조선」, 『법사학연구』제14호, 법사학연구회, 1993. 12.

나인균, 「한국헌법의 영토조항과 국적문제」, 『헌법논총』제5집, 헌법재판소, 1994.

명순구, 「통일 후 토지소유권의 재편방향」, 『통일논총』제21호, 숙명여대 통일문제연구소, 2003.

_____, 북한의 부동산법제, <http://www.dres.pe.kr/portfolio/article034.pdf>, 검색일: 2006. 6. 13.

박동삼, 「북한의 집단농장과 통일이후의 토지문제」, 『북한』, 북한연구소, 1993.

박병호, 「한국근세의 토지소유권에 관한 연구」, 『서울대 법학』제1권 1호, 서울대학교, 1966.

백승기, 「사회주의 중국의 토지정책」, 『토지법학』, 한국토지법학회, 1994.

서명수, 「건물의 소유권보존등기를 위하여 국가를 상대로 소유권확인을 구할 이익의 유무」, 『법조』45권 1호, 법조협회, 1996.

손정식, 「베트남의 사회주의 경제통합과 남북한 통일에 대한 시사」, 『경제연구』, 한양대학교 경제연구소, 1995.

신성택, 「농지개혁법 제19조 제2항에 관련한 몇 가지 문제점」, 『사법연구자료』제8집, 1981.

신영호, 「북한민법 40년과 그 동향」, 『북한법률행정논총』제8집, 고려대학교 법학연구소, 1990.

신용하, 「일제하의 조선토지조사사업에 대한 일고찰」, 『한국사연구』, 한국사연구회, 1977.

_____, 「이조말기의 도지권과 일제하의 영소작의 관계」, 『경제논집』6-1, 서울대학교, 1967.

신우철, 「독일통일 10년 그 비용과 수익의 총체적 평가」, 『통일문제연구』제40호, 2003.

신재명, 「북한 토지정책의 전개과정과 그 특징 ― 토지법 변화를 중심으로」, 『북한』, 북한연구소, 1991.

심희기, 「조선시대의 토지법과 토지소유관계」, 『韓國法史學論叢; 朴秉濠敎授還甲紀念』II, 박영사, 1991.

오종근, 「북한민법의 소유형태」, 『북한연구』제3권 제4호, 1992.

오태진, 「남북예멘, 예멘공화국 수립을 선언」, 『북한』제223호, 북한연구소, 1990.

왕현종, 「광무양전사업의 다양한 성격과 좁은 시각」, 『역사와 현실』5, 1991.

유인호, 「해방후 농지개혁의 전개과정과 성격」, 『해방전후사의 인식 1』, 한길사, 1989.

유해웅, 「통일후 북한의 토지이용과 개발에 대한 기본구상」, 『토지연구』, 1993.

윤대성, 「大韓帝國의 光武量案에 의한 近代的 所有權의 確立」, 『법사학연구』제24호, 한국법사학회, 2001.

윤철홍, 「古代의 所有權에 대한 小考」, 『玄齋金英勳博士 華甲紀念法學論叢』8집, 숭실대학교 법학연구소, 1995.

_____, 「농지개혁의 법사적 고찰」, 『한국법사학논총: 박병호교수환갑기념 Ⅱ』, 박병호 교수 환갑기념논총 발간위원회, 1991.

윤호일, 「대법원판례를 중심으로 한 농지개혁법의 해석」, 『법조』제16권 제8호, 법조협회, 1967.

이강수, 「반민특위 특별재판부의 조직과 활동」, 『한국근현대사 연구』제25집, 한국근현대사연구회, 2003.

이경주, 「미군정기의 과도입법의원과 조선임시약헌」, 『법사학연구』, 한국법사학회, 2001.

이근식, 「농지법의 문제점」, 『사법행정』, 한국사법행정학회, 1967.

이상찬, 「을사조약과 병합조약은 성립하지 않았다」, 『역사비평』31, 역사비평사, 1995.

이승우, 「구동독의 재산처리원칙에 비춰 본 남북통일 후의 북한지역의 재산처리문제」, 『성곡논총』25집 상권, 성곡학술문화재단, 1994.

이승일, 「1910·20년대 조선총독부의 법제정책 — 조선민사령 제11조 '관습'의 성문화를 중심으로 —), 『동방학지』제126집, 연세대국학연구소, 2004.

이영호, 「일제의 식민지 토지정책과 미간지 문제」, 『역사와 현실』제37권, 2000.

이영훈, 「量案上의 主規定과 主名記載方式의 推移」, 『조선토지조사사업의 연구』(대우학술총서), 민음사, 1997.

이윤상, 「대한제국기 국가와 국왕의 위상제고사업」, 『진단학보』, 진단학회, 2003.

이혜숙, 「해방후 미군정의 귀속재산처리과정」, 『근현대사강좌』제7호, 근현대
사연구회, 1995.

이희봉, 「농지개혁법의 효능」, 『현민유진오박사고희기념논문집』, 일조각,
1975.

임정평, 「소유권개념의 현대적 의의」, 『단국대논문집』 제14집, 단국대법학연
구소, 1980.

장명봉, 「남북예멘통일헌법에 관한 연구」, 『공법연구』제21집, 한국공법학회,
1993.

정권섭, 「한국토지제도에 관한 법적고찰」, 『현대민법학의 제원리』, 박영사,
1981.

정범석, 「농지개혁법소고」, 『사법행정』제85호, 한국사법행정학회, 1968.

정범석 / 정조근, 「농지개혁법에 관한 고찰」, 『학술지』13집, 건국대학교학술
연구원, 1972.

정연태, 「대한제국 후기 부동산 등기제도의 근대화를 둘러싼 갈등과 귀결」,
『법사학연구』, 한국법사학회, 1995.

정용길, 「독일통일 이후 체제전환 과정의 문제점에 관한 고찰」, 『통일문제연
구』11권 1호, 1999.

정우형, 「근대적 토지소유권의 성립시기에 관한 연구」, 『한국지적학회지』제
18권 제2호, 한국지적학회, 2002.

정재훈, 「법률상의 추정과 사실상의 추정」, 『재판자료』제25집. 법원도서관,
1985.

정희남, 「토지소유권제도의 개편과제」, 『국토』, 국토연구원, 1988.

조상근, 「한국의 토지소유권개념의 변천에 관한 연구」, 『법학논총』, 단국대
법학연구소, 1985.

조석곤, 「토지조사사업에 있어서 분쟁지 처리」, 『조선토지조사사업의 연구』,
민음사, 1997.

조종식, 「대한제국의 토지소유권제도」, 『한국토지소유권사론』, 학영사, 1993.

_____, 「농지개혁법연구」, 『재산법연구』제9권 제1호, 법문사, 1992.

최달곤, 「북한민법의 회고와 전망」, 『북한법률행정논총』제10집, 고려대학교
법학연구소, 1995.

최완규, 「북한연구방법론: 연구시각, 자료, 이론틀」, 『북한연구』 제6권 1호,
북한연구소, 1995.

최원규, 「일제토지조사사업에 있어서의 소유권사정과정과 재결」, 『한국근현
대사연구』제25집, 한국근대사연구회, 2003.

최춘영, 「분단국의 통일사례」, 『현대이념연구』, 군산대학교 현대이념연구소, 1992.

하병주, 「남북예멘 통일수립 특징과 한반도에의 적용」, 『국제문제논총』, 부산 외국어대학 국제문제연구소, 1994.

한상범, 「반민족행위자 재산처리에 관한 특별법 제정의 필요성」, 『아·태공 법연구』2집, 아세아·태평양공법학회, 1993.

함택영, 「베트남의 독립, 분단 및 통일」, 『한국과 국제정치』, 경남대학교 극 동문제연구소, 1989.

홍성민, 「예멘 통일의 주역 알리 압둘라 쌀레」, 『중동연구』, 한국외국어대학 교 중동연구소, 1998.

다. 학위논문

권상수, "분단국 통일환경에 관한 비교연구", 중앙대학교 대학원(박사학위논 문), 1995.

김도형, "대한제국 말기의 국권회복운동과 그 사상", 연세대학교 대학원(박 사학위논문), 1988.

김승대, "동서독 통일과정에서의 헌법적 문제에 대한 이론적 고찰 — 남북한 통일에 대비한 헌법이론의 모색 —", 서울대학교 대학원(박사학위논 문), 1996.

김종혁, "토지개혁과 제1공화국의 국가성격", 고려대학교 대학원(석사학위논 문), 1989.

배영순, "한말·일제초기의 토지조사와 지세개정에 관한 연구", 서울대학교 대학원(박사학위논문), 1987.

심희기, "조선후기 토지소유에 관한 연구 — 국가지주설과 공동체소유설 비 판 —", 서울대학교 대학원(박사학위논문), 1991.

우병창, "조선시대에 있어서의 재산법 연구", 고려대학교 대학원(박사학위논 문), 1995.

이강수, "반민족행위특별위원회(1948 – 50) 연구", 국민대대학원(박사학위논 문), 2002.

이대근, "북한의 토지개혁에 관한 연구", 고려대학교 대학원(석사학위논문), 1989.

이승일, "조선총독부의 법제정책에 대한 연구 – 조선민사령 제11조 관습의 성 문법화를 중심으로", 한양대학교 대학원(박사학위논문), 2003.

정영화, "통일후 북한의 재산권문제에 관한 헌법적 연구", 서울대학교 대학원(박사학위논문), 1995.

조기안, "미군정기 정치행정체제의 구조분석 ― 조직, 법령 및 자원을 중심으로", 성균관대학교 대학원(박사학위논문), 1997.

차현주, "분단국가 통일 사례 연구", 이화여자대학교 대학원(석사학위논문), 1998.

최원규, "한말 일제초기 토지조사와 토지법 연구", 연세대학교 대학원(박사학위논문), 1994.

라. 북한문헌과 1차 자료

고승효, 『북한경제의 이해』, 평민사, 1993.

고승효, 김지관 역, 『조선에서의 사회주의의 건설』, 신일본출판사, 1962.

김승준, 「우리나라에서 농업 협동화의 결정적 승리」, 『근로자』제9호, 1958.

_____, 『사회주의 완전승리에서 소유문제와 그 해결방도』, 과학 · 백과사전종합출판사, 1989.

사회과학원 경제연구소, 『경제사전 2』, 사회과학출판사, 1970.

사회과학원, 『정치용어사전』, 사회과학출판사, 1970.

사회과학원 법학연구소, 『법학사전』, 사회과학출판사, 1971.

서창섭, 『법건설 경험』, 사회과학출판사, 1984.

조선노동당출판사, 『美帝의 朝鮮 侵略史』, 朝鮮勞動黨出版社, 1962.

_____, 『우리나라 민주주의 혁명단계에서의 농촌문제』, 1977.

손전후, 『우리나라 토지개혁사』, 과학백과사전출판사, 1983.

최운숙, 『사회주의하에서 국토관리사업과 민족경제건설』, 사회과학출판사, 1992.

한 걸, 「공화국 농업협동조합법의 발전」, 『우리나라 법의 발전』, 국립출판소, 1960.

북한경제통계자료집, 한림대학교아시아문화연구소, 1994.

조선일보통일문제연구소 북한법령 및 세칙, 결정서 자료.
<http://nkchosun.com/original/original.html>, 검색일: 2006. 6. 14., 참조.

장명봉, 『북한법령집』, 북한법연구회, 2005.

정경모 · 최달곤, 『북한법령집』제1권, 대륙연구소, 1990.

_____, 『북한법령집』제2권, 대륙연구소, 1990.

_____, 『북한법령집』제3권, 대륙연구소, 1990.

『經國大典』.

『朝鮮王朝實錄』.

朝鮮總督府, 『朝鮮ノ土地制度及地稅制度 調査報告書』, 1917.

_____, 『朝鮮民事令朝鮮刑事令』, 1912.

_____, 『朝鮮土地調査事業報告書追錄』, 1919.

朝鮮總督府 臨時土地調査局, 『朝鮮土地調査事業 報告書』, 1918.

2. 국외문헌

가. 일본문헌

宮嶋博史, 『朝鮮土地調査事業史の研究』, 東京大學 東洋文化研究所, 1991.

河合恒生, 「社會主義の政治學的再檢討」, 『岐阜經濟大學論集』 第28卷2號, 1994.

高俊石, 『南朝鮮經濟史』, 刀江書院, 1970.

廣渡淸吾, 『統一ドイツの法變動 ― 統一の一つの決算』, 有信堂, 1996.

橋川文三 外 編, 『近代日本政治思想史』1, 有斐閣, 1971.

金圭昇, 『朝鮮民主主義人民共和國の法と司法制度』, 日本評論社, 1985.

大江泰一郎, 「現代ロシアにおける經濟政策と法」, 『比較法學』 第28卷 1號, 1993.

_____, 「社會的所有と私有化の論理」, 『法律時報』, 62卷 12號, 1990. 11.

_____, 「私的所有權」, 『比較法研究』, 有斐閣, 1993.

大久保利謙, 『岩倉使節の研究』, 宗高書房, 1976.

大內憲昭, 『法律からみた北朝鮮の社會 ― 朝鮮民主主義人民共和國基本法令集付 ―』, 明石書店, 1995.

_____, 「朝鮮民主主義人民共和國の民法 (2)」, 關東學院大學文學部 昭和 60年度紀要第46號, 1986.

大森實, 『金日成と南朝鮮』, サイマル出版會, 1970.

藤田勇, 『槪說 ソビエト法』 東京大學出版會, 1986.

_____, 『近代の所有觀と現代の所有問題』, 東京; 日本評論社, 1989.

_____, 『ソビエト法史研究』, 東京大學出版會, 1982.

藤田勇・畑中和夫・中山研一・直川誠藏, 『ソビエト法概論』, 有斐閣雙書, 1983.

藤澤利治, 「舊東ドイツにおける所有權問題の經濟的側面」, 『新潟大學商學論叢』, 1993.

鈴木安藏, 『日本憲法史概說』, 中央公論社, 1941.

西村稔, 「近代ドイツにおける法學と知識社會」5, 『法學雜誌』32卷2號, 1982.

盛田常夫, 「國家獨占社會主義の失敗」, 『經濟評論』, 1989.

山田晟, 『ドイツ民主共和國法概說 上』, 東京大學出版會, 1981.

_____, 『ドイツ民主共和國法概說 下』, 東京大學出版會, 1981.

梅謙次郎, 「我新民法典ト外國ノ民法」, 『法典質疑錄』第8號, 1896.

尾佐竹猛, 『維新前後に於ける立憲思想』, 邦光堂, 1929.

_____, 『日本憲政史大綱』上・下, 日本評論社, 1938, 1939.

石本雅男, 『ギールケ』, 法律思想家評傳, 1953.

星野通, 『明治民法編纂史研究』, ダイヤモンド社, 1943.

小林孝輔, 『ドイツ憲法小史[新訂版]』, 學陽書房, 1992.

水本浩著, 柳海雄譯, 『土地問題と所有權』, 凡論社, 1985.

松岡修太郎, 『朝鮮行政法提要(總論)』, 東都書籍, 1944.

岩倉正博, 「所有制度と普遍的合意の可能性」, 『現代所有論』, 日本法哲學會, 1991.

伊藤知義, 「個人的所有(私的所有)」, 『變動する社會主義法 ― 基本概念の再檢 討 ―』, 社會主義法研究會編, 法律文化社, 1991.

田中影, 『岩倉使節團』, 講談社現代新書, 1978.

田中愼一, 「朝鮮における土地調査事業の世界史的位置」, 『社會科學研究』第29券, 1977.

田村武夫, 「北朝鮮の土地改革」, 『朝鮮史研究會論文集』第8輯, 1971.

鄭鐘休, 『韓國民法典の比較法的研究』, 創文社(東京), 1989.

朝鮮總督府, 『朝鮮ノ小作慣行』(下卷) 參考編(從來ノ朝鮮ノ小作慣行調査資料), 1932.

佐藤功, 『君主制の研究 ― 比較憲法的考察 ―』, 日本評論社, 1957.

淸水伸, 『獨墺に於ける伊藤博文の憲法取調と日本憲法』, 岩波書店, 1939.

在日本朝鮮民主法律家協會 譯編, 「朝鮮民主主義人民共和國民法 民主朝鮮紙の解說」, 『朝鮮民主主義人民共和國 の民法, 家族法』, 1991.

坂本一登, 『伊藤博文と明治國家形成 ―(官中)の制度化と立憲制の導入』, 吉川 弘文館, 1991.

河合恒生, 「社會主義の政治學的再檢討」, 『岐阜經濟大學論集』 第28卷 2號, 1994.

和田一郎, 『朝鮮土地地稅制度調査報告書』, 朝鮮總督府(京城), 1920.

나. 독일문헌

A. Randelzhofer, Der Bürgerkrieg, in: Zeitschrift für Politik, 1971.

Blumenwitz, Die besatzungshoheitlichen Konfiskationen in der SBZ, BayVbl., 1993.

G. Brunner, Systematishe Darstellung Ⅰ: Das Recht zur Regelung offener Vermögensfragen, Rechtshanbuch Vermögen und Investition in der ehemaligen DDR, 1991.

C. F. Menger, Deutsche Verfassungsgeschichte der Neuzeit. Eine Einführung in die Grundlagen, 4 Aufl., Heidelberg, 1984.

D. Willoweit, Dominium und Proprietas, in: Historisches Jahrbuch 94, 1974.

Eckhard Jesse, Entnazifizierung und Entstasifizierung als politisches Problem, Vergangenheitsbewältigung durch Recht, Duncker & Humblot, 1992.

F. Berber, Lehrbuch des Volkerrechts Bd. Ⅱ. Kriegsrecht, 2. Aufl., Munchen 1969.

Fieberg, Reichenbach, Zum Problem der offenen Vermögensfragen, NJW 1991.

G. Brunner, Systematishe Darstellung Ⅰ: Das Recht zur Regelung offener Vermögensfragen, Rechtshanbuch Vermögen und Investition in der ehemaligen DDR, 1991.

J. Kunz, The Chaotic Status of the Laws of War and the Urgent Necessity for their Revision, in: AJIL 45, 1951.

_____, Die Anerkennung von Staaten und Regierungen im Volkerrecht, Stuttgart, 1928.

_____, The Changing Law of Nations, in: AJIL 51, 1957.

K. Kroeschell, Zur Lehre vom germanischen Eigentumsbegriff, in: Festschrift für H. Thieme, 1978.

Koerner, Offene Vermögensfragen in den neuen Bundesländern, Munchen 1991.

H. Wehberg, Krieg und Eroberung im Wandel des Volkerrechts, Frankfurt/M, Berlin, 1953.

Herwig Roggemann, Fragen und Wege zur Rechtseinheit in Deutschland, Berlin Verlag Arno Spitz GmbH, Berlin, 1993.

Isensee, Der deutsche Rechtsstaat vor seinem unrechtsstaatlichen Erbe,in: Isensee(Hrsg.), Vergangenheitsbewältigung durch Recht, Berlin 1992.

M. Ferid, H. J. Sonnenbereer, Das französiche Zivilrecht(Ⅱ), Verlagsgesellschaft Recht und Wirtschaft, 1986.

O. v. Gierke, Deutsches Privatrecht(Ⅱ), Duncker & Humblot, 1905.

Ossenbühl, Verfassungsrechtliche Vorgaben für Entschädigungs und Ausgleichsleistungen für Enteignungen in der frheren SBZ/DDR, in; Verfassungsrecht im Wandel, 1995.

P. Guggenheim, Lehrbuch des Volkerrechts Ⅰ, Basel 1948.

Sendler, Gorbatschow und die lautere Wahrheit − Neue Erkenntnis zum Restitutionsausschluβ und zu einer verdeckten Junkerabgabe, NJW 1995.

Sinn, Hans − Werner, Volkswirtschaftliche Probleme der Deutschen Vereinigung, Opladen: Westdeutscher Verlag, 1996.

Soergel, Siebert, Baur, Vorbemerkung §903 BGB, in: Kommentar zum BGB, 11. Aufl. 1978.

W. Merk, Das Eigentum im Wandel der Zeiten, in: Padagogisches Magazin 1388, 1934.

W. Wengler, Volkerrecht Ⅱ, Berlin, Gottingen, Heidelberg, 1964.

W. Kewenig, Deutschland und die Vereinten Nationen, in: Europa − Archiv, 1970.

김성욱

▌약력

　고려대학교 대학원 졸업(법학박사)
　고려대학교 법학연구원 전임연구원
　고려대학교, 경찰대학교, 한양대학교, 서울시립대학교, 성신여자대학교, 광운대학교 등 강사
　대통령소속 친일재산위원회에서 일제강점기 토지 및 분묘제도 연구
　대한지적공사 법률자문위원
　법무부 민법(재산법) 및 민사특별법 연구위원
　현) 제주대학교 법학전문대학원 교수

▌주요 논저

　「여행계약에 관한 소고」
　「한국의 통일과 토지소유제도의 재편」
　「메이지시대의 소유권 사상에 관한 연구 ― 독일 및 프랑스 민법의 영향을 중심으로 ―」
　「일제강점기 반민족행위자의 재산환수」
　「친일 청산과 관련한 법적 문제」
　「근대적 임야소유제도의 형성과정에 있어서 조선총독부의 역할」
　「토지조사사업에 의한 토지소유제도의 근대성에 관한 법적 평가」
　「현행 임야소유제도의 형성과정에 관한 연구」
　「집합건물의 구분소유 및 제한물권의 공시문제」
　「공동주택의 하자와 관련한 민사책임」
　「집합건물 분양자의 하자담보책임」
　「집합건물의 하자 및 등기와 관련한 법적 문제」
　「남북한 재산법 통합과 관련한 법적 쟁점」
　「북한의 경제특구지역법에 관한 연구」
　「북한의 토지임대법과 외국인세금법에 관한 연구」
　「월북자와 월남자의 토지소유권 회복 문제」
　「북한 협동농장 소유제도의 전환문제」
　「제조업자의 책임제한 ― 미국 제조물책임법상의 오용(misuse)을 중심으로 ―」 외 다수

한국의
토지소유제도의
변천과정과
통일문제

초판인쇄 | 2010년 6월 7일
초판발행 | 2010년 6월 7일

지 은 이 | 김성욱
펴 낸 이 | 채종준
펴 낸 곳 | 한국학술정보㈜
주   소 | 경기도 파주시 교하읍 문발리 파주출판문화정보산업단지 513-5
전   화 | 031) 908-3181(대표)
팩   스 | 031) 908-3189
홈페이지 | http://www.kstudy.com
E-mail | 출판사업부 publish@kstudy.com
등   록 | 제일산-115호(2000. 6. 19)

ISBN 978-89-268-1054-5 93360 (Paper Book)
      978-89-268-1055-2 98360 (e-Book)